Chris Hohlstamm von Dehnen zu Wendhausen

ERFOLG IST D/EINE
ENTSCHEIDUNG

Impressum

© 2024 Chris Hohlstamm von Dehnen zu Wendhausen

Bibliografische Information der Deutschen Nationalbibliothek:
Die Deutsche Nationalbibliothek verzeichnet diese Publikation in der Deutschen Nationalbibliografie; detaillierte bibliografische Daten sind im Internet über http://dnb.dnb.de abrufbar.

Copyright © Mein Lebensfreudeverlag / Chris Hohlstamm von Dehnen zu Wendhausen
Alle Rechte vorbehalten.
Ausgabe: 1. Auflage 11.2024

Lektorat: Dr.-Ing. B. Grabe, Chris Hohlstamm von Dehnen z. W.
Korrektorat: Dr.-Ing. B. Grabe, Mein Lebensfreudeverlag
Verlag: BoD · Books on Demand GmbH, In de Tarpen 42, 22848 Norderstedt
Druck: Libri Plureos GmbH, Friedensallee 273, 22763 Hamburg
ISBN: 978-3-7597-6654-0

Inhaltsverzeichnis

Einleitung

Was bedeutet Erfolg wirklich?

„Erfolg". Ein einfaches Wort, doch für viele ein unerreichbares Ziel, ein Lebensmysterium, das endlose Interpretationen zulässt. Als jemand, der mehr als drei Jahrzehnte als ganzheitlicher NLP- und Hypnose-Therapeut, Kausal-, Mental- und Erfolgs-Profitrainer sowie als spiritueller Unternehmensberater tätig ist, habe ich viele Definitionen von Erfolg gehört. Für einige ist Erfolg der soziale Status, für andere der materielle Wohlstand, und für manche ist es die Anerkennung der eigenen Leistung durch andere. Doch über die Jahre habe ich gelernt, dass echter Erfolg weit über diese Oberflächenkonzepte hinausgeht. Er beginnt tief im Inneren und wird erst dann in der Außenwelt manifest.

Erfolg als äußere Illusion

Die moderne Gesellschaft vermittelt uns die Idee, dass Erfolg mit greifbaren Ergebnissen wie Geld, Macht oder Ruhm gleichzusetzen ist. Diese Sichtweise wird uns durch die Medien, soziale Netzwerke und oft auch durch unsere unmittelbare Umgebung vorgelebt. Wir wachsen mit der Überzeugung auf, dass ein hohes Einkommen, ein prestigeträchtiger Job und materielle Besitztümer die Schlüssel zum Glück und damit zum Erfolg sind. Doch was passiert, wenn wir all das erreicht haben und uns dennoch leer fühlen?

In meinen vielen Jahren als Trainer und Coach habe ich unzählige Klienten gesehen, die im Außen alles erreicht hatten – eine lukrative Karriere, Anerkennung von Kollegen, eine schöne Familie, teure Autos und Häuser – aber dennoch innerlich unerfüllt waren. Sie fühlten sich verloren, als ob der wahre Sinn des Lebens ihnen immer noch entglitten sei, obwohl sie äußerlich betrachtet, „erfolgreich" waren. Dieser innere Konflikt zwischen äußerem Erfolg und innerer Leere führt viele Menschen zu dem Glauben, dass etwas Wesentliches in ihrem Leben fehlt.

Was ich diesen Menschen beibringe, ist, dass Erfolg keine äußere Errungenschaft ist, sondern ein innerer Zustand. Erfolg ist nicht, was du hast, sondern was du bist. Du kannst Millionen auf deinem Bankkonto haben, aber wenn du dich innerlich nicht erfüllt fühlst, wirst du niemals wahren Erfolg erleben.

Erfolg beginnt mit einer Entscheidung

Die Reise zum Erfolg beginnt mit einer simplen, aber tiefgründigen Entscheidung: der Entscheidung, sich selbst zu erkennen und den eigenen Weg zu gehen. Viele Menschen werden von äußeren Umständen und Erwartungen getrieben – von den Vorstellungen der Gesellschaft, der Familie oder des Berufslebens. Sie versuchen, diesen Erwartungen gerecht zu werden, anstatt ihre eigenen Träume und Ziele zu verfolgen.

Erfolg ist eine bewusste Entscheidung, Verantwortung für dein Leben und dein Handeln zu übernehmen. Es geht darum, aus der Opferrolle auszusteigen und die Rolle des Schöpfers deines eigenen Schicksals anzunehmen. Wir alle erleben schwierige Situationen, Rückschläge und Herausforderungen. Doch der Unterschied zwischen erfolgreichen und erfolglosen Menschen liegt nicht darin, ob sie diese Schwierigkeiten erleben, sondern darin, wie sie damit umgehen. Erfolgreiche Menschen treffen die Entscheidung, nicht von äußeren Umständen bestimmt zu werden. Sie übernehmen die volle Verantwortung für ihre Reaktionen, ihre Entscheidungen und ihre Handlungen.

Diese Verantwortung zu übernehmen, ist ein radikaler Akt der Selbstermächtigung. In meiner Arbeit als Life- und Business-Coach lehre ich, dass die Wurzel allen Erfolgs in der inneren Klarheit und der Bereitschaft liegt, Entscheidungen zu treffen, die auf den eigenen Werten, Zielen und inneren Überzeugungen basieren. Es geht darum, den Mut zu haben, gegen den Strom zu schwimmen, wenn nötig, und den eigenen Weg zu gehen – auch wenn dieser nicht dem entspricht, was andere für richtig halten.

Erfolg und innerer Frieden

Viele Menschen streben nach Erfolg, weil sie glauben, dass dieser ihnen inneren Frieden und Zufriedenheit bringen wird. Sie hoffen, dass das Erreichen eines bestimmten Ziels – sei es finanzieller Wohlstand, eine Beförderung oder ein bestimmter Lebensstandard – ihnen endlich das Gefühl gibt, angekommen zu sein. Doch das Paradoxe an diesem Glauben ist, dass echter Erfolg genau umgekehrt funktioniert: Innerer Frieden und Zufriedenheit sind nicht die Folge des äußeren Erfolgs, sondern dessen Voraussetzung.

Was bedeutet das? Es bedeutet, dass echter Erfolg immer zuerst im Inneren beginnt. Es bedeutet, dass du in dir selbst den Frieden, die Freude und die Erfüllung finden musst, bevor du sie im Außen manifestieren kannst. Wenn du in einem Zustand des inneren Friedens und der Klarheit bist, wirst du automatisch Entscheidungen treffen, die dich zu äußerem Erfolg führen. Du wirst nicht aus einem Gefühl des Mangels heraus handeln, sondern aus einem Gefühl der Fülle. Und diese Fülle wird sich in deinem Leben widerspiegeln.

Als geweihter Bodhisattva durch den Dalai Lama habe ich eine tiefe spirituelle Verbindung zu dieser Idee. Der Buddhismus lehrt, dass das Streben nach äußeren Dingen wie Ruhm, Macht und Reichtum niemals zu wahrem Glück führt. Stattdessen liegt das Geheimnis des Glücks darin, den eigenen Geist zu meistern und in Harmonie mit sich selbst und der Welt zu leben. In meiner Arbeit als spiritueller Unternehmensberater bringe ich diese Weisheit in die Geschäftswelt ein, um Unternehmern und Führungskräften zu helfen, nicht nur äußerlich erfolgreich zu sein, sondern auch innerlich erfüllt und im Einklang mit ihrem wahren Selbst zu leben.

Erfolg und die Macht der Gedanken

Einer der Schlüssel zum Erfolg ist die Macht deiner Gedanken. In meiner Arbeit als NLP- und Mentaltrainer lehre ich, dass deine Gedanken deine Realität formen. Was du denkst, wird letztendlich zu dem, was du erlebst. Wenn du glaubst, dass Erfolg schwer zu erreichen ist, wirst du das in deinem Leben erfahren. Wenn du hingegen glaubst, dass Erfolg ein natürlicher Ausdruck deiner Fähigkeiten und deiner Hingabe ist, wirst du genau das erleben.

Erfolg ist nicht nur eine Frage des Handelns, sondern vor allem eine Frage des Denkens. Deine Gedanken beeinflussen deine Gefühle, und deine Gefühle beeinflussen deine Handlungen. Wenn du also wirklich erfolgreich sein willst, musst du zuerst deine Gedankenmuster verändern. Du musst lernen, die negativen, einschränkenden Glaubenssätze loszulassen, die dich davon abhalten, dein volles Potenzial zu entfalten.

In meiner Praxis arbeite ich oft mit Menschen, die unbewusst an Gedankenmustern festhalten, die sie in ihrem Erfolg blockieren. Diese Glaubenssätze entstehen oft in der Kindheit oder durch negative Erfahrungen im Laufe des Lebens. Sie formen unser Selbstbild und unsere Überzeugungen darüber, was möglich ist. Doch das Schöne ist: Diese Glaubenssätze können verändert werden. Durch Techniken wie

NLP, Hypnose und Meditation ist es möglich, tiefsitzende Überzeugungen zu transformieren und neue, stärkende Glaubensmuster zu etablieren, die den Weg für Erfolg ebnen.

Erfolg als kontinuierlicher Prozess

Ein weiterer wichtiger Aspekt des Erfolgs ist, dass er niemals ein Endziel ist. Erfolg ist kein statischer Zustand, den du einmal erreichst und dann für immer hast. Erfolg ist ein dynamischer, kontinuierlicher Prozess. Es ist die ständige Entscheidung, zu wachsen, zu lernen und sich weiterzuentwickeln.

Viele Menschen machen den Fehler zu glauben, dass Erfolg ein Ziel ist, das man erreicht und dann für immer hält. Doch in Wirklichkeit ist Erfolg eine Reise, die nie aufhört. Es geht nicht darum, einen bestimmten Punkt zu erreichen und dann stillzustehen, sondern darum, immer wieder neue Höhen zu erklimmen, neue Herausforderungen anzunehmen und sich kontinuierlich weiterzuentwickeln.

Fazit: Was bedeutet Erfolg wirklich?

Erfolg ist nicht das, was uns im Außen gezeigt wird. Es ist kein Ziel, das wir erreichen, um es auf einem Podest zu feiern. Erfolg ist ein innerer Zustand, eine bewusste Entscheidung, die Verantwortung für unser Leben zu übernehmen, die Macht unserer Gedanken zu nutzen und kontinuierlich zu wachsen. Es ist der Ausdruck unseres wahren Selbst und der innere Frieden, der sich in der äußeren Welt widerspiegelt.

Erfolg ist d/eine Entscheidung – jeden Tag, in jedem Moment.

Die Rolle der Entscheidungen in unserem Leben

Entscheidungen – sie formen unser Leben in einer Art und Weise, die uns oft nicht bewusst ist. Jede Handlung, die wir ausführen, jede Richtung, die wir wählen, basiert letztlich auf einer Entscheidung, die wir entweder bewusst oder unbewusst getroffen haben. In über 30 Jahren als ganzheitlicher Mental- und Erfolgs-Profitrainer, habe ich immer wieder gesehen, wie die Kraft von Entscheidungen das Schicksal von Menschen verändern kann. Doch was bedeutet es eigentlich, eine Entscheidung zu treffen? Welche Bedeutung haben unsere täglichen Entscheidungen, und wie beeinflussen sie unseren Weg zum Erfolg?

Die Antwort auf diese Fragen ist tiefgründiger, als es auf den ersten Blick scheint. In Wahrheit tragen Entscheidungen nicht nur dazu bei, unser Leben in eine bestimmte Richtung zu lenken; sie sind das Fundament, auf dem unser gesamtes Dasein aufgebaut ist. Entscheidungen sind das Herzstück unserer Realität. Sie sind das, was uns definiert, und sie bestimmen, wie wir die Welt erleben und wie die Welt auf uns reagiert.

Bewusste versus unbewusste Entscheidungen

Jeder Mensch trifft jeden Tag Hunderte von Entscheidungen. Viele davon geschehen automatisch, ohne dass wir viel darüber nachdenken. Soll ich heute Kaffee oder Tee trinken? Fahre ich mit dem Auto oder nehme ich die Bahn? Solche alltäglichen Entscheidungen laufen oft im Autopilot-Modus ab. Doch auch diese scheinbar trivialen Entscheidungen summieren sich und beeinflussen unser Leben auf subtile Weise.

Die wirklich entscheidenden Entscheidungen aber – jene, die unser Leben nachhaltig verändern können – erfordern bewusste Auseinandersetzung. In meiner Arbeit als Coach und Therapeut begegnen mir viele Menschen, die Schwierigkeiten haben, solche Entscheidungen zu treffen. Sie fühlen sich von der Fülle an Möglichkeiten überfordert, zögern aus Angst vor den Konsequenzen oder treffen Entscheidungen aus einem Zustand des Mangels und der Unsicherheit heraus. Doch das eigentliche Problem liegt oft nicht in der Entscheidung selbst, sondern in der fehlenden inneren Klarheit.

Eine der wichtigsten Lektionen, die ich als Coach vermittle, ist die Bedeutung der bewussten Entscheidung. Wenn du dein Leben erfolgreich gestalten möchtest, musst du lernen, deine Entscheidungen mit Bedacht und Bewusstsein zu treffen. Denn nur durch bewusste Entscheidungen kannst du sicherstellen, dass dein Handeln im Einklang mit deinen wahren Werten, Zielen und Überzeugungen steht. Unbewusste Entscheidungen hingegen führen oft dazu, dass wir uns vom Leben getrieben fühlen – wie ein Blatt im Wind, das keine Kontrolle über seine Richtung hat.

Verantwortung und Selbstermächtigung

Die bewusste Entscheidung ist eng mit dem Konzept der Verantwortung verknüpft. Ich immer wieder, wie Menschen die Verantwortung für ihre Entscheidungen abgeben. Sie schieben die Schuld auf äußere Umstände, auf andere Menschen oder auf das Schicksal. Doch wahre Freiheit und Erfolg entstehen erst, wenn wir die volle Verantwortung für unser Leben und unsere Entscheidungen übernehmen.

Verantwortung zu übernehmen bedeutet, anzuerkennen, dass jede Entscheidung, die du triffst – sei es bewusst oder unbewusst – eine Auswirkung auf dein Leben hat. Es bedeutet, zu verstehen, dass du der

Schöpfer deines eigenen Schicksals bist. Dies ist der erste Schritt zur Selbstermächtigung. Denn sobald du erkennst, dass du durch deine Entscheidungen die Macht hast, dein Leben zu gestalten, trittst du aus der Opferrolle heraus und wirst zum aktiven Gestalter deines eigenen Weges.

Wahre Führungspersönlichkeiten sind diejenigen, die bereit sind, Verantwortung zu übernehmen – nicht nur für ihre eigenen Entscheidungen, sondern auch für die Entscheidungen ihres Teams oder Unternehmens. Die Fähigkeit, Entscheidungen bewusst zu treffen und für deren Konsequenzen einzustehen, ist das, was erfolgREICHe Führungskräfte von der Masse abhebt.

Entscheidungen als Wegweiser

Jede Entscheidung, die du triffst, ist wie ein Wegweiser auf deinem Lebensweg. Stell dir dein Leben wie einen dichten Wald voller Pfade vor. Jede Entscheidung ist wie das Einschlagen eines neuen Weges. Manchmal ist der Weg klar und gut ausgetreten, manchmal musst du dich durch dichtes Unterholz kämpfen, ohne zu wissen, was dich hinter der nächsten Biegung erwartet. Doch egal, welchen Weg du wählst, jede Entscheidung bringt dich weiter – entweder näher an dein Ziel oder weiter davon weg.

Die Herausforderung besteht darin, zu erkennen, welche Entscheidungen dich deinem Ziel näherbringen und welche dich auf Umwege führen. Hier kommt die Bedeutung der inneren Klarheit ins Spiel. Nur wenn du dir deiner wahren Ziele, Werte und Visionen bewusst bist, kannst du Entscheidungen treffen, die dich in die richtige Richtung führen. Meinen Klienten helfe ich oft dabei, diese Klarheit zu finden und ihre unbewussten Blockaden zu lösen, die sie davon abhalten, ihre wahren Ziele zu ver-folgen.

Die Angst vor der falschen Entscheidung

Ein häufiger Grund, warum Menschen zögern, Entscheidungen zu treffen, ist die Angst, eine falsche Entscheidung zu treffen. Diese Angst kann lähmend sein und dazu führen, dass Menschen in einer Art Schwebezustand verharren – unfähig, sich in die eine oder andere Richtung zu bewegen. Sie warten auf den „perfekten" Moment oder die „richtige" Entscheidung, doch dieser Moment kommt selten. Stattdessen vergehen wertvolle Jahre, in denen nichts passiert.

Was viele Menschen nicht erkennen, ist, dass es in den meisten Fällen keine „falsche" Entscheidung gibt. Jede Entscheidung, die du triffst, bietet dir eine Gelegenheit, zu lernen und zu wachsen. Selbst wenn sich eine Entscheidung im Nachhinein als nicht ideal herausstellt, ist sie dennoch eine wertvolle Lektion. In meiner Rolle als Coach ermutige ich meine Klienten dazu, mutig zu entscheiden, auch wenn Unsicherheit besteht. Denn jede Entscheidung bringt dich weiter – entweder näher an dein Ziel oder näher an eine wertvolle Erkenntnis über dich selbst.

Entscheidungen und dein Unterbewusstsein

Ein weiterer Aspekt, den ich in meiner Praxis als NLP- und Hypnose-Therapeut oft betone, ist die Rolle des Unterbewusstseins bei Entscheidungen. Viele unserer Entscheidungen werden nicht auf bewusster Ebene getroffen, sondern sind das Ergebnis tiefer, unbewusster Glaubenssätze und Muster. Diese unbewussten Programme steuern unser Verhalten und beeinflussen unsere Entscheidungen oft in einer Weise, die uns gar nicht bewusst ist.

Deshalb ist es so wichtig, sich mit dem eigenen Unterbewusstsein auseinanderzusetzen, bzw. zusammenzusetzen, denn sonst kommst du nie mit ihm zusammen. In meiner Arbeit setze ich Techniken wie NLP und Hypnose ein, um den Menschen zu helfen, Zugang zu ihrem Unterbewusstsein zu finden und tiefsitzende Blockaden zu lösen, die ihre Entscheidungsfähigkeit beeinträchtigen. Denn nur wenn du die unbewussten Muster erkennst, die dein Leben steuern, kannst du wirklich bewusste Entscheidungen treffen.

Entscheidungen und Erfolg

Erfolg ist das Ergebnis vieler kleiner und großer Entscheidungen, die im Laufe deines Lebens getroffen wurden. Jede Entscheidung, die du triffst – sei es im beruflichen oder im persönlichen Bereich – bringt dich entweder näher an deinen Erfolg oder entfernt dich davon. Doch Erfolg ist nicht nur das Ergebnis von Glück oder Zufall; er ist das Ergebnis bewusster Entscheidungen, die auf deinen inneren Werten und Zielen basieren.

Als Erfolgs-Profitrainer lehre ich meinen Klienten, dass der Weg zum Erfolg nicht linear verläuft. Es gibt Rückschläge, Umwege und Herausforderungen. Doch was erfolgreiche Menschen von Erfolglosen unterscheidet, ist die Fähigkeit, in schwierigen Zeiten die richtigen Entscheidungen zu treffen. Erfolgreiche Menschen sind bereit, auch dann Entscheidungen zu treffen, wenn Unsicherheit besteht oder der Weg steinig ist. Sie wissen, dass jede Entscheidung eine Chance ist, zu wachsen und sich weiterzuentwickeln.

Fazit: Entscheidungen als Eckpfeiler des Lebens

Die Rolle der Entscheidungen in unserem Leben kann nicht genug betont werden. Jede Entscheidung, die du triffst, formt deine Realität. Sie bestimmt, wer du bist und wer du wirst. Ob bewusst oder unbewusst

– deine Entscheidungen sind das Fundament deines Lebens. Wenn du lernst, bewusst Entscheidungen zu treffen und die volle Verantwortung für dein Leben zu übernehmen, wirst du feststellen, dass du die Macht hast, dein Schicksal zu lenken und den Erfolg zu erreichen, den du dir wünschst.

Die Frage ist also nicht, ob du Entscheidungen treffen wirst, sondern wie du sie treffen wirst. Wirst du passiv bleiben und das Leben dich leiten lassen, oder wirst du bewusst die Kontrolle übernehmen und dein Leben nach deinen eigenen Vorstellungen gestalten? Die Wahl liegt bei dir – denn letztendlich ist Erfolg nichts anderes als eine Reihe bewusster Entscheidungen.

Warum du der Schöpfer deines eigenen Erfolgs bist

Jeder Mensch trägt die Macht in sich, sein Leben zu formen und den eigenen Erfolg zu erschaffen. Doch diese Erkenntnis, dass wir selbst die Schöpfer unseres Schicksals sind, bleibt für viele verborgen. In meiner jahrzehntelangen Arbeit als ganzheitlicher NLP- und Hypnose-Therapeut, Kausal-, Mental- und Erfolgs-Profitrainer habe ich unzählige Menschen getroffen, die nach Erfolg suchten – sei es beruflicher, finanzieller oder persönlicher Erfolg. Doch die wichtigste Lektion, die ich ihnen vermitteln konnte, war stets die gleiche: Der Schlüssel zu dienem Erfolg liegt in dir.

Erfolg ist kein Produkt des Zufalls oder äußerer Umstände. Es ist keine Gabe, die nur wenigen Auserwählten vorbehalten ist. Erfolg entsteht, wenn du die Verantwortung für dein Leben übernimmst und dich als den Schöpfer deiner eigenen Realität erkennst. In diesem Kapitel möchte ich dir verdeutlichen, warum du selbst die größte Macht über deinen Erfolg hast und wie du diese Verantwortung nutzen kannst, um das Leben zu gestalten, dass du dir wünschst.

Die Illusion der äußeren Kontrolle

Viele Menschen glauben, dass Erfolg von äußeren Faktoren abhängt – Glück, günstige Gelegenheiten, das richtige Umfeld oder gar das Schicksal. Diese Vorstellung führt dazu, dass sie sich als Opfer der Umstände sehen, gefangen in einer Welt, in der sie wenig Kontrolle über ihre Ergebnisse haben. Doch diese Sichtweise ist eine Illusion. In Wahrheit sind es nicht die äußeren Umstände, die dein Leben bestimmen, sondern deine innere Haltung und deine Entscheidungen.

Ich habe oft mit Klienten gearbeitet, die fest davon überzeugt waren, dass äußere Faktoren sie zurückhalten. Sie sagten Dinge wie: „Ich habe einfach nicht die richtigen Kontakte", „Die Wirtschaftslage ist schuld", oder „Andere hatten mehr Glück als ich." Doch sobald wir tiefer in ihre Glaubenssätze eintauchten und ihre Perspektiven herausforderten, kam etwas Erstaunliches zum Vorschein: Sie hatten die Kontrolle über ihre Reaktionen auf diese äußeren Umstände, aber sie waren sich dessen nicht bewusst. Das ist der Wendepunkt – die Erkenntnis, dass du immer die Wahl hast, wie du auf das Leben reagierst. Und diese Wahlmöglichkeit ist die Quelle deines Erfolgs.

Gedanken und Glaubenssätze als Fundament

Der erste Schritt, um der bewusste Schöpfer deines Erfolgs zu werden, besteht darin, zu erkennen, dass deine Gedanken und Glaubenssätze die Grundlage deines Lebens sind. Alles, was du im Außen erlebst, ist eine Spiegelung deiner inneren Überzeugungen. Wenn du glaubst, dass Erfolg für dich nicht erreichbar ist, wirst du Handlungen setzen, die genau dieses Ergebnis bestätigen. Wenn du glaubst, dass du nicht genug Fähigkeiten hast, um erfolgreich zu sein, wirst du unbewusst Situationen vermeiden, in denen du diese Fähigkeiten unter Beweis stellen könntest.

Mit NLP (Neurolinguistisches Programmieren) und Hypnose zeige ich Menschen, wie tief verwurzelte Glaubenssätze ihr Verhalten und ihre Entscheidungen beeinflussen. Viele dieser Glaubensmuster sind unbewusst und entstanden in der Kindheit, durch Erziehung, gesellschaftliche Normen oder frühere Erfahrungen. Doch das Schöne ist: Diese Glaubenssätze können verändert werden. Du kannst lernen, deine Gedanken bewusst zu lenken und neue, förderliche Überzeugungen zu entwickeln, die dich auf den Weg des Erfolgs führen.

Ein häufiges Beispiel aus meiner Praxis: Menschen, die glauben, dass sie es „nicht wert" sind, Erfolg zu haben, werden immer wieder Gelegenheiten sabotieren oder sich nicht trauen, ihre Fähigkeiten zu zeigen. Doch durch gezielte Veränderung dieser Glaubensmuster, etwa durch hypnotische Suggestion oder NLP-Techniken, können sie beginnen, sich selbst als würdig und fähig zu sehen. Sobald sich diese innere Überzeugung ändert, ändert sich auch das äußere Verhalten – und plötzlich öffnen sich Türen, die zuvor verschlossen schienen.

Die Macht der Entscheidung

Ein weiterer zentraler Aspekt, der zeigt, dass du der Schöpfer deines eigenen Erfolgs bist, ist die Kraft deiner Entscheidungen. Jede Entscheidung, die du triffst – ob groß oder klein – formt dein Leben. Viele Menschen scheuen sich jedoch davor, Verantwortung für ihre Entscheidungen zu übernehmen. Sie lassen sich von Angst, Unsicherheit oder der Meinung anderer leiten und entscheiden sich am Ende nicht aus einem Ort der Klarheit und Selbstbestimmung.

Doch wahre Macht liegt in der Fähigkeit, bewusst zu entscheiden. Ich habe oft mit Unternehmern und Führungskräften gearbeitet, die an einem Wendepunkt in ihrem Leben standen – sie mussten wichtige Entscheidungen treffen, die ihre Zukunft maßgeblich beeinflussen würden. Diejenigen, die den Mut fanden, ihre Entscheidungen aus einer Position der inneren Klarheit zu treffen, erlebten nachhaltigen Erfolg. Sie verstanden, dass es nicht darum ging, immer die „perfekte" Entscheidung zu treffen, sondern mutig voranzuschreiten und die Verantwortung für die Konsequenzen zu tragen.

Eine Entscheidung ist wie ein Samen, den du pflanzt. Wenn du ihn sorgfältig auswählst und pflegst, wird er wachsen und Früchte tragen. Doch wenn du zögerst, gar nicht erst entscheidest oder deine Entscheidungen dem Zufall überlässt, wirst du in einem Zustand der Stagnation verharren. Erfolg erfordert Mut zur Entscheidung – und die Bereitschaft, die volle Verantwortung für diese Entscheidung zu übernehmen.

Handlungen als Ausdruck deines inneren Schöpfers

Erfolg entsteht nicht allein durch Gedanken oder Entscheidungen – er manifestiert sich durch Handeln. Deine Handlungen sind der Ausdruck deines inneren Schöpfers. In meiner Arbeit als Coach und Trainer habe ich immer wieder erlebt, wie Menschen von großartigen Ideen und Visionen sprechen, diese jedoch niemals in die Tat umsetzen. Sie warten auf den „richtigen Moment" oder zweifeln an ihrer Fähigkeit, das gewünschte Ergebnis zu erreichen.

Doch der wahre Unterschied zwischen Erfolg und Misserfolg liegt in der Bereitschaft zu handeln. Jede noch so kleine Handlung, die du heute unternimmst, bringt dich deinem Ziel ein Stück näher. Es ist nicht notwendig, von heute auf morgen alles perfekt zu machen. Vielmehr geht es darum, kontinuierlich Schritte in die Richtung deines Erfolgs zu gehen, auch wenn diese Schritte manchmal klein oder unsicher erscheinen mögen.

Die größte Blockade, die Menschen davon abhält, ihren Erfolg zu erschaffen, ist die Angst vor dem Scheitern. Doch in Wahrheit gibt es kein Scheitern, solange du bereit bist, aus deinen Erfahrungen zu lernen. Jede Handlung, die du unternimmst – auch wenn sie nicht sofort zum gewünschten Ergebnis führt – bringt dich weiter. Sie gibt dir wertvolle Einsichten, zeigt dir neue Wege auf und stärkt deine Fähigkeit, mit Herausforderungen umzugehen. Erfolg ist also nicht das Ergebnis eines einmaligen, perfekten Handelns, sondern eines fortwährenden Prozesses des Tuns und Lernens.

Die Kraft der Vision

Ein zentraler Bestandteil deines Schöpfungsprozesses ist die Kraft der Vision. Um erfolgreich zu sein, musst du dir ein klares Bild davon machen, was Erfolg für dich bedeutet. Viele Menschen haben vage Vorstellungen davon, was sie erreichen möchten, doch eine kraftvolle Vision ist mehr als nur ein Ziel. Sie ist ein lebendiges, emotional aufgeladenes Bild von dem Leben, das du erschaffen willst.

In meiner Arbeit als Meditationslehrer und spiritueller Berater ermutige ich meine Klienten, tiefer in ihre Visionen einzutauchen. Es reicht nicht aus, einfach nur zu sagen: „Ich möchte erfolgreich sein." Du musst dir genau vorstellen, wie dieser Erfolg aussieht, wie es sich anfühlt und welchen Einfluss er auf dein Leben und die Welt um dich herum haben wird. Je klarer und lebendiger deine Vision ist, desto stärker wird die Energie sein, die du in Richtung dieser Vision lenkst.

Doch eine Vision allein reicht nicht. Du musst diese Vision mit deinen täglichen Handlungen und Entscheidungen in Einklang bringen. Erfolg entsteht, wenn deine Gedanken, Entscheidungen und Handlungen in einer harmonischen Verbindung stehen und auf dein größeres Ziel ausgerichtet sind.

Spirituelle Aspekte des Schöpferseins

Als geweihter Bodhisattva durch den Dalai Lama habe ich gelernt, dass das Schöpfersein nicht nur eine weltliche, sondern auch eine spirituelle Dimension hat. Wir sind nicht nur Schöpfer unseres individuellen Erfolgs, sondern auch Mitschöpfer einer größeren Realität. Jeder von uns hat eine einzigartige Rolle im kosmischen Spiel des Lebens, und unser Erfolg trägt zum Wohlergehen des Ganzen bei.

Wenn du dir bewusst wirst, dass du nicht nur für dich selbst, sondern auch für das Kollektiv erschaffst, wird dein Streben nach Erfolg zu einer spirituellen Praxis. Du beginnst, deine Gaben und Talente im Dienst an anderen zu nutzen, und der Erfolg, den du erlebst, wird zu einem Ausdruck deines Beitrags zur Welt.

Fazit: Du bist der Schöpfer deines eigenen Erfolgs

Die wichtigste Erkenntnis, die ich dir mit auf den Weg geben möchte, ist diese: Du bist der Schöpfer deines eigenen Erfolgs. Alles, was du brauchst, um erfolgreich zu sein, liegt bereits in dir. Deine Gedanken, deine Entscheidungen, deine Handlungen und deine Visionen formen die Realität, in der du lebst. Es gibt keine äußeren Umstände, die mächTIGER sind als die Kraft, die in dir steckt.

Und wenn du lernst, diese Kraft bewusst zu erkennen und zu nutzen, dann wirst du auch den entsprechenden Erfolg generieren und erhalten!

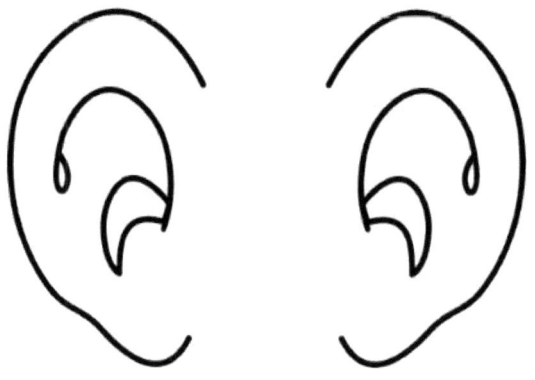

Kapitel 1: Erfolg beginnt zwischen den Ohren

Die Macht deiner Gedanken

Erfolg beginnt nicht im Außen. Er beginnt nicht mit dem richtigen Netzwerk, dem perfekten Timing oder einer glücklichen Fügung des Schicksals. Erfolg beginnt zwischen deinen Ohren – in deinem Geist. In meinen über 30 Jahren als ganzheitlicher NLP- und Hypnose-Therapeut, Kausal-, Mental- und Erfolgs-Profitrainer sowie als spiritueller Unternehmensberater habe ich immer wieder erlebt, dass die Gedanken eines Menschen die größte Macht haben, sein Leben zu formen. Deine Gedanken sind die Wurzel deines Erfolgs oder Misserfolgs. Sie sind der Ausgangspunkt jeder Entscheidung, jeder Handlung und letztlich jedes Ergebnisses, dass du in deinem Leben erfährst.

Es gibt eine einfache Wahrheit, die oft übersehen wird: Wie du denkst, bestimmt, wie du lebst. Deine äußere Welt ist ein Spiegel deiner inneren Welt. Wenn deine Gedanken von Zweifel, Angst oder Mangel geprägt sind, wird sich das in deinem Leben widerspiegeln. Wenn deine Gedanken hingegen von Selbstvertrauen, Überfluss und Möglichkeiten erfüllt sind, wird sich auch das in deiner Realität manifestieren. Erfolg beginnt also nicht mit dem, was du tust, sondern mit dem, was du denkst.

Die Kraft des Geistes verstehen

Der menschliche Geist ist ein unglaublich mächtiges Werkzeug. Er hat die Fähigkeit, deine Wahrnehmung zu formen, deine Emotionen zu steuern und sogar die chemischen Prozesse in deinem Körper zu beeinflussen. Das bedeutet, dass deine Gedanken direkten Einfluss auf dein Leben und deinen Erfolg haben.

Mit NLP zeige ich Menschen, wie ihre Gedankenmuster ihre Realität prägen. NLP basiert auf der Erkenntnis, dass unser Gehirn wie ein Computer funktioniert: Es reagiert auf bestimmte „Programme", die wir ihm im Laufe unseres Lebens eingeprägt haben. Diese Programme bestehen aus Überzeugungen, Glaubenssätzen und Gedankenmustern, die unser Verhalten steuern. Oft laufen diese Programme unbewusst ab und beeinflussen uns auf eine Weise, der wir uns gar nicht bewusst sind.

Wenn du also in deinem Leben nicht den Erfolg erfährst, den du dir wünschst, liegt das oft daran, dass die „Programme" in deinem Geist nicht auf Erfolg ausgerichtet sind. Vielleicht denkst du unbewusst, dass du Erfolg nicht verdienst, dass es schwer ist, erfolgreich zu sein, oder dass dir die nötigen Fähigkeiten fehlen. Diese Gedankenmuster wirken wie eine unsichtbare Barriere, die dich daran hindert, dein volles Potenzial zu entfalten.

Gedanken formen deine Realität

Stell dir vor, dein Geist ist ein Garten, und deine Gedanken sind die Samen. Du kannst wählen, welche Samen du pflanzt – Gedanken des Erfolgs, der Fülle und des Selbstvertrauens oder Gedanken des Zweifels, des Mangels und der Angst. Welche Samen du wählst, bestimmt, welche Pflanzen in deinem Garten wachsen. Wenn du ständig negative, ängstliche oder begrenzende Gedanken hegst, wirst du einen „Garten" voller Unkraut und dürftiger Pflanzen haben. Wenn du hingegen positive, stärkende Gedanken pflanzt und pflegst, wirst du einen blühenden Garten erleben, der dir Reichtum und Erfolg bringt.

Ich erinnere mich an einen Klienten, der immer wieder das Gefühl hatte, in seinem Beruf festzustecken. Er war intelligent, fähig und arbeitete hart, doch der Erfolg schien ihm immer wieder zu entgleiten.

Als wir tiefer in seine Glaubenssätze eintauchten, stellten wir fest, dass er unbewusst glaubte, dass er es nicht „wert" sei, erfolgreich zu sein. Dieser Glaubenssatz, der tief in seiner Kindheit verwurzelt war, hatte ihn sein ganzes Leben lang begleitet und verhinderte, dass er sein volles Potenzial entfaltete. Doch durch gezielte Arbeit mit NLP und Hypnose konnten wir diesen Glaubenssatz verändern. Mit der Zeit begann er, sich selbst anders zu sehen – als fähig, würdig und bereit für den Erfolg. Und als sich seine Gedanken änderten, änderte sich auch seine äußere Realität: Er erhielt eine Beförderung, übernahm mehr Verantwortung und begann, den Erfolg zu erleben, den er sich immer gewünscht hatte.

Die Macht der positiven Gedanken

Positive Gedanken sind nicht nur leere Phrasen oder bloße Wunschvorstellungen. Sie sind kraftvolle Werkzeuge, die deinen Geist auf Erfolg ausrichten können. Positive Gedanken wirken auf verschiedene Weisen: Sie beeinflussen deine Stimmung, deine Energie und deine Handlungsbereitschaft. Wenn du dich darauf fokussierst, was möglich ist, anstatt auf das, was schiefgehen könnte, wirst du in der Lage sein, Chancen zu erkennen und zu ergreifen, die anderen verborgen bleiben.

Eine der effektivsten Techniken, die ich in meiner Arbeit lehre, ist die Visualisierung. Visualisierung ist der Prozess, sich ein klares, lebendiges Bild dessen zu machen, was man erreichen möchte. Wenn du dir dein Ziel immer wieder in deinem Geist vorstellst, trainierst du dein Unterbewusstsein darauf, dieses Ziel zu erreichen. Dein Gehirn unterscheidet nicht zwischen einer tatsächlich erlebten Erfahrung und einer intensiv visualisierten Vorstellung. Wenn du also regelmäßig visualisierst, wie du Erfolg hast, wirst du beginnen, dein Verhalten und deine Handlungen unbewusst auf dieses Ziel auszurichten.

In meiner eigenen Praxis nutze ich Visualisierungstechniken täglich. Bevor ich wichtige Entscheidungen treffe oder neue Projekte starte, stelle ich mir klar und lebendig vor, wie das gewünschte Ergebnis aussieht. Diese Praxis hilft mir, in einem Zustand des Vertrauens und der Klarheit zu bleiben, auch wenn Herausforderungen auftreten.

Negative Gedanken erkennen und transformieren

Ein weiterer wichtiger Schritt, um die Macht deiner Gedanken zu nutzen, besteht darin, negative Gedankenmuster zu erkennen und zu transformieren. Negative Gedanken sind oft tief verwurzelte Gewohnheiten, die sich im Laufe der Zeit in unserem Geist festsetzen. Sie können in Form von Selbstzweifeln, Angst vor dem Scheitern oder der Überzeugung auftreten, dass Erfolg schwer oder unerreichbar ist.

Der erste Schritt, um diese negativen Gedanken zu verändern, besteht darin, sie zu bewusstem Bewusstsein zu bringen. Viele Menschen sind sich nicht einmal bewusst, wie negativ ihr innerer Dialog ist. Sie kritisieren sich ständig selbst, zweifeln an ihren Fähigkeiten oder stellen sich vor, dass etwas Schlimmes passieren wird. Doch indem du diese Gedanken bewusst wahrnimmst, kannst du beginnen, sie zu verändern.

Eine Technik, die ich oft verwende, ist die „Gedankenstopp-Technik". Sobald du einen negativen Gedanken bemerkst, kannst du innerlich „Stopp!" sagen und den Gedanken durch eine positive Affirmation ersetzen. Anstatt zum Beispiel zu denken: „Ich werde das niemals schaffen", könntest du dir sagen: „Ich habe die Fähigkeiten, um diese Herausforderung zu meistern." Es mag anfangs ungewohnt sein, doch mit der Zeit wirst du feststellen, dass du deine Gedanken in eine positivere Richtung lenken kannst.

Der Einfluss deines Umfelds

Neben deinen eigenen Gedanken spielt auch dein Umfeld eine große Rolle bei der Gestaltung deiner mentalen Einstellung. Menschen, mit denen du dich umgibst, können einen erheblichen Einfluss auf deine Denkweise und dein Selbstbild haben. Wenn du dich in einem Umfeld befindest, das von Negativität, Zweifel und Pessimismus geprägt ist, wird es dir schwerfallen, eine positive und erfolgreiche Denkweise aufrechtzuerhalten.

Ich rate meinen Klienten oft, sich mit Menschen zu umgeben, die sie inspirieren, motivieren und unterstützen. Menschen, die an deinen Erfolg glauben und dich ermutigen, dein volles Potenzial zu entfalten. Diese Art von Unterstützung kann dir helfen, deine Gedanken in die richtige Richtung zu lenken und dich auf Erfolg auszurichten. Gleichzeitig solltest du dich von Menschen distanzieren, die dich herunterziehen oder deinen Glauben an dich selbst schwächen.

Die Verbindung zwischen Gedanken und Handlungen

Es reicht jedoch nicht aus, nur positiv zu denken. Erfolg entsteht, wenn deine Gedanken, deine Entscheidungen und deine Handlungen in Einklang stehen. Deine Gedanken sind der Ausgangspunkt, aber sie müssen in Handlungen umgesetzt werden, um Ergebnisse zu erzeugen. Der Glaube an deinen Erfolg gibt dir die Energie und den Antrieb, die nötigen Schritte zu unternehmen, um deine Ziele zu erREICHen.

Ich habe unzählige Menschen getroffen, die große Träume und Ziele hatten, aber nicht bereit waren, die erforderlichen Schritte zu unternehmen, um diese Träume zu verwirklichen. Sie blieben in einem Zustand des Wartens und Hoffens, dass sich die Dinge von selbst ändern würden. Doch Erfolg erfordert aktives Handeln. Du musst bereit sein, die Verantwortung zu übernehmen und die Schritte zu unternehmen, die notwendig sind, um deine Vision Realität werden zu lassen.

Fazit: Erfolg beginnt in deinem Geist

Der Erfolg, den du in deinem Leben erfährst, beginnt zwischen deinen Ohren – in deinem Geist. Deine Gedanken sind die mächtigste Kraft, die du hast, um deine Realität zu gestalten. Indem du lernst, deine Gedanken bewusst zu lenken, negative Glaubenssätze zu transformieren und positive, stärkende Gedanken zu kultivieren, kannst du die Grundlage für echten, nachhaltigen Erfolg legen.

Denke daran: Erfolg ist kein Zufall.

Erfolg ist das Ergebnis klarer, positiver Gedanken, die in bewusste Entscheidungen und Handlungen umgesetzt werden. Wenn du die Macht deines Geistes nutzt, wirst du in der Lage sein, die Herausforderungen des Lebens zu meistern und den Erfolg zu erleben, den du dir wünschst wünschst. Der Prozess, die Kontrolle über deine Gedanken zu übernehmen, ist nicht immer einfach, aber er ist von unschätzbarem Wert. Erfolg ist kein einmaliger Akt, sondern eine fortlaufende Entscheidung, die du in deinem Geist triffst – Tag für Tag, Moment für Moment.

Mentale Programmierung: Wie du deine Gedanken neu ausrichtest

Der menschliche Geist neigt dazu, in gewohnte Denkmuster zu verfallen. Diese Muster können über Jahre hinweg entstanden sein und sind tief in deinem Unterbewusstsein verankert. Wenn du zum Beispiel in einem Umfeld aufgewachsen bist, das dir immer wieder gesagt hat, dass Erfolg schwer zu erreichen ist, oder dass du nicht das Potenzial hast, wirklich Großes zu leisten, dann können diese Überzeugungen dein Denken unbewusst steuern. Doch die gute Nachricht ist: Dein Geist ist formbar. Genau wie du physische Muskeln trainieren kannst, um stärker zu werden, kannst du auch deine mentalen „Muskeln" trainieren, um eine erfolgreiche Denkweise zu entwickeln.

Eine der wirkungsvollsten Techniken, um deine Gedanken neu auszurichten, ist die Affirmation. Affirmationen sind positive, kraftvolle Aussagen, die du dir selbst wiederholt sagst, um dein Unterbewusstsein zu programmieren. Zum Beispiel: „Ich bin erfolgreich", „Ich verdiene es, meine Ziele zu erreichen" oder „Ich habe alles, was ich brauche, um erfolgreich zu sein". Diese Affirmationen wirken, indem sie langsam die negativen Glaubenssätze in deinem Unterbewusstsein überschreiben.

Doch Affirmationen funktionieren nur, wenn du ihnen wirklich glaubst. Es geht nicht darum, einfach leere Worte zu wiederholen. Du musst die Energie und Emotion hinter der Aussage spüren. Wenn du dir beispielsweise sagst: „Ich bin erfolgreich", stelle dir vor, wie es sich anfühlt, bereits erfolgreich zu sein. Spüre die Freude, die Erfüllung und das Selbstbewusstsein, das mit deinem Erfolg einhergeht. Je intensiver du diese Emotionen erlebst, desto stärker wird die Wirkung der Affirmation.

Der Zusammenhang zwischen Gedanken, Emotionen und Erfolg

Ein weiterer Aspekt, den du nicht unterschätzen solltest, ist die enge Verbindung zwischen deinen Gedanken und deinen Emotionen. Deine Gedanken erzeugen Emotionen, und diese Emotionen beeinflussen direkt dein Handeln. Wenn du also gedanklich ständig negative Szenarien durchspielst oder an deinem eigenen Potenzial zweifelst, wirst du Gefühle wie Angst, Unsicherheit oder Frustration erleben. Diese Emotionen werden dich dann davon abhalten, die nötigen Schritte zu unternehmen, um erfolgreich zu sein.

Auf der anderen Seite: Wenn deine Gedanken von Selbstvertrauen, Optimismus und der Überzeugung, dass du Erfolg haben wirst, geprägt sind, wirst du positive Emotionen wie Freude, Begeisterung und Entschlossenheit erleben. Diese positiven Emotionen werden dir die Energie und den Antrieb geben, aktiv zu werden und Chancen zu ergreifen. Der Schlüssel liegt also darin, deine Gedanken bewusst zu kontrollieren und dich auf das zu konzentrieren, was möglich ist, anstatt auf das, was schiefgehen könnte.

Eine Technik, die ich in meiner Arbeit oft nutze, um diese Verbindung zwischen Gedanken und Emotionen zu stärken, ist die Dankbarkeitspraxis. Dankbarkeit ist eine unglaublich kraftvolle Emotion, die deinen Geist auf Fülle und Erfolg ausrichtet. Wenn du dich regelmäßig auf das konzentrierst, wofür du dankbar bist, anstatt auf das, was in deinem Leben fehlt, wirst du feststellen, dass sich deine Denkweise verändert. Du beginnst, mehr von dem anzuziehen, was du dir wünschst, weil du in einem Zustand der inneren Fülle lebst.

Die Rolle des Unterbewusstseins

Einer der faszinierendsten Aspekte des menschlichen Geistes ist das Unterbewusstsein. Dein Unterbewusstsein speichert all deine vergangenen Erfahrungen, Überzeugungen und Gewohnheiten. Es ist wie ein gigantisches Archiv, das ständig Informationen verarbeitet, ohne dass du es bewusst wahrnimmst. Doch obwohl das Unterbewusstsein im Hintergrund arbeitet, hat es einen enormen Einfluss auf dein Verhalten und deine Entscheidungen.

Als Hypnose-Therapeut habe ich immer wieder erlebt, wie tief verwurzelte Glaubenssätze und negative Gedankenmuster das Leben meiner Klienten beeinflussten, ohne dass sie sich dessen bewusst waren. Diese unbewussten Programme sind oft der Grund, warum Menschen trotz aller Bemühungen nicht den gewünschten Erfolg erreichen. Sie arbeiten hart, setzen sich Ziele und entwickeln Strategien, doch tief in ihrem Inneren gibt es Glaubenssätze, die sie sabotieren.

Glücklicherweise gibt es Wege, wie du Zugang zu deinem Unterbewusstsein bekommst und diese negativen Programme neu schreiben kannst. Hypnose ist eine der effektivsten Techniken, um mit dem Unterbewusstsein zu arbeiten. In einem entspannten Zustand, in dem der kritische Verstand zur Ruhe kommt, kannst du neue, positive Überzeugungen in dein Unterbewusstsein „einpflanzen". Diese neuen Überzeugungen werden dann deine Gedanken und Handlungen im Alltag beeinflussen und dir helfen, dein volles Potenzial zu entfalten.

Mentale Resilienz und Erfolg

Ein weiterer wichtiger Aspekt, der eng mit der Macht deiner Gedanken verbunden ist, ist die mentale Resilienz. Resilienz ist die Fähigkeit, in schwierigen Zeiten stark und fokussiert zu bleiben. Es ist die Fähigkeit,

Rückschläge und Herausforderungen nicht als Hindernisse, sondern als Gelegenheiten zum Lernen und Wachsen zu betrachten. Mentale Resilienz ist eine Schlüsselkomponente für langfristigen Erfolg, denn auf dem Weg zum Erfolg wirst du immer wieder mit Hindernissen konfrontiert werden.

Deine Gedanken spielen eine entscheidende Rolle dabei, wie du mit diesen Herausforderungen umgehst. Wenn du in schwierigen Momenten Gedanken des Zweifels und der Resignation zulässt, wirst du schnell aufgeben. Doch wenn du deine Gedanken auf Möglichkeiten, Lösungen und Wachstum ausrichtest, wirst du jede Herausforderung als Chance sehen, stärker und besser zu werden.

Eine Technik, die ich oft empfehle, um mentale Resilienz zu stärken, ist die Achtsamkeitspraxis. Achtsamkeit hilft dir, im gegenwärtigen Moment zu bleiben und deine Gedanken bewusst zu beobachten, ohne dich von ihnen überwältigen zu lassen. Wenn du in stressigen oder herausfordernden Situationen achtsam bist, kannst du deine Gedanken bewusst in eine positive Richtung lenken und dadurch verhindern, dass negative Gedanken dich aus der Bahn werfen.

Fazit: Dein Geist ist der Schlüssel zu deinem Erfolg

Am Ende dieses Kapitels sollte eines ganz klar geworden sein: Erfolg beginnt in deinem Geist. Deine Gedanken sind die Samen, die du in den Boden deines Lebens pflanzt. Was du heute denkst, wird morgen zu deiner Realität. Indem du lernst, deine Gedanken bewusst zu kontrollieren, positive Glaubenssätze zu entwickeln und negative Gedankenmuster zu transformieren, wirst du in der Lage sein, dein Leben und deinen Erfolg aktiv zu gestalten.

Es liegt in deiner Hand, der Schöpfer deines eigenen Erfolgs zu sein. Nutze die Macht deines Geistes, um deine Träume zu verwirklichen. Richte deine Gedanken auf das aus, was du erreichen möchtest, und erlebe, wie sich dein Leben in eine Richtung verändert, die du dir immer gewünscht hast.

Denn Erfolg beginnt wirklich zwischen deinen Ohren!

Glaubenssätze, die dich blockieren

Glaubenssätze sind mächtige unsichtbare Kräfte, die dein Leben in eine bestimmte Richtung lenken können. Sie sind wie innere Programme, die bestimmen, wie du die Welt siehst, wie du über dich selbst denkst und was du für möglich hältst. In über 30 Jahren Praxis habe ich immer wieder gesehen, wie tief verwurzelte Glaubenssätze Menschen daran hindern, ihr volles Potenzial zu entfalten und den Erfolg zu erreichen, den sie sich wünschen. Diese blockierenden Glaubenssätze können unbewusst ablaufen und uns auf eine Weise beeinflussen, die wir oft gar nicht wahrnehmen – und genau deshalb sind sie so gefährlich.

Das Problem mit Glaubenssätzen ist, dass sie selten hinterfragt werden. Sie entstehen oft in der Kindheit oder aufgrund früherer Erfahrungen, und sie nisten sich tief in unserem Unterbewusstsein ein. Doch nur weil ein Glaubenssatz tief verwurzelt ist, bedeutet das nicht, dass er wahr ist. In diesem Kapitel werde ich dir helfen, diese unsichtbaren Blockaden zu erkennen und zu verstehen, wie du sie auflösen kannst, um deinen Weg zu echtem, nachhaltigem Erfolg freizumachen.

Was sind Glaubenssätze?

Bevor wir uns damit beschäftigen, wie Glaubenssätze uns blockieren, müssen wir zunächst verstehen, was Glaubenssätze überhaupt sind. Ein Glaubenssatz ist eine tiefsitzende Überzeugung, die wir über uns selbst, andere Menschen oder die Welt im Allgemeinen haben. Diese Überzeugungen formen unsere Wahrnehmung, beeinflussen unsere Entscheidungen und bestimmen unser Verhalten.

Es gibt zwei Arten von Glaubenssätzen: förderliche und blockierende. Förderliche Glaubenssätze sind jene, die uns unterstützen, uns ermutigen und uns das Gefühl geben, dass wir fähig sind, unsere Ziele zu erreichen. Ein Beispiel für einen förderlichen Glaubenssatz könnte sein: „Ich bin in der Lage, erfolgreich zu sein, wenn ich hart arbeite und an mich glaube." Dieser Glaubenssatz gibt dir die innere Stärke, Herausforderungen zu meistern und auf dein Ziel hinzuarbeiten.

Blockierende Glaubenssätze hingegen sind jene, die uns zurückhalten, uns ängstigen oder uns das Gefühl geben, dass wir etwas nicht können oder nicht verdienen. Ein typischer blockierender Glaubenssatz könnte lauten: „Ich bin nicht gut genug, um erfolgreich zu sein." Solche Überzeugungen sabotieren uns, oft ohne, dass wir es merken. Sie begrenzen uns, lassen uns zögern und verhindern, dass wir unser volles Potenzial entfalten.

Die Entstehung blockierender Glaubenssätze

Blockierende Glaubenssätze entstehen oft in der Kindheit, wenn wir noch keine kritische Denkweise entwickelt haben und die Meinungen und Überzeugungen der Menschen um uns herum als absolute Wahrheiten aufnehmen. Eltern, Lehrer, Freunde und sogar die Medien haben einen tiefgreifenden Einfluss darauf, welche Überzeugungen wir über uns selbst und die Welt entwickeln.

Wenn dir als Kind beispielsweise oft gesagt wurde, dass du nicht talentiert genug bist oder dass Erfolg nur für „andere" Menschen bestimmt ist, dann hast du diese Botschaften vielleicht tief in deinem Unterbewusstsein abgespeichert. Auch negative Erfahrungen – wie ein Misserfolg in der Schule oder eine enttäuschende Beziehung – können dazu führen, dass wir blockierende Glaubenssätze entwickeln. Diese Überzeugungen wirken dann wie ein Filter, durch den wir die Welt sehen. Sie beeinflussen unser Verhalten, oft ohne, dass wir es merken, und führen dazu, dass wir uns selbst sabotieren.

Ein Beispiel aus meiner Praxis zeigt, wie tief verwurzelte Glaubenssätze unser Leben beeinflussen können. Ein Klient, ein talentierter Unternehmer, kam zu mir, weil er trotz harter Arbeit immer wieder an bestimmten finanziellen Erfolgsgrenzen scheiterte. Als wir seine Glaubenssätze untersuchten, stellten wir fest, dass er tief in sich die Überzeugung trug, dass „Geld die Wurzel allen Übels" sei. Diese Überzeugung, die ihm unbewusst durch seine familiäre Erziehung eingepflanzt wurde, verhinderte, dass er wirklich reich und erfolgreich werden konnte. Sein Unterbewusstsein sabotierte seine Bemühungen, weil es ihn vor dem „Übel" des Geldes schützen wollte.

Wie blockierende Glaubenssätze deinen Erfolg sabotieren

Blockierende Glaubenssätze wirken oft subtil und unsichtbar. Sie manifestieren sich in Form von Zweifeln, Ängsten oder Selbstsabotage. Du möchtest vielleicht ein neues Projekt starten oder eine berufliche Herausforderung annehmen, doch etwas hält dich zurück. Vielleicht hörst du eine innere Stimme, die dir zuflüstert: „Das schaffst du nicht", oder „Du bist nicht gut genug dafür."

Diese negativen Überzeugungen verhindern, dass du Risiken eingehst, Neues ausprobierst oder dein volles Potenzial ausschöpfst. Sie erzeugen eine Art „Selbstschutzmechanismus", der dich davon abhält, Fehler zu machen oder abgelehnt zu werden, doch in Wirklichkeit halten sie dich nur in deiner Komfortzone gefangen – weit weg von dem Erfolg, den du dir eigentlich wünschst.

Blockierende Glaubenssätze können auch zu Prokrastination führen. Anstatt aktiv an deinen Zielen zu arbeiten, zögerst du und findest Ausreden, warum du jetzt nicht anfangen kannst. Oder du gehst den „sicheren Weg" und bleibst in einem Job oder einer Situation, die dich nicht wirklich erfüllt, weil du glaubst, dass du nicht das Zeug dazu hast, etwas Besseres zu erreichen.

Ein weiterer Weg, wie sich blockierende Glaubenssätze äußern, ist das sogenannte „Imposter-Syndrom". Menschen, die vom Imposter-Syndrom betroffen sind, haben trotz offensichtlicher Erfolge das Gefühl, dass sie diese Erfolge nicht wirklich verdient haben. Sie glauben, dass sie „Betrüger" sind und bald entlarvt werden. Diese Form der Selbstsabotage kann besonders bei hochqualifizierten und erfolgreichen Menschen auftreten, die tief im Inneren den Glaubenssatz tragen, dass sie nicht gut genug sind.

Wie du deine blockierenden Glaubenssätze erkennst

Der erste Schritt, um deine blockierenden Glaubenssätze aufzulösen, besteht darin, sie zu erkennen. Dies erfordert Ehrlichkeit und Selbstreflexion. Oft sind diese Glaubenssätze so tief in deinem Unterbewusstsein verankert, dass du sie gar nicht wahrnimmst. Doch wenn du genauer hinschaust, wirst du Muster in deinem Verhalten erkennen, die auf blockierende Glaubenssätze hinweisen.

Eine effektive Methode, um deine blockierenden Glaubenssätze zu erkennen, ist, dir selbst die Frage zu stellen: „Welche Überzeugungen habe ich über mich selbst, die mich daran hindern, erfolgreich zu sein?" Nimm dir einen Moment Zeit, um darüber nachzudenken, was du wirklich über deine Fähigkeiten, deinen Wert und dein Potenzial glaubst. Vielleicht kommen Gedanken hoch wie „Ich habe nicht das richtige Netzwerk", „Ich bin zu alt", „Ich bin nicht talentiert genug" oder „Erfolg ist nur für andere Menschen bestimmt."

Ein weiterer Hinweis auf blockierende Glaubenssätze ist das, was du anderen Menschen erzählst. Achte darauf, welche Sätze du häufig benutzt, wenn du über deine Ziele oder deinen Erfolg sprichst. Sätze wie „Das ist zu schwer für mich", „Ich habe einfach nicht genug Zeit" oder „Ich habe nie Glück" können darauf hinweisen, dass du tief in dir Überzeugungen trägst, die dich blockieren.

Wie du blockierende Glaubenssätze transformierst

Sobald du deine blockierenden Glaubenssätze erkannt hast, besteht der nächste Schritt darin, sie zu transformieren. Der Schlüssel dazu liegt in deinem Unterbewusstsein. Glaubenssätze werden oft unbewusst gebildet, und um sie zu ändern, musst du tief in dein Unterbewusstsein eintauchen und die „Programme" neu schreiben.

Eine der wirkungsvollsten Techniken, um blockierende Glaubenssätze zu verändern, ist Hypnose. Hypnose ermöglicht es dir, einen entspannten Zustand zu erreichen, in dem dein kritischer Verstand zur Ruhe kommt und du direkten Zugang zu deinem Unterbewusstsein erhältst. In diesem Zustand kannst du neue, positive Glaubenssätze in dein Unterbewusstsein „einpflanzen", die die alten, blockierenden Überzeugungen ersetzen.

Auch NLP (Neurolinguistisches Programmieren) ist eine mächtige Methode, um deine Glaubenssätze zu transformieren. NLP arbeitet mit dem Prinzip, dass du deine Gedanken und inneren Dialoge bewusst umprogrammieren kannst, um neue Überzeugungen zu entwickeln. Eine Technik, die ich oft empfehle, ist die „Reframing"-Methode. Dabei nimmst du einen negativen Glaubenssatz und betrachtest ihn aus einer neuen, positiven Perspektive. Zum Beispiel könntest du den Glaubenssatz „Ich bin nicht gut genug" umformulieren in „Ich habe alles, was ich brauche, um erfolgreich zu sein".

Dein neues, förderliches Glaubenssystem aufbauen

Der letzte Schritt besteht darin, ein neues Glaubenssystem aufzubauen, das dich unterstützt und fördert. Dies erfordert Geduld und Übung, denn du hast viele Jahre damit verbracht, in den alten, blockierenden Glaubenssätzen zu leben. Doch mit der Zeit wirst du feststellen, dass sich deine innere Einstellung und dein Verhalten verändern.

Affirmationen als mächtiges Werkzeug

Eine der wirksamsten Methoden, um dein neues, förderliches Glaubenssystem aufzubauen, sind Affirmationen. Affirmationen sind positive, kraftvolle Aussagen, die du dir selbst immer wieder bewusst machst, um dein Unterbewusstsein neu zu programmieren. Sie helfen dir dabei, deine alten, negativen Glaubenssätze durch neue, positive Überzeugungen zu ersetzen.

Wenn du zum Beispiel bisher den blockierenden Glaubenssatz „Ich bin nicht gut genug" hattest, könntest du diese Überzeugung durch die Affirmation „Ich bin fähig und habe das Potenzial, erfolgreich zu sein" ersetzen. Indem du diese Affirmation regelmäßig wiederholst, idealerweise morgens nach dem Aufwachen und abends vor dem Einschlafen, wirst du nach und nach dein inneres Glaubenssystem umprogrammieren.

Doch es ist wichtig, dass du deine Affirmationen nicht nur mechanisch wiederholst, sondern sie auch mit Emotion und Überzeugung verknüpfst. Dein Unterbewusstsein reagiert stärker auf emotionale Inhalte, daher ist es entscheidend, dass du die Kraft und das Gefühl der Affirmation wirklich spürst. Stelle dir vor, wie es sich anfühlt, bereits erfolgreich zu sein, während du die Affirmation sprichst. Fühle den Erfolg, die Erfüllung und die Freude, die mit deinem neuen Glaubenssatz einhergehen.

Ein weiteres hilfreiches Instrument ist die Visualisierung. Visualisierung bedeutet, dir dein gewünschtes Ergebnis in lebendigen Bildern vorzustellen. Indem du dir regelmäßig vorstellst, wie es ist, deine Ziele zu erreichen und in einer erfolgreichen Realität zu leben, stärkst du die neuen, förderlichen Glaubenssätze in deinem Unterbewusstsein. Dein Geist kann nicht zwischen Fantasie und Realität unterscheiden – wenn du dir also intensiv vorstellst, wie du bereits erfolgreich bist, wird dein Unterbewusstsein beginnen, diese Realität als wahr zu akzeptieren.

Geduld und Beständigkeit: Der Weg zur Umprogrammierung

Es ist wichtig zu verstehen, dass das Umprogrammieren von Glaubenssätzen ein Prozess ist, der Zeit und Geduld erfordert. Blockierende Glaubenssätze sind oft über viele Jahre hinweg in deinem Unterbewusstsein verankert worden, und es wird nicht über Nacht geschehen, sie vollständig zu transformieren. Doch mit Beständigkeit und der richtigen inneren Einstellung kannst du dein Glaubenssystem langfristig verändern.

Als Coach und Trainer sehe ich oft, wie Menschen nach ein paar Wochen der Affirmation oder Visualisierung aufgeben, weil sie keine sofortigen Ergebnisse sehen. Doch genau in diesen Momenten ist es entscheidend, weiterzumachen. Glaubenssätze sind tief verwurzelte Muster, und es dauert eine Weile, sie umzuprogrammieren. Doch wenn du dranbleibst, wirst du nach und nach Veränderungen in deinem Verhalten, deinen Gefühlen und letztlich in deinen äußeren Ergebnissen feststellen.

Denke daran: Erfolg ist kein Ziel, das du über Nacht erreichst, sondern ein fortlaufender Prozess. Genauso wie ein Samen Zeit braucht, um zu keimen, zu wachsen und Früchte zu tragen, brauchen auch deine neuen Glaubenssätze Zeit, um sich vollständig zu entfalten und in deinem Leben Ergebnisse zu zeigen. Gib dir selbst die Erlaubnis, Schritt für Schritt voranzukommen, und sei geduldig mit dir selbst.

Die Rolle des Umfelds bei der Veränderung von Glaubenssätzen

Während du daran arbeitest, deine blockierenden Glaubenssätze zu transformieren, ist es auch wichtig, dein Umfeld zu betrachten. Die Menschen, mit denen du dich umgibst, haben einen erheblichen Einfluss auf deine Denkweise und deine Überzeugungen. Wenn du dich ständig mit Menschen umgibst, die negative Überzeugungen teilen oder Zweifel an deinem Potenzial äußern, wird es dir schwerfallen, deine neuen, förderlichen Glaubenssätze zu festigen.

Daher rate ich dir, dich mit Menschen zu umgeben, die dich unterstützen, inspirieren und an deinen Erfolg glauben. Menschen, die dir Mut machen und dir helfen, deine neuen Glaubenssätze zu stärken. Vielleicht hast du bereits Menschen in deinem Leben, die dir diese Unterstützung geben, oder du entscheidest dich bewusst, neue Kontakte zu knüpfen, die dich auf deinem Weg zum Erfolg begleiten.

Natürlich kannst du auch mit mir Kontakt aufnehmen, damit wir deine alten und verborgenen Glaubenssätze gemeinsam auflösen und den Weg frei machen für den grandiosen Erfolg, den du verdient hast!

Mehr dazu findest du am Ende des Buches in Kapitel 12!

Ein weiterer Aspekt, den du berücksichtigen solltest, ist der Konsum von Medien und Informationen. Die Informationen, die du täglich aufnimmst, beeinflussen dein Denken und deine Glaubenssätze. Achte darauf, welche Bücher du liest, welche Filme du schaust und welche Inhalte du in den sozialen Medien konsumierst. Wähle bewusst Inhalte, die dich inspirieren und fördern, statt solche, die negative Glaubenssätze verstärken.

Praxisbeispiele:
Wie die Transformation von Glaubenssätzen funktioniert

Lass mich dir an dieser Stelle zwei Beispiele aus meiner Praxis geben, die zeigen, wie kraftvoll die Transformation von Glaubenssätzen sein kann.

Ein Unternehmer, mit dem ich gearbeitet habe, hatte den Glaubenssatz, dass er immer hart kämpfen müsse, um Erfolg zu haben. Er glaubte, dass Erfolg nur durch ständigen Druck und Stress zu erreichen sei. Dieser Glaubenssatz führte dazu, dass er sich ständig überarbeitete und niemals das Gefühl hatte, wirklich erfolgreich zu sein, egal wie viel er erreichte. Durch unsere Arbeit konnten wir diesen Glaubenssatz umwandeln in: „Ich darf Erfolg mit Leichtigkeit und Freude erreichen." Diese Veränderung ermöglichte es ihm, seine Arbeit in einem neuen Licht zu sehen, und er begann, mehr Freude an seinem Erfolg zu empfinden, ohne sich ständig unter Druck zu setzen.

Ein anderes Beispiel ist eine Frau, die jahrelang mit dem Glaubenssatz lebte, dass sie nicht gut genug sei, um eine Führungsposition in ihrem Unternehmen zu übernehmen. Sie sabotierte sich selbst, indem sie sich bei Beförderungen zurückhielt und nicht für sich selbst eintrat. Nach intensiver Arbeit mit Affirmationen und Hypnose konnte sie diesen Glaubenssatz transformieren in: „Ich bin kompetent und verdiene es, in einer Führungsposition erfolgreich zu sein." Kurze Zeit später bewarb sie sich um eine leitende Position und erhielt den Job, den sie sich jahrelang gewünscht hatte.

Diese Beispiele zeigen, dass der Schlüssel zum Erfolg oft in der Transformation unserer Glaubenssätze liegt. Sobald du deine inneren Überzeugungen änderst, beginnen sich deine äußeren Umstände zu verändern.

Fazit: Werde der Meister deiner Glaubenssätze

Am Ende dieses Kapitels möchte ich dir eine zentrale Botschaft mitgeben: Du bist der Meister deiner Glaubenssätze. Die Überzeugungen, die du über dich selbst, die Welt und deinen Erfolg hast, sind nicht festgelegt – sie sind formbar. Du hast die Macht, deine blockierenden Glaubenssätze zu erkennen und zu transformieren, um ein Glaubenssystem zu schaffen, das dich auf deinem Weg zum Erfolg unterstützt.

Es mag nicht immer leicht sein, alte, tief verwurzelte Überzeugungen loszulassen, aber es ist möglich. Mit Geduld, Beständigkeit und den richtigen Techniken kannst du dein Denken neu ausrichten und deine innere Welt so gestalten, dass sie mit deinen Zielen und Wünschen im Einklang steht.

Erinnere dich: Deine Gedanken und Überzeugungen formen deine Realität. Wenn du die Meisterschaft über deine Glaubenssätze erlangst, wirst du auch die Meisterschaft über deinen Erfolg erlangen.

Ein erfolgsorientiertes Mindset entwickeln

Erfolg beginnt im Kopf. Deine Gedanken, deine Überzeugungen und deine Einstellung bestimmen, was du im Leben erreichst. Ein erfolgsorientiertes Mindset ist der Schlüssel zu nachhaltigem Erfolg in allen Lebensbereichen – sei es beruflich, privat oder spirituell. Über 30 Jahre Praxis-Erfahrung haben mir gezeigt, dass der größte Unterschied zwischen Menschen, die erfolgreich sind, und solchen, die es nicht sind, nicht in den äußeren Umständen liegt, sondern in ihrer inneren Einstellung.

Ein erfolgsorientiertes Mindset ist mehr als nur positives Denken. Es ist eine ganzheitliche, tiefe Überzeugung, dass du die Fähigkeit hast, deine Ziele zu erreichen, unabhängig von den Herausforderungen, die dir begegnen. In diesem Kapitel werde ich dir zeigen, wie du dieses Mindset entwickelst, warum es so wichtig ist und wie du es in deinem Alltag kultivieren kannst, um den Erfolg zu erleben, den du dir wünschst.

Die Macht des Mindsets

Das Wort „Mindset" beschreibt deine Grundhaltung, deine Denkweise und die Überzeugungen, die dein Leben leiten. Es ist das mentale Fundament, auf dem deine Entscheidungen, Handlungen und Reaktionen beruhen. Ein erfolgsorientiertes Mindset ist ein mentales System, das auf Wachstum, Fortschritt und Möglichkeiten ausgerichtet ist.

„Carol Dweck", eine renommierte Psychologin, hat in ihrer bahnbrechenden Forschung den Unterschied zwischen einem statischen Mindset und einem wachstumsorientierten Mindset beschrieben. Menschen mit einem statischen Mindset glauben, dass ihre Fähigkeiten, Talente und Intelligenz festgelegt sind. Sie sehen Herausforderungen oft als Bedrohung, weil sie Angst davor haben, zu scheitern und damit ihre „begrenzten" Fähigkeiten zu offenbaren. Diese Denkweise blockiert Wachstum und Erfolg.

Menschen mit einem wachstumsorientierten Mindset hingegen sehen Herausforderungen als Chancen zum Lernen und Wachsen. Sie glauben, dass ihre Fähigkeiten durch Anstrengung, Lernen und Anpassung verbessert werden können. Dieses dynamische Verständnis von sich selbst und der Welt führt zu einem kontinuierlichen Streben nach Verbesserung, und das ist der Schlüssel zu wahrem Erfolg.

Ein erfolgsorientiertes Mindset basiert auf den Prinzipien des Wachstums und der Anpassungsfähigkeit. Es ist die Überzeugung, dass du deine Fähigkeiten, deine Intelligenz und sogar deine Persönlichkeit weiterentwickeln kannst, wenn du bereit bist, die nötige Arbeit zu leisten. Erfolg ist nicht das Ergebnis von Talent oder Glück allein, sondern von einem ständigen Prozess des Lernens, der Selbstverbesserung und der Überwindung von Herausforderungen.

Glaubenssätze formen dein Mindset

Die Grundbausteine deines Mindsets sind deine Glaubenssätze. Diese tief verwurzelten Überzeugungen über dich selbst, andere Menschen und die Welt prägen deine Denkweise und beeinflussen deine Entscheidungen. Wenn du glaubst, dass du nur begrenzte Fähigkeiten hast oder dass Erfolg nur für andere bestimmt ist, wirst du entsprechend handeln – und diese Überzeugungen werden zu einer selbsterfüllenden Prophezeiung.

Ein erfolgsorientiertes Mindset erfordert, dass du dir deiner Glaubenssätze bewusst wirst und sie hinterfragst. Viele unserer Überzeugungen sind unbewusst und stammen aus unserer Kindheit oder aus früheren Erfahrungen, die uns geprägt haben. Sie beeinflussen, wie wir die Welt sehen und welche Möglichkeiten wir in unserem Leben wahrnehmen.

Ich habe oft mit Klienten gearbeitet, die mit blockierenden Glaubenssätzen zu kämpfen hatten, wie zum Beispiel „Ich bin nicht gut genug", „Erfolg ist nur etwas für andere" oder „Ich habe nicht das Zeug dazu, erfolgreich zu sein". Diese Glaubenssätze waren tief in ihrem Unterbewusstsein verankert und beeinflussten jede Entscheidung, die sie trafen – oft ohne, dass sie es überhaupt bemerkten.

Der erste Schritt zur Entwicklung eines erfolgsorientierten Mindsets besteht darin, diese blockierenden Glaubenssätze zu identifizieren und zu transformieren. Du kannst dies tun, indem du dir folgende Fragen stellst: Was glaube ich wirklich über mich selbst und meinen Erfolg? Welche Überzeugungen halten mich davon ab, mein volles Potenzial auszuschöpfen? Wenn du diese Fragen ehrlich beantwortest, wirst du beginnen, die unsichtbaren Blockaden zu erkennen, die zwischen dir und deinem Erfolg stehen.

Die Rolle des Unterbewusstseins

Dein Unterbewusstsein spielt eine entscheidende Rolle bei der Entwicklung eines erfolgsorientierten Mindsets. Das Unterbewusstsein ist der Speicher all deiner Erfahrungen, Überzeugungen und Muster, die im Laufe deines Lebens entstanden sind. Es arbeitet still im Hintergrund und beeinflusst deine Entscheidungen und Reaktionen, ohne dass du es bewusst wahrnimmst.

Wenn du ein erfolgsorientiertes Mindset entwickeln möchtest, musst du mit deinem Unterbewusstsein arbeiten. Techniken wie NLP (Neuro-linguistisches Programmieren) und Hypnose sind effektive Werkzeuge, um tief verwurzelte Glaubenssätze zu verändern und dein Unterbe-wusstsein auf Erfolg auszurichten.

Hypnose ermöglicht es dir, direkten Zugang zu deinem Unterbe-wusstsein zu bekommen und neue, förderliche Glaubenssätze zu „in-stallieren", die dein Mindset auf Erfolg ausrichten. In meiner Arbeit als Hypnose-Therapeut habe ich unzählige Menschen dabei unterstützt, ihre blockierenden Überzeugungen loszulassen und ein Mindset zu entwickeln, das ihnen ermöglicht, ihre Ziele zu erreichen.

Die Kraft der Visualisierung

Eine weitere kraftvolle Methode, um ein erfolgsorientiertes Mindset zu entwickeln, ist die Visualisierung. Visualisierung ist mehr als nur Tagträumen. Es ist eine gezielte Methode, um deinem Gehirn zu zei-gen, wie Erfolg aussieht und sich anfühlt. Wenn du dir regelmäßig vor-stellst, wie du deine Ziele erreichst, beginnt dein Unterbewusstsein, dieses Bild als Realität zu akzeptieren. Dein Gehirn erkennt keinen Unterschied zwischen einer realen Erfahrung und einer intensiv visua-lisierten Vorstellung.

Stelle dir in allen Details vor, wie dein Erfolg aussieht. Wie fühlst du dich, wenn du deine Ziele erreicht hast? Was siehst du, hörst und er-lebst du? Je lebendiger du diese Bilder machst, desto stärker wird die Wirkung auf dein Unterbewusstsein sein. Diese Praxis hilft dir, dich auf das zu konzentrieren, was du erreichen möchtest, anstatt auf die Hindernisse, die dir im Weg stehen.

Visualisierung unterstützt nicht nur dein Mindset, sondern hilft dir auch dabei, Selbstvertrauen zu entwickeln. Wenn du regelmäßig Erfolg in deinem Geist erlebst, wirst du beginnen, dich selbst als erfolgreiche Person zu sehen. Dein Verhalten wird sich entsprechend anpassen, und du wirst motivierter sein, die Schritte zu unternehmen, die nötig sind, um deine Vision in die Realität umzusetzen.

Selbstdisziplin und Fokus

Ein erfolgsorientiertes Mindset zu entwickeln, erfordert auch Selbstdisziplin und Fokus. Erfolg kommt nicht über Nacht – er ist das Ergebnis von konsequentem Handeln und der Bereitschaft, durchzuhalten, auch wenn die Dinge schwierig werden. Menschen mit einem erfolgsorientierten Mindset verstehen, dass Rückschläge Teil des Prozesses sind und dass Wachstum oft aus den schwierigsten Momenten entsteht.

Selbstdisziplin bedeutet, auch dann an deinen Zielen zu arbeiten, wenn es unbequem ist. Es bedeutet, deine Gedanken und Handlungen bewusst zu steuern, anstatt dich von kurzfristigen Ablenkungen oder Entmutigungen leiten zu lassen. Ein starkes Mindset hält dich auf Kurs, selbst wenn du auf Herausforderungen stößt.

Um diese Selbstdisziplin zu kultivieren, ist es hilfreich, klare Ziele zu setzen und diese in kleine, erreichbare Schritte zu unterteilen. Jeder Schritt, den du auf deinem Weg machst, stärkt dein Vertrauen in dich selbst und dein Mindset. Erfolg ist eine Reihe von kleinen, beständigen Entscheidungen, die dich deinem Ziel näherbringen.

Der Umgang mit Rückschlägen

Ein wesentlicher Aspekt eines erfolgsorientierten Mindsets ist der Umgang mit Rückschlägen. Menschen, die erfolgreich sind, betrachten Misserfolge nicht als endgültig, sondern als Gelegenheiten, zu lernen und zu wachsen. Ein statisches Mindset sieht Fehler als Bestätigung von Schwächen, während ein wachstumsorientiertes Mindset Fehler als notwendige Schritte auf dem Weg zum Erfolg sieht.

Rückschläge sind unvermeidlich, aber wie du auf sie reagierst, macht den Unterschied. Ein erfolgsorientiertes Mindset hilft dir, Rückschläge als Teil deiner Reise zu akzeptieren, anstatt dich davon entmutigen zu lassen. In meiner Arbeit habe ich oft gesehen, dass Menschen, die Rückschläge als Chance nutzen, schneller und stärker zurückkommen. Sie lernen aus ihren Fehlern, passen ihre Strategien an und werden widerstandsfähiger.

Wenn du ein erfolgsorientiertes Mindset entwickelst, wirst du lernen, dich auf Lösungen zu konzentrieren, anstatt auf Probleme. Du wirst dich fragen: „Was kann ich aus dieser Situation lernen?" und „Wie kann ich diese Herausforderung in eine Gelegenheit verwandeln?" Diese Fragen helfen dir, flexibel und anpassungsfähig zu bleiben, was ein wesentlicher Bestandteil des Erfolgs ist.

Positives Umfeld und Inspiration

Ein erfolgsorientiertes Mindset wird auch von deinem Umfeld beeinflusst. Umgib dich mit Menschen, die dich inspirieren, unterstützen und an deinen Erfolg glauben. Negative oder destruktive Einflüsse können dein Mindset schwächen und Zweifel säen. Achte darauf, dass die Menschen in deinem Leben deine Ziele und Visionen fördern, anstatt sie zu untergraben.

Auch deine täglichen Gewohnheiten spielen eine Rolle. Achte darauf, was du liest, anschaust und hörst. Positive und inspirierende Inhalte werden dein Mindset stärken und dich motivieren, weiterhin auf Erfolg hinzuarbeiten.

Fazit: Dein Mindset formt deinen Erfolg

Ein erfolgsorientiertes Mindset ist das Fundament, auf dem echter und nachhaltiger Erfolg aufgebaut ist. Es geht nicht nur darum, positiv zu denken, sondern eine innere Überzeugung zu entwickeln, dass du fähig und würdig bist, deine Ziele zu erreichen. Indem du deine Glaubenssätze transformierst, deine Gedanken bewusst steuerst und Selbstdisziplin sowie Fokus entwickelst, kannst du ein Mindset erschaffen, das dich auf deinem Weg zum Erfolg begleitet.

Denke daran: Dein Mindset ist nicht festgelegt – es kann wachsen und sich entwickeln. Jeder Tag bietet dir die Möglichkeit, dein Denken zu verändern, neue Überzeugungen zu kultivieren und dein volles Potenzial zu entfalten. Erfolg beginnt im Inneren, und wenn du dein Mindset auf Erfolg ausrichtest, wird sich auch deine äußere Welt verändern.

Kapitel 2: Verantwortung übernehmen – Der Schlüssel zu wahrem Erfolg

Der Unterschied zwischen Opfer- und Schöpfer-Mentalität

Es gibt einen fundamentalen Unterschied zwischen Menschen, die ihr Leben gestalten, und jenen, die das Gefühl haben, den Umständen hilflos ausgeliefert zu sein. Dieser Unterschied liegt in der Mentalität – in der inneren Haltung, mit der man auf das Leben reagiert. Nach über 30 Jahren Erfahrung als Erfolgs-Profitrainer habe ich gelernt, dass der Schlüssel zum Erfolg oft darin liegt, ob man eine Opfer-Mentalität oder eine Schöpfer-Mentalität verinnerlicht hat.

Menschen, die in der Opfer-Mentalität gefangen sind, glauben, dass das Leben ihnen widerfährt. Sie sehen sich als passiv und von äußeren Umständen oder anderen Menschen abhängig. Sie empfinden oft Machtlosigkeit und das Gefühl, wenig Kontrolle über ihr eigenes Leben zu haben. Auf der anderen Seite steht die Schöpfer-Mentalität – die Überzeugung, dass man selbst der Gestalter seines Lebens ist. Menschen mit dieser Denkweise erkennen, dass sie die Macht haben, ihre Realität aktiv zu beeinflussen und durch ihre Gedanken, Entscheidungen und Handlungen ihr Schicksal zu bestimmen.

Der Übergang von der Opfer- zur Schöpfer-Mentalität ist ein entscheidender Schritt auf dem Weg zum Erfolg. Dieser Schritt erfordert Bewusstsein, Selbstverantwortung und die Bereitschaft, die Kontrolle über das eigene Leben zu übernehmen. In diesem Kapitel werden wir tief in die Unterschiede zwischen diesen beiden Mentalitäten eintauchen und herausfinden, wie du die Schöpfer-Mentalität in deinem Leben kultivieren kannst.

Was ist eine Opfer-Mentalität?

Die Opfer-Mentalität ist eine Denkweise, die von Ohnmacht und Passivität geprägt ist. Menschen, die in dieser Mentalität gefangen sind, neigen dazu, die Schuld für ihre Probleme und Herausforderungen auf äußere Umstände zu schieben. Sie glauben, dass sie wenig bis keine Kontrolle über das haben, was in ihrem Leben passiert. Typische Gedanken einer Opfer-Mentalität sind:

- „Das Leben ist unfair."

- „Das ist einfach Pech."

- „Andere haben mehr Glück als ich."

- „Ich kann nichts ändern."

Diese Menschen sehen sich als Opfer ihrer Umstände – sei es aufgrund von Problemen in der Kindheit, wirtschaftlichen Herausforderungen, Schwierigkeiten im Beruf oder zwischenmenschlichen Konflikten. Sie sind oft gefangen in negativen Denkmustern und wiederholen immer wieder die gleichen Geschichten von Ungerechtigkeit, Pech oder Enttäuschung.

Einer der größten Nachteile der Opfer-Mentalität ist, dass sie die eigene Handlungsfähigkeit unterdrückt. Wer sich als Opfer sieht, fühlt sich machtlos und wartet darauf, dass sich die äußeren Umstände ändern, anstatt aktiv an der eigenen Situation zu arbeiten. Diese Denkweise blockiert nicht nur das persönliche Wachstum, sondern auch den Erfolg. Denn Erfolg setzt voraus, dass man die Verantwortung für das eigene Leben übernimmt und bereit ist, die nötigen Schritte zu unternehmen, um Veränderungen zu bewirken.

Die Entstehung der Opfer-Mentalität

Die Opfer-Mentalität entsteht oft in der Kindheit oder Jugend, wenn negative Erlebnisse oder Rückschläge uns das Gefühl geben, dass wir keine Kontrolle über das haben, was uns passiert. Diese frühen Erfahrungen können tief im Unterbewusstsein verankert bleiben und das eigene Weltbild nachhaltig beeinflussen. Wenn wir oft genug hören oder erleben, dass wir „nichts tun können", beginnen wir, dies als Wahrheit zu akzeptieren.

Auch gesellschaftliche und familiäre Strukturen spielen eine Rolle bei der Entwicklung der Opfer-Mentalität. In manchen Familien oder Gemeinschaften wird die Überzeugung weitergegeben, dass das Leben von äußeren Faktoren bestimmt wird – von Glück, der Wirtschaftslage, dem „richtigen" Zeitpunkt oder anderen Menschen. Diese Überzeugungen werden oft unhinterfragt übernommen und bilden die Grundlage für die persönliche Lebensphilosophie.

Ich habe immer wieder erlebt, wie tief verwurzelte Glaubenssätze, die aus der Opfer-Mentalität stammen, Menschen davon abhalten, ihr Potenzial zu entfalten. Sie erleben dieselben negativen Muster immer wieder, weil sie unbewusst glauben, dass sie nichts tun können, um ihre Situation zu verändern.

Was ist eine Schöpfer-Mentalität?

Die Schöpfer-Mentalität steht im direkten Gegensatz zur Opfer-Mentalität. Menschen mit einer Schöpfer-Mentalität erkennen, dass sie die Macht haben, ihr Leben zu gestalten. Sie sehen sich als aktive Akteure in ihrem eigenen Leben und übernehmen die Verantwortung für ihre Gedanken, Entscheidungen und Handlungen. Sie glauben fest daran, dass sie durch ihre Einstellung und ihre Handlungen ihre Realität beeinflussen können.

Typische Gedanken einer Schöpfer-Mentalität sind:

- „Ich bin für mein Leben verantwortlich."

- „Ich kann meine Umstände ändern."

- „Ich habe die Macht, meine Träume zu verwirklichen."

- „Hindernisse sind Herausforderungen, die ich überwinden kann."

Menschen mit einer Schöpfer-Mentalität sehen Probleme als Chancen zum Lernen und Wachsen. Sie wissen, dass Rückschläge unvermeidlich sind, aber sie entscheiden sich bewusst, diese Rückschläge als wertvolle Lektionen zu nutzen, anstatt in Frustration oder Resignation zu verfallen. Sie verstehen, dass Erfolg nicht das Ergebnis von Glück oder Zufall ist, sondern das Produkt bewusster Entscheidungen und kontinuierlichen Engagements.

Die Rolle der Selbstverantwortung

Einer der zentralen Aspekte der Schöpfer-Mentalität ist die Übernahme von Selbstverantwortung. Menschen, die in dieser Mentalität leben, erkennen, dass sie die alleinige Verantwortung für ihr Leben tragen. Sie suchen nicht nach Schuldigen oder Ausreden, sondern fragen sich stattdessen: „Was kann ich tun, um die Situation zu verändern?" oder „Wie kann ich aus dieser Herausforderung etwas Positives lernen?"

Selbstverantwortung bedeutet nicht, dass man die äußeren Umstände ignoriert oder leugnet. Natürlich gibt es äußere Faktoren, die unser Leben beeinflussen – wirtschaftliche Krisen, gesellschaftliche Ungleichheiten oder gesundheitliche Herausforderungen. Doch Menschen mit einer Schöpfer-Mentalität erkennen, dass sie trotz dieser Umstände die Macht haben, ihre Reaktionen und Handlungen zu steuern. Sie wissen, dass sie immer die Wahl haben, wie sie auf das Leben reagieren.

In meiner Arbeit als NLP- und Hypnose-Therapeut habe ich viele Menschen begleitet, die von der Opfer-Mentalität zur Schöpfer-Mentalität gewechselt sind. Dieser Wandel ist oft ein tiefgreifender und befreiender Prozess, weil die Menschen erkennen, dass sie nicht länger Opfer ihrer Vergangenheit oder ihrer Umstände sind. Stattdessen begreifen sie, dass sie die Macht haben, ihr Leben zu gestalten und ihren eigenen Erfolg zu erschaffen.

Wie du die Opfer-Mentalität hinter dir lässt

Der erste Schritt, um von der Opfer- zur Schöpfer-Mentalität zu wechseln, ist das Bewusstsein. Du musst erkennen, wann du in die Rolle des Opfers fällst. Dies kann sich in Form von Schuldzuweisungen, Klagen oder dem Gefühl der Ohnmacht äußern. Sobald du bemerkst, dass du dich selbst als Opfer siehst, kannst du beginnen, deine Denkmuster zu hinterfragen und zu ändern.

Ein effektives Werkzeug, das ich in meiner Arbeit als Coach oft verwende, ist das Reframing. Reframing bedeutet, eine Situation aus einer neuen, positiven Perspektive zu betrachten. Wenn du beispielsweise glaubst, dass ein Rückschlag bedeutet, dass du gescheitert bist, könntest du diesen Gedanken umrahmen und sagen: „Dieser Rückschlag ist eine Gelegenheit, zu lernen und stärker zu werden." Auf diese Weise kannst du dein Denken bewusst verändern und dir selbst die Macht zurückgeben, die Situation aktiv zu gestalten.

Ein weiterer Schritt besteht darin, Verantwortung für deine Entscheidungen zu übernehmen. Mache dir bewusst, dass jede Entscheidung – sei es, etwas zu tun oder nicht zu tun – eine Auswirkung auf dein Leben hat. Frage dich: „Treffe ich diese Entscheidung aus einer Opferhaltung oder aus einer Schöpferhaltung heraus?" Je bewusster du deine Entscheidungen triffst, desto mehr wirst du die Kontrolle über dein Leben zurückgewinnen.

Die Vorteile der Schöpfer-Mentalität

Die Schöpfer-Mentalität bringt viele Vorteile mit sich. Menschen, die diese Denkweise verinnerlichen, erleben oft mehr Freude, Erfüllung und Erfolg in ihrem Leben. Sie sind widerstandsfähiger gegenüber Rückschlägen und haben ein höheres Maß an Selbstvertrauen, weil sie wissen, dass sie die Fähigkeit haben, ihre Herausforderungen zu meistern.

Ein weiterer Vorteil der Schöpfer-Mentalität ist, dass sie dir erlaubt, deine Lebensumstände aktiv zu verändern. Anstatt darauf zu warten, dass sich die äußeren Umstände verbessern, ergreifst du die Initiative und machst den ersten Schritt. Diese proaktive Haltung führt oft zu neuen Möglichkeiten und Erfolgen, weil du bereit bist, Verantwortung für dein Leben zu übernehmen.

Fazit: Werde der Schöpfer deines Lebens

Der Unterschied zwischen der Opfer- und der Schöpfer-Mentalität kann darüber entscheiden, ob du in deinem Leben Erfüllung und Erfolg erfährst oder ob du dich gefangen und machtlos fühlst. Während die Opfer-Mentalität dich in Passivität und Resignation hält, gibt dir die Schöpfer-Mentalität die Macht, dein Leben aktiv zu gestalten und deine Träume zu verwirklichen.

Du hast die Wahl, welche Mentalität du in deinem Leben kultivieren möchtest. Der Übergang von der Opferrolle zur Schöpferrolle erfordert Bewusstsein, Selbstverantwortung und den Mut, die Kontrolle über dein Leben zu übernehmen. Doch wenn du diesen Weg gehst, wirst du die unglaubliche Freiheit und Kraft entdecken, die darin liegt, der Schöpfer deines eigenen Lebens zu sein.

Denke daran: Du bist der Architekt deines eigenen Erfolgs.

Wie du Verantwortung für deine Ergebnisse übernimmst

Verantwortung zu übernehmen ist eine der zentralen Säulen des Erfolgs – beruflich, persönlich und spirituell. Auffällig ist, dass diejenigen, die die volle Verantwortung für ihr Leben und ihre Ergebnisse übernehmen, die Freiheit und die Kraft erlangen, ihr Schicksal aktiv zu gestalten. Doch Verantwortung zu übernehmen, bedeutet mehr, als sich einfach nur zu den eigenen Erfolgen oder Miss-erfolgen zu bekennen. Es bedeutet, tief in das eigene Bewusstsein einzutauchen und zu erkennen, dass du der Schöpfer deiner Realität bist.

Dieses Kapitel widmet sich der Frage, wie du Verantwortung für deine Ergebnisse übernimmst – nicht nur im äußeren, praktischen Sinn, sondern auch auf einer tieferen, inneren Ebene. Denn wahre Verantwortung beginnt im Geist. Es geht darum, wie du deine Gedanken, deine Überzeugungen und deine Handlungen in Einklang bringst, um die Ergebnisse zu manifestieren, die du dir wünschst.

Was bedeutet Verantwortung übernehmen?

Verantwortung zu übernehmen bedeutet, anzuerkennen, dass du derjenige bist, der deine Lebensumstände gestaltet – sowohl durch deine bewussten als auch unbewussten Entscheidungen. Es bedeutet, dir selbst die Frage zu stellen: Was habe ich getan, um diese Situation zu erschaffen?" und „Was kann ich tun, um meine Ergebnisse zu verändern?"

Das Wort „Verantwortung" selbst gibt uns einen Hinweis: Es ist die Fähigkeit, auf eine Situation zu antworten. Verantwortung bedeutet, die Fähigkeit zu haben, bewusst und aktiv auf das Leben zu reagieren, anstatt sich von den äußeren Umständen überwältigen zu lassen. Menschen, die Verantwortung übernehmen, sehen sich selbst als die Ursache ihrer Ergebnisse, während Menschen, die sich der Verantwortung entziehen, oft die äußeren Umstände als die Ursache für ihre Probleme ansehen.

Verantwortung übernehmen heißt, die Macht über dein eigenes Leben zurückzuerlangen. Es ist der erste Schritt zur Selbstermächtigung. Wenn du Verantwortung für deine Ergebnisse übernimmst, befreist du dich von der Opferrolle und wirst zum Schöpfer deines Schicksals.

Die Rolle des Bewusstseins

Verantwortung zu übernehmen, beginnt mit einem hohen Maß an Bewusstsein. Es erfordert, dass du dir deiner Gedanken, Gefühle und Handlungen bewusst wirst und erkennst, wie diese dein Leben beeinflussen. Viele Menschen leben ihr Leben auf Autopilot – sie treffen Entscheidungen und handeln, ohne darüber nachzudenken, welche Auswirkungen diese Handlungen auf ihre langfristigen Ergebnisse haben.

Immer wieder lehre ich, dass es entscheidend ist, aus diesem Auto-pilot-Modus auszusteigen und bewusst zu werden. Achtsamkeit ist ein Schlüssel, um Verantwortung zu übernehmen. Wenn du achtsam bist, beobachtest du deine Gedanken und Handlungen in Echtzeit, anstatt sie einfach geschehen zu lassen. Du erkennst die Momente, in denen du unbewusst handelst, und kannst bewusst die Entscheidung treffen, anders zu reagieren.

Zum Beispiel: Wenn du in einer Situation bist, in der du dich ärgerst oder frustriert bist, kannst du dich fragen: Was in mir hat diese Reaktion ausgelöst?" und „Wie kann ich diese Energie in etwas Konstruktives umwandeln?". Dieses Maß an Selbstreflexion und Bewusstheit ist der erste Schritt, um die volle Verantwortung für deine Ergebnisse zu übernehmen.

Die Verantwortung für deine Gedanken übernehmen

Der erste Bereich, in dem du Verantwortung übernehmen musst, ist dein Denken. Deine Gedanken formen deine Realität. Wie du über dich selbst, andere Menschen und die Welt denkst, bestimmt, welche Entscheidungen du triffst und wie du auf das Leben reagierst. Wenn du negative, begrenzende oder ängstliche Gedanken hegst, wirst du auch entsprechende Ergebnisse in deinem Leben erleben.

Als Mental- und Erfolgscoach arbeite ich oft mit Menschen, die unbewusst negative Gedankenmuster pflegen. Sie sagen Dinge wie „Ich kann das nicht", „Das ist unmöglich" oder „Ich habe immer Pech". Diese Gedankenmuster sind oft tief verwurzelt und wirken im Verborgenen, aber sie haben einen massiven Einfluss auf das Leben dieser Menschen.

Der erste Schritt, um Verantwortung für deine Gedanken zu übernehmen, besteht darin, dir dieser negativen Muster bewusst zu werden. Frage dich selbst: „Welche Gedanken denke ich regelmäßig über mich und meine Fähigkeiten?" Wenn du dich dabei ertappst, negative oder begrenzende Gedanken zu haben, kannst du bewusst entscheiden, diese Gedanken durch positivere und förderliche Überzeugungen zu ersetzen. Dies erfordert Übung und Disziplin, aber mit der Zeit wirst du feststellen, dass sich deine Denkweise – und damit auch deine Ergebnisse – verändern.

Die Verantwortung für deine Emotionen übernehmen

Verantwortung für deine Ergebnisse zu übernehmen, bedeutet auch, die Verantwortung für deine Emotionen zu übernehmen. Viele Menschen glauben, dass ihre Gefühle von äußeren Umständen oder anderen Menschen verursacht werden. Doch in Wirklichkeit sind deine Emotionen eine Reaktion auf deine Gedanken und Überzeugungen. Du hast die Wahl, wie du auf die Dinge reagierst, die dir widerfahren.

Emotionen sind fließende Energien. Sie kommen und gehen, aber sie müssen nicht die Kontrolle über dich übernehmen. Wenn du die Verantwortung für deine Emotionen übernimmst, erkennst du, dass du entscheiden kannst, wie du auf bestimmte Situationen reagierst.

Stell dir vor, du erlebst einen Rückschlag – vielleicht hast du eine berufliche Chance verpasst oder eine persönliche Enttäuschung erlitten. Deine erste emotionale Reaktion könnte Frustration, Ärger oder Enttäuschung sein. Doch anstatt in diesen Gefühlen stecken zu bleiben und dich in einer Opferrolle zu sehen, kannst du bewusst entscheiden, wie du mit dieser Situation umgehen möchtest. Du kannst die Emotionen beobachten, akzeptieren und dann entscheiden, wie du konstruktiv darauf reagierst.

Verantwortung für deine Emotionen zu übernehmen, bedeutet nicht, deine Gefühle zu unterdrücken oder zu leugnen. Es bedeutet, sie bewusst zu erleben, sie als wertvolle Informationen zu nutzen und dann die Kontrolle über deine Reaktionen zurückzugewinnen.

Verantwortung für deine Handlungen übernehmen

Ein weiterer entscheidender Schritt, um Verantwortung für deine Ergebnisse zu übernehmen, ist, die Verantwortung für deine Handlungen zu übernehmen. Es reicht nicht aus, nur positive Gedanken zu haben oder deine Emotionen zu meistern – du musst auch aktiv handeln, um die Ergebnisse zu erzielen, die du dir wünschst. Erfolg ist das Ergebnis von bewussten Entscheidungen und konsistenten Handlungen.

Oft erleben Menschen, dass sie bestimmte Ziele nicht erreichen, weil sie ihre Handlungen nicht mit ihren Zielen in Einklang bringen. Sie haben vielleicht große Träume und Visionen, aber sie setzen diese nicht in konkrete Schritte um. Wenn du die volle Verantwortung für deine Handlungen übernimmst, erkennst du, dass du die Kontrolle darüber hast, wie du deine Zeit, Energie und Ressourcen einsetzt.

Frage dich selbst: „Handle ich konsequent in Übereinstimmung mit meinen Zielen?" Wenn die Antwort nein ist, liegt es in deiner Verantwortung, deine Handlungen zu ändern und sicherzustellen, dass sie mit dem übereinstimmen, was du erreichen möchtest.

Die Verantwortung für deine Ergebnisse annehmen

Am Ende des Tages bedeutet Verantwortung zu übernehmen, die Verantwortung für deine Ergebnisse zu übernehmen – sowohl die positiven als auch die negativen. Es ist einfach, die Verantwortung für Erfolge zu übernehmen, aber wahre Selbstermächtigung zeigt sich darin, wie du mit Misserfolgen umgehst. Wenn etwas nicht so läuft, wie du es dir gewünscht hast, ist es leicht, äußere Umstände oder andere Menschen dafür verantwortlich zu machen. Doch das bringt dich nicht weiter.

Wenn du stattdessen sagst: Ich bin verantwortlich für dieses Ergebnis, und ich kann es ändern", übernimmst du die Kontrolle und die Macht über dein Leben. Dies erfordert Ehrlichkeit mit dir selbst und die Bereitschaft, aus deinen Fehlern zu lernen. Es bedeutet, anzuerkennen, dass jeder Misserfolg eine Lektion ist, die dich stärker und weiser macht, wenn du bereit bist, Verantwortung dafür zu übernehmen.

Der Weg zur Selbstermächtigung

Verantwortung zu übernehmen ist der Weg zur Selbstermächtigung. Wenn du erkennst, dass du die Kontrolle über deine Gedanken, Emotionen, Handlungen und Ergebnisse hast, wirst du beginnen, dein Leben bewusst zu gestalten. Anstatt auf äußere Umstände zu warten, ergreifst du die Initiative und wirst zum aktiven Schöpfer deiner Realität.

In meiner Arbeit als Erfolgs- und Mentaltrainer habe ich immer wieder gesehen, wie Menschen, die die volle Verantwortung für ihr Leben übernehmen, erstaunliche Transformationen erleben. Sie erkennen, dass sie die Macht haben, ihre Umstände zu ändern, und beginnen, ihre Träume mit einem neuen Maß an Energie und Selbstvertrauen zu verfolgen.

Fazit: Werde der Schöpfer deiner Ergebnisse

Verantwortung für deine Ergebnisse zu übernehmen, ist der erste Schritt auf dem Weg zu wahrem Erfolg. Es erfordert, dass du dich selbst ehrlich reflektierst, deine Gedanken, Emotionen und Handlungen bewusst steuerst und bereit bist, sowohl die Erfolge als auch die Misserfolge als deine eigene Schöpfung anzuerkennen.

Wenn du diesen Weg gehst, wirst du entdecken, dass du die Macht hast, deine Realität aktiv zu gestalten. Du wirst erkennen, dass du der Schöpfer deiner Ergebnisse bist – und damit der Schöpfer deines eigenen Erfolgs.

Verantwortung als Grundlage für nachhaltigen Erfolg

Erfolg ist kein Zufall. Er entsteht nicht einfach durch Glück oder äußere Umstände, sondern durch ein tiefes, inneres Engagement und die Übernahme von Verantwortung. Verantwortung ist die Grundlage für nachhaltigen Erfolg, und in meinen mehr als 30 Jahren als Erfolgs-Profitrainer und spiritueller Unternehmensberater habe ich immer wieder gesehen, dass diejenigen, die Verantwortung übernehmen, diejenigen sind, die langfristigen, echten Erfolg erleben.

Die Vorstellung von Verantwortung geht weit über die bloße Anerkennung von Erfolg oder Misserfolg hinaus. Es ist der Prozess, in dem du erkennst, dass du der Schöpfer deiner Ergebnisse bist – sowohl der positiven als auch der negativen. Verantwortung zu übernehmen bedeutet, die Macht über dein Leben zurückzugewinnen und dein Schicksal aktiv zu gestalten. In diesem Kapitel möchte ich dir zeigen, warum Verantwortung die zentrale Grundlage für nachhaltigen Erfolg ist und wie du diese Qualität in deinem Leben verankern kannst.

Verantwortung ist der Schlüssel zur Selbstermächtigung

Die Verantwortung für dein Leben zu übernehmen ist der erste Schritt zur Selbstermächtigung. Viele Menschen leben ihr Leben in der Annahme, dass die äußeren Umstände – ob gut oder schlecht – die Hauptursache für ihren Erfolg oder Misserfolg sind. Sie geben der Wirtschaft, ihrer Erziehung, dem Glück oder anderen Menschen die Schuld für ihre Ergebnisse. Diese Haltung führt dazu, dass sie die Kontrolle über ihr Leben abgeben und sich in der Opferrolle wiederfinden.

Verantwortung zu übernehmen bedeutet, zu erkennen, dass du nicht Opfer deiner Umstände bist, sondern dass du durch deine Gedanken, Entscheidungen und Handlungen die Macht hast, dein Leben zu gestalten. Es ist die bewusste Entscheidung, die Kontrolle über dein Leben zu übernehmen und nicht länger darauf zu warten, dass sich äußere Faktoren ändern.

Diejenigen, die Verantwortung übernehmen, haben verstanden, dass sie die Schöpfer ihrer eigenen Realität sind. Sie erkennen, dass jede Entscheidung, die sie treffen – oder nicht treffen – eine direkte Auswirkung auf ihr Leben hat. Diese Erkenntnis ist der Grundstein für langfristigen und nachhaltigen Erfolg. Denn wenn du dir deiner Macht bewusst bist, hast du die Freiheit, dein Leben in die Richtung zu lenken, die du dir wünschst.

Verantwortung und Eigenverantwortung

Der erste Schritt zur Übernahme von Verantwortung ist die Anerkennung der Eigenverantwortung. Eigenverantwortung bedeutet, dass du für dein eigenes Leben verantwortlich bist – für deine Gedanken, Gefühle, Handlungen und letztlich auch für deine Ergebnisse. Diese

Verantwortung umfasst alle Aspekte deines Lebens, sei es im beruflichen, persönlichen oder spirituellen Bereich.

Viele Menschen neigen dazu, Verantwortung für ihre Erfolge anzuerkennen, doch wenn es zu Misserfolgen kommt, geben sie äußeren Umständen die Schuld. Dies ist jedoch eine Falle, die dich in der Opferrolle hält und verhindert, dass du dein volles Potenzial ausschöpfst. Wenn du wirklich Eigenverantwortung übernimmst, erkennst du, dass du nicht nur für deine Erfolge, sondern auch für deine Misserfolge verantwortlich bist. Diese Einsicht mag auf den ersten Blick hart erscheinen, doch sie ist unglaublich befreiend. Denn wenn du für deine Misserfolge verantwortlich bist, hast du auch die Macht, sie zu verändern.

Eigenverantwortung bedeutet, dass du dir bewusst wirst, dass jede Entscheidung, die du triffst – oder nicht triffst – eine Auswirkung auf dein Leben hat. Du beginnst, dich selbst zu fragen: Was habe ich dazu beigetragen, dass diese Situation so ist, wie sie ist?" und „Was kann ich tun, um sie zu verbessern?". Diese Selbstreflexion ist der Schlüssel zu persönlichem Wachstum und Erfolg.

Verantwortung für deine Gedanken und Glaubenssätze

Nachhaltiger Erfolg beginnt in deinem Geist. Die Gedanken, die du über dich selbst, über andere Menschen und über die Welt hegst, formen deine Realität. Deine Gedanken bestimmen deine Überzeugungen, deine Überzeugungen bestimmen deine Handlungen, und deine Handlungen bestimmen deine Ergebnisse.

Verantwortung zu übernehmen bedeutet, die Verantwortung für deine Gedanken zu übernehmen. Viele Menschen leben ihr Leben, ohne sich ihrer negativen oder begrenzenden Gedanken bewusst zu sein. Sie haben tief verwurzelte Glaubenssätze, die ihnen sagen, dass sie nicht gut genug sind, dass Erfolg schwer zu erreichen ist oder dass sie immer Pech haben. Diese Glaubenssätze sind oft unbewusst und beeinflussen jede Entscheidung, die sie treffen – und führen letztlich dazu, dass sie nicht den Erfolg erleben, den sie sich wünschen.

In meiner Arbeit als NLP- und Hypnose-Therapeut habe ich immer wieder gesehen, wie tief verwurzelte Glaubenssätze Menschen davon abhalten, ihr volles Potenzial zu entfalten. Doch das Schöne ist: Du kannst deine Glaubenssätze verändern. Du hast die Macht, deine Gedanken bewusst zu lenken und neue, positive Überzeugungen zu entwickeln, die dich unterstützen, anstatt dich zu blockieren.

Der erste Schritt besteht darin, dir deiner Gedanken bewusst zu werden und sie nicht einfach als gegeben zu akzeptieren. Frage dich selbst: Welche Gedanken denke ich regelmäßig über mich und meinen Erfolg?" Wenn du feststellst, dass deine Gedanken negativ oder begrenzend sind, kannst du bewusst entscheiden, sie zu ändern. Dies erfordert Disziplin und Achtsamkeit, aber mit der Zeit wirst du feststellen, dass sich deine Denkweise verändert und damit auch deine Ergebnisse.

Verantwortung für deine Entscheidungen und Handlungen

Nachhaltiger Erfolg erfordert nicht nur die Verantwortung für deine Gedanken, sondern auch für deine Entscheidungen und Handlungen. Jede Entscheidung, die du triffst – sei es bewusst oder unbewusst – hat eine Auswirkung auf dein Leben. Erfolg ist nicht das Ergebnis eines einmaligen Glücksfalls, sondern das Ergebnis konsequenter, bewusster Entscheidungen.

Ich sehe oft Menschen, die sich wünschen, erfolgreich zu sein, aber nicht bereit sind, die Verantwortung für die Entscheidungen zu übernehmen, die notwendig sind, um diesen Erfolg zu erreichen. Sie schieben Entscheidungen auf, warten auf den „richtigen" Moment oder zögern, Risiken einzugehen. Doch wahre Verantwortung bedeutet, aktiv zu entscheiden und zu handeln, auch wenn es unbequem oder unsicher ist.

Frage dich selbst: „Treffe ich regelmäßig Entscheidungen, die mich meinen Zielen näherbringen?" Wenn die Antwort nein ist, liegt es in deiner Verantwortung, dies zu ändern. Erfolg erfordert Mut und die Bereitschaft, Entscheidungen zu treffen, auch wenn nicht garantiert ist, dass sie sofort zum gewünschten Ergebnis führen. Doch jede Entscheidung, die du bewusst und in Übereinstimmung mit deinen Zielen triffst, bringt dich einen Schritt näher an deinen Erfolg.

Verantwortung für deine Handlungen zu übernehmen, bedeutet auch, konsequent zu handeln, anstatt auf äußere Umstände zu warten. Erfolg entsteht nicht, indem man passiv darauf hofft, dass sich die Dinge von selbst verbessern, sondern indem man aktiv Schritte unternimmt, um seine Ziele zu erreichen. Selbst kleine, konsequente Handlungen können mit der Zeit enorme Veränderungen bewirken.

Verantwortung für deine Emotionen

Neben deinen Gedanken und Handlungen spielt auch die Verantwortung für deine Emotionen eine zentrale Rolle für nachhaltigen Erfolg. Viele Menschen glauben, dass ihre Emotionen von äußeren Umständen oder anderen Menschen kontrolliert werden. Sie fühlen sich von Wut, Frustration oder Angst überwältigt und glauben, dass sie keinen Einfluss darauf haben, wie sie sich fühlen.

Doch in Wahrheit sind deine Emotionen das Ergebnis deiner Gedanken und Überzeugungen. Wenn du negative Emotionen erlebst, ist das oft ein Zeichen dafür, dass du in deinem Denken begrenzende Überzeugungen hast. Verantwortung für deine Emotionen zu übernehmen bedeutet, zu erkennen, dass du die Kontrolle darüber hast, wie du auf äußere Umstände reagierst.

In meiner Praxis als Meditationslehrer lehre ich Menschen, wie sie ihre Emotionen bewusst wahrnehmen und steuern können, anstatt von ihnen beherrscht zu werden. Achtsamkeit und Meditation sind kraftvolle Werkzeuge, um die Verantwortung für deine Emotionen zu übernehmen. Anstatt dich von negativen Gefühlen überwältigen zu lassen, kannst du lernen, sie bewusst zu beobachten, zu akzeptieren und dann eine bewusste Entscheidung zu treffen, wie du darauf reagieren möchtest.

Verantwortung für deine Emotionen zu übernehmen, bedeutet nicht, sie zu unterdrücken oder zu leugnen, sondern sie bewusst zu erleben und dann konstruktiv darauf zu reagieren. Wenn du diese Fähigkeit entwickelst, wirst du feststellen, dass du auch in schwierigen Situationen gelassen und fokussiert bleiben kannst – eine entscheidende Eigenschaft für nachhaltigen Erfolg.

Verantwortung für deine Ergebnisse

Schließlich bedeutet Verantwortung übernehmen, die Verantwortung für deine Ergebnisse anzuerkennen. Es ist einfach, die Verantwortung für Erfolge zu übernehmen, aber wahre Verantwortung zeigt sich darin, wie du mit Misserfolgen umgehst. Wenn etwas nicht so läuft, wie du es dir gewünscht hast, liegt es in deiner Macht, daraus zu lernen und zu wachsen.

Verantwortung für deine Ergebnisse zu übernehmen bedeutet, die volle Verantwortung für dein Leben zu akzeptieren – ohne Ausreden oder Schuldzuweisungen. Es bedeutet, dass du erkennst, dass du die Kontrolle darüber hast, wie du auf Rückschläge reagierst und wie du deine Zukunft gestaltest.

Diese Einstellung führt zu nachhaltigem Erfolg, weil sie dich befähigt, ständig zu lernen und dich weiterzuentwickeln. Misserfolge sind nicht das Ende, sondern Gelegenheiten, um deine Fähigkeiten zu verbessern und neue Wege zu finden, um deine Ziele zu erreichen.

Fazit: Verantwortung als Grundlage für nachhaltigen Erfolg

Verantwortung zu übernehmen ist die Grundlage für jeden echten und nachhaltigen Erfolg. Es erfordert, dass du die Kontrolle über deine Gedanken, Emotionen, Entscheidungen und Handlungen übernimmst und bereit bist, sowohl für deine Erfolge als auch für deine Misserfolge die Verantwortung zu tragen.

Wenn du Verantwortung übernimmst, wirst du feststellen, dass du die Macht hast, dein Leben bewusst zu gestalten und deine Ziele zu erreichen. Du wirst erkennen, dass Erfolg nicht das Ergebnis von Glück oder äußeren Umständen ist, sondern das Produkt deiner bewussten Entscheidungen und Handlungen.

Denke daran: Du bist der Schöpfer deines Erfolgs. Indem du die Verantwortung für dein Leben übernimmst, wirst du in der Lage sein, langfristigen, nachhaltigen Erfolg zu erleben – in allen Bereichen deines Lebens.

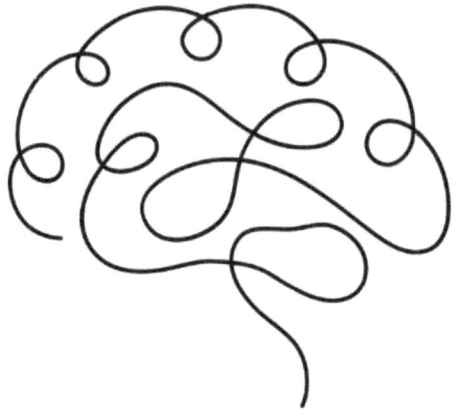

Kapitel 3: Die Kunst der Entscheidung

Warum Entscheidungen dein Leben verändern

Jeden Tag treffen wir Hunderte von Entscheidungen, bewusst oder unbewusst. Viele dieser Entscheidungen erscheinen klein und unbedeutend – welche Kleidung wir anziehen, was wir zum Frühstück essen, welche Route wir zur Arbeit nehmen. Doch die Wahrheit ist, dass jede Entscheidung, die wir treffen, eine Auswirkung auf unser Leben hat. In der Praxis habe ich immer wieder gesehen, dass die Fähigkeit, bewusste und kraftvolle Entscheidungen zu treffen, das Leben eines Menschen in eine völlig neue Richtung lenken kann.

Gerne erzähle ich immer wieder von Erfolgen und Umsatzbeispielen, die überhaupt nicht un- oder außergewöhnlich sind. Hier haben schon unzählige Unternehmer, die einfach mal grundlegende Entscheidungen getroffen haben, innerhalb von 9 Monaten ihren Umsatz von 5- auf 6- oder auch 7-stellig katapultiert! Und das sind keine Ausnahmen, sondern entspricht der Realität!

Du siehst hier also ganz klar:

Entscheidungen formen unser Schicksal!

Entscheidungen bestimmen, ob wir Erfolg haben oder scheitern, ob wir wachsen oder stagnieren, ob wir uns erfüllt und glücklich fühlen oder frustriert und unerfüllt bleiben. Jede Entscheidung, die du heute triffst, ist wie ein Samen, den du in die Erde pflanzt. Diese Samen werden in der Zukunft Früchte tragen – positive oder negative, abhängig von der Qualität deiner Entscheidungen.

In diesem Kapitel wollen wir uns der Kunst der Entscheidung widmen. Warum sind Entscheidungen so kraftvoll? Wie können wir lernen, bessere Entscheidungen zu treffen, die unser Leben in die Richtung lenken, die wir uns wünschen? Und was hindert uns oft daran, mutige und klare Entscheidungen zu treffen? Diese Fragen möchte ich im Folgenden beantworten und dir zeigen, wie du die Kunst der Entscheidung meistern kannst.

Entscheidungen als kraftvoller Hebel des Lebens

Entscheidungen haben eine transformative Kraft. Sie können dein Leben in eine völlig neue Richtung lenken, indem sie Türen öffnen, die zuvor verschlossen schienen. Jede Entscheidung, die du triffst, schafft eine Kettenreaktion von Ereignissen, die dein Leben in Bewegung setzen. Selbst kleine Entscheidungen haben das Potenzial, tiefgreifende Auswirkungen zu haben.

Stell dir vor, du stehst an einer Weggabelung. Der eine Pfad führt dich in eine vertraute Richtung – es ist sicher, bequem und du weißt genau, was dich erwartet. Der andere Pfad führt in unbekanntes Terrain, er ist unsicher und birgt Risiken, aber auch Möglichkeiten, die du dir jetzt noch nicht vorstellen kannst. Die Entscheidung, welchen Weg du wählst, wird dein weiteres Leben bestimmen. Diese Metapher beschreibt die Realität unserer täglichen Entscheidungen.

Viele Menschen treffen ihre Entscheidungen jedoch nicht bewusst. Sie lassen sich von äußeren Umständen, von der Meinung anderer oder von ihren eigenen Ängsten und Unsicherheiten leiten. Doch wenn du erkennst, dass du die Macht hast, dein Leben durch deine Entscheidungen aktiv zu gestalten, wird dir die enorme Verantwortung und zugleich das unglaubliche Potenzial bewusst, das in jeder Entscheidung steckt.

Der Einfluss unbewusster Entscheidungen

Die meisten Entscheidungen, die wir im Laufe des Tages treffen, geschehen unbewusst. Unser Gehirn ist darauf programmiert, viele Entscheidungen auf Autopilot zu treffen, um Energie zu sparen. Das Problem dabei ist, dass wir oft unbewusste Muster und Gewohnheiten wiederholen, die uns in unserem Wachstum und Erfolg blockieren.

In meiner Arbeit als NLP- und Hypnose-Therapeut habe ich häufig gesehen, dass Menschen immer wieder dieselben Fehler machen oder in denselben Herausforderungen feststecken, weil sie unbewusst Entscheidungen treffen, die auf alten Glaubenssätzen oder negativen Überzeugungen basieren. Diese unbewussten Entscheidungen halten uns in einer Schleife fest, aus der wir nur ausbrechen können, wenn wir beginnen, bewusstere Entscheidungen zu treffen.

Ein Beispiel: Jemand, der tief im Inneren glaubt, dass er es nicht verdient, erfolgreich zu sein, wird immer wieder Entscheidungen treffen, die ihn sabotieren – auch wenn er sich das nicht bewusst eingesteht. Er könnte großartige Chancen ablehnen, aus Angst zu versagen, oder sich unbewusst in Situationen bringen, die seinen Erfolg verhindern. Diese unbewussten Entscheidungen wirken im Verborgenen und blockieren den Weg zum Erfolg.

Der erste Schritt, um die Kunst der Entscheidung zu meistern, ist daher, dir deiner unbewussten Entscheidungen bewusst zu werden.

Frage dich: „Welche Muster wiederholen sich in meinem Leben?" und „Treffe ich Entscheidungen, die wirklich in Übereinstimmung mit meinen Zielen und Werten stehen?" Sobald du beginnst, deine unbewussten Entscheidungen zu hinterfragen, kannst du die Kontrolle zurückgewinnen und beginnen, dein Leben bewusster zu gestalten.

Die Angst vor Entscheidungen überwinden

Eine der größten Herausforderungen, die viele Menschen daran hindert, klare Entscheidungen zu treffen, ist die Angst. Angst vor dem Unbekannten, Angst vor Fehlern, Angst vor den Konsequenzen. Diese Angst kann uns lähmen und dazu führen, dass wir Entscheidungen aufschieben oder gar keine Entscheidungen treffen – was in Wirklichkeit auch eine Entscheidung ist, nämlich die Entscheidung, passiv zu bleiben und die Kontrolle abzugeben.

Doch die Wahrheit ist: Es gibt keine „falschen" Entscheidungen. Jede Entscheidung, die du triffst, bietet dir die Möglichkeit zu lernen und zu wachsen. Selbst wenn eine Entscheidung nicht zu den gewünschten Ergebnissen führt, bringt sie dich weiter, weil sie dir wertvolle Erkenntnisse und Erfahrungen schenkt, die du auf deinem weiteren Weg nutzen kannst.

Oft habe ich mit Menschen gearbeitet, die große Angst davor hatten, Entscheidungen zu treffen, aus Angst, sie könnten einen Fehler machen. Doch was ich ihnen immer wieder sage, ist: Der größte Fehler ist, keine Entscheidung zu treffen. Denn wenn du keine Entscheidung triffst, bleibst du in deiner aktuellen Situation gefangen. Du wächst nicht, du lernst nicht, und du verpasst die Chancen, die dir das Leben bietet.

Die Angst vor Entscheidungen kann nur überwunden werden, wenn du beginnst, mutig kleine Entscheidungen zu treffen und Vertrauen in dich selbst aufzubauen. Jeder Schritt, den du machst, stärkt dein Selbstvertrauen und zeigt dir, dass du fähig bist, dein Leben bewusst zu gestalten.

Entscheidungen als spiritueller Weg

Entscheidungen zu treffen, ist nicht nur ein praktischer oder mentaler Prozess, sondern auch ein spiritueller. In meiner Arbeit als spiritueller Berater lehre ich, dass jede Entscheidung eine Gelegenheit ist, sich selbst auf einer tieferen Ebene zu erfahren und zu wachsen. Jede Entscheidung, die du triffst, ist eine Gelegenheit, in Übereinstimmung mit deinem wahren Selbst zu handeln und dein Potenzial zu entfalten.

Eine bewusste Entscheidung ist immer eine Entscheidung, die aus deinem Inneren kommt, aus deinem Herzen und deinem höheren Bewusstsein, nicht aus Angst oder Unsicherheit. Wenn du lernst, auf deine innere Weisheit zu hören und deine Entscheidungen im Einklang mit deinem inneren Kompass zu treffen, wirst du feststellen, dass das Leben dich auf wundersame Weise unterstützt. Du wirst die richtigen Menschen, Gelegenheiten und Ressourcen anziehen, um deine Ziele zu erreichen.

Innere Klarheit ist eine Kunst. Diese Klarheit entsteht, wenn du zur Ruhe kommst, die äußeren Ablenkungen loslässt und in dein Inneres lauschst. Entscheidungen, die aus diesem Zustand der inneren Klarheit getroffen werden, sind kraftvoll und haben die Fähigkeit, dein Leben auf eine tiefgreifende und transformative Weise zu verändern.

Entscheidungen als Werkzeug für Wachstum

Entscheidungen sind nicht nur ein Mittel, um Ziele zu erreichen, sondern auch ein Werkzeug für persönliches und spirituelles Wachstum. Jede Entscheidung fordert dich heraus, deine Komfortzone zu verlassen, Risiken einzugehen und neue Erfahrungen zu machen. Selbst wenn eine Entscheidung nicht das gewünschte Ergebnis bringt, hast du durch den Prozess des Entscheidens und Handelns gelernt und bist gewachsen.

Erfolg ist das Ergebnis einer Serie von Entscheidungen! Es geht nicht darum, immer die „perfekte" Entscheidung zu treffen, sondern darum, konsequent Entscheidungen zu treffen und bereit zu sein, aus jedem Ergebnis zu lernen. Wachstum entsteht, wenn du aus deinen Entscheidungen Erkenntnisse ziehst und sie nutzt, um dich weiterzuentwickeln.

Ein erfolgreicher Mensch ist jemand, der gelernt hat, sich selbst zu vertrauen, Entscheidungen zu treffen und aus den Ergebnissen zu lernen. Erfolg ist kein einmaliges Ereignis, sondern ein fortlaufender Prozess des Entscheidens, Handelns und Lernens.

Die Kunst, bewusst zu entscheiden

Um die Kunst der Entscheidung zu meistern, ist es wichtig, den Prozess des Entscheidens zu verfeinern. Eine bewusste Entscheidung basiert nicht nur auf rationalen Überlegungen, sondern auch auf der Verbindung mit deinem Herzen und deiner Intuition. Hier sind einige Schritte, die dir helfen, bewusster und kraftvoller Entscheidungen zu treffen:

1. Innehalten und Reflektieren: Nimm dir Zeit, bevor du eine Entscheidung triffst. Vermeide es, impulsiv zu handeln. Atme tief durch, meditiere, und lass dein inneres Wissen aufsteigen.

2. Klarheit schaffen: Stelle sicher, dass du weißt, was du wirklich willst. Kläre deine Ziele, Werte und Prioritäten. Eine Entscheidung, die in Übereinstimmung mit deinen tiefsten Überzeugungen steht, wird immer kraftvoller sein.

3. Vertraue auf deine Intuition: Deine Intuition ist ein kraftvolles Werkzeug. Oft sagt sie dir schon vor deinem Verstand, was die richtige

Entscheidung ist. Lerne, ihr zu vertrauen und auf deine innere Stimme zu hören.

4. Entscheide mutig: Habe keine Angst, Fehler zu machen. Jede Entscheidung, die du triffst, bringt dich weiter. Mutige Entscheidungen öffnen oft Türen, die du dir vorher nicht vorstellen konntest.

5. Lerne aus deinen Entscheidungen: Egal, wie das Ergebnis deiner Entscheidung ausfällt, sieh es als Lernprozess. Analysiere, was funktioniert hat und was nicht, und nutze diese Erkenntnisse für zukünftige Entscheidungen.

Fazit: Entscheidungen formen dein Leben

Die Kunst der Entscheidung ist die Kunst, dein Leben bewusst zu gestalten. Jede Entscheidung, die du triffst, hat die Macht, dein Schicksal zu verändern. Indem du lernst, bewusster, mutiger und intuitiver zu entscheiden, wirst du in der Lage sein, dein Leben in die Richtung zu lenken, die du dir wünschst.

Denke daran: Du hast die Macht, durch deine Entscheidungen dein Leben zu formen. Nutze diese Macht weise, und du wirst erfahren, wie sich dein Leben auf tiefgreifende und wunderbare Weise verändert. Entscheidungen sind das Werkzeug, mit dem du dein Schicksal aktiv gestaltest – jeden Tag, in jedem Moment.

Entscheidungsfreudigkeit trainieren

Entscheidungen zu treffen ist eine der mächtigsten Fähigkeiten, die wir als Menschen haben. Sie sind das Werkzeug, mit dem wir unsere Realität formen und unser Schicksal gestalten. Dennoch haben viele Menschen Schwierigkeiten damit, schnelle und klare Entscheidungen zu treffen. Sie zögern, wägen zu lange ab oder vermeiden Entscheidungen gänzlich – aus Angst, Fehler zu machen oder falsche Wege einzuschlagen. Doch die Wahrheit ist, dass Unentschlossenheit oft der größte Feind des Erfolgs ist. Entscheidungen hingegen – auch wenn sie nicht immer perfekt sind – bringen uns in Bewegung, schaffen Klarheit und öffnen neue Türen.

In über 30 Jahren als Erfolgs-Profitrainer habe ich gesehen, dass Entscheidungsfreudigkeit eine der zentralen Fähigkeiten ist, die erfolgreiche Menschen von denen unterscheidet, die sich festgefahren fühlen. Entscheidungsfreudigkeit ist kein angeborenes Talent, sondern eine erlernbare Fähigkeit, die trainiert und verfeinert werden kann. In diesem Kapitel möchte ich dir zeigen, wie du deine Fähigkeit, schnell und sicher Entscheidungen zu treffen, stärken kannst und warum dies der Schlüssel zu nachhaltigem Erfolg ist.

Warum wir Entscheidungen aufschieben

Bevor wir uns damit beschäftigen, wie man Entscheidungsfreudigkeit trainieren kann, ist es wichtig zu verstehen, warum wir oft zögern, Entscheidungen zu treffen. Die Gründe sind vielfältig und oft tief in unserem Unterbewusstsein verankert. Hier sind einige der häufigsten Ursachen:

1. Angst vor Fehlern: Einer der Hauptgründe, warum Menschen zögern, ist die Angst, eine „falsche" Entscheidung zu treffen. Wir fürchten uns vor den Konsequenzen einer Entscheidung, die uns nicht zum gewünschten Ergebnis führt. Doch diese Angst ist oft irrational, denn auch „falsche" Entscheidungen bieten uns wertvolle Lektionen und Chancen zum Wachstum.

2. Perfektionismus: Viele Menschen streben nach der „perfekten" Entscheidung. Sie wollen alle Informationen sammeln, alle Eventualitäten abwägen und jede mögliche Konsequenz bedenken, bevor sie handeln. Doch Perfektionismus ist eine Falle. Es gibt selten perfekte Entscheidungen, und das Streben danach kann uns in einem Zustand der Unentschlossenheit festhalten.

3. Unsicherheit über Ziele: Oft fällt es schwer, Entscheidungen zu treffen, weil wir uns nicht über unsere wahren Ziele im Klaren sind. Wenn wir nicht wissen, was wir wirklich wollen, können wir nicht entscheiden, welche Schritte uns dorthin führen.

4. Mangelndes Vertrauen in die eigene Intuition: Viele Menschen haben verlernt, auf ihre innere Stimme zu hören. Sie verlassen sich zu sehr auf rationale Überlegungen und ignorieren die Signale ihrer Intuition, die oft klare Hinweise darauf gibt, welche Entscheidung richtig ist.

Diese Ursachen für Unentschlossenheit sind normal und menschlich. Doch sie sind nicht unveränderlich. Mit den richtigen Techniken und einem bewussten Training kannst du lernen, diese Blockaden zu überwinden und deine Entscheidungsfreudigkeit zu stärken.

Entscheidungen als Muskel:
Wie du deine Entscheidungsfreudigkeit trainierst

Stell dir Entscheidungsfreudigkeit wie einen Muskel vor. Je öfter du diesen Muskel benutzt, desto stärker wird er. Wenn du nur selten Entscheidungen triffst oder sie ständig aufschiebst, verkümmert dieser Muskel. Doch wenn du regelmäßig und bewusst entscheidest, wird es dir zunehmend leichter fallen, auch schwierige Entscheidungen mit Klarheit und Selbstvertrauen zu treffen.

Hier sind einige Techniken, die dir helfen, deine Entscheidungsfreudigkeit zu trainieren:

1. Treffe kleine Entscheidungen bewusst und schnell

Beginne damit, im Alltag kleine Entscheidungen schnell und bewusst zu treffen. Oft verbringen wir unnötig viel Zeit damit, über Kleinigkeiten nachzudenken – welches Restaurant wir besuchen, welches Buch wir lesen oder welchen Weg wir nehmen. Diese kleinen Entscheidungen bieten dir die perfekte Gelegenheit, deine Entscheidungsfähigkeit zu schärfen. Setze dir bewusst das Ziel, bei diesen alltäglichen Entscheidungen nicht lange zu zögern. Entscheide dich innerhalb von wenigen Sekunden und handle danach. Dies wird deinen Entscheidungs-Muskel stärken und dir helfen, in größeren, wichtigeren Entscheidungen schneller Klarheit zu gewinnen.

2. Vertraue deiner Intuition

Intuition ist ein mächtiges Werkzeug in der Entscheidungsfindung. Sie basiert auf einer tiefen inneren Weisheit, die oft schneller als der rationale Verstand weiß, was richtig ist. Viele erfolgreiche Menschen haben gelernt, auf ihre Intuition zu vertrauen und danach zu handeln. Um deine Intuition zu stärken, musst du lernen, in dich hineinzuhören und die inneren Signale wahrzunehmen. Dies kannst du durch Achtsamkeit und Meditation üben. Wenn du vor einer Entscheidung stehst, nimm dir einen Moment der Stille, atme tief durch und spüre, welche Entscheidung sich richtig anfühlt. Vertraue darauf, dass deine Intuition dich in die richtige Richtung führt.

3. Setze klare Prioritäten

Einer der häufigsten Gründe, warum Menschen Schwierigkeiten haben, Entscheidungen zu treffen, ist der Mangel an Klarheit über ihre Prioritäten. Wenn du nicht weißt, was dir wirklich wichtig ist, wirst du zögern, weil du dir unsicher bist, welche Entscheidung dich deinen Zielen näherbringt. Um dies zu überwinden, ist es wichtig, dass du dir klare Prioritäten setzt. Was sind deine wichtigsten Ziele im Leben? Welche Werte leiten dich? Wenn du deine Prioritäten klar vor Augen hast, wird es dir leichter fallen, Entscheidungen zu treffen, die in Übereinstimmung mit deinen Zielen stehen.

4. Akzeptiere, dass Fehler Teil des Prozesses sind

Einer der größten Blockaden für Entscheidungsfreudigkeit ist die Angst vor Fehlern. Doch Fehler sind unvermeidlich. Sie gehören zum Lernprozess und sind oft die besten Lehrer. Um deine Entscheidungsfähigkeit zu stärken, musst du lernen, Fehler zu akzeptieren und sie als Teil des Weges zu sehen. Jeder Fehler bietet dir eine wertvolle Lektion, die dir hilft, bessere Entscheidungen in der Zukunft zu treffen. Indem du die Angst vor Fehlern loslässt, wirst du mutiger und entschlossener Entscheidungen treffen.

5. Begrenze die Informationsflut

Heutzutage stehen uns unendlich viele Informationen zur Verfügung. Dies kann dazu führen, dass wir in der sogenannten „Analyse-Paralyse" stecken bleiben – wir sammeln immer mehr Informationen, analysieren immer mehr Optionen und treffen letztlich keine Entscheidung, weil die Fülle an Informationen überwältigend ist. Um dies zu vermeiden, ist es wichtig, klare Grenzen zu setzen, wie viel Information du wirklich brauchst, um eine Entscheidung zu treffen. Begrenze deine Recherchezeit, setze dir ein Zeitlimit und vertraue darauf, dass du auch mit weniger Informationen eine gute Entscheidung treffen kannst.

6. Handle nach der Entscheidung

Eine Entscheidung ist nur der erste Schritt. Der wahre Erfolg kommt, wenn du nach deiner Entscheidung ins Handeln kommst. Viele Menschen treffen eine Entscheidung, bleiben dann aber passiv und warten auf den perfekten Moment, um zu handeln. Doch Entscheidungsfreudigkeit bedeutet auch, mutig nach der Entscheidung zu handeln, selbst wenn Unsicherheit besteht. Indem du schnell und konsequent nach deinen Entscheidungen handelst, wirst du Selbstvertrauen aufbauen und feststellen, dass die meisten Unsicherheiten sich auf dem Weg klären.

7. Lerne aus jeder Entscheidung

Entscheidungsfreudigkeit trainieren bedeutet nicht, dass jede Entscheidung perfekt sein muss. Es bedeutet, dass du bereit bist, aus jeder Entscheidung zu lernen – unabhängig vom Ergebnis. Nimm dir nach jeder wichtigen Entscheidung die Zeit, zu reflektieren: Was habe ich aus dieser Entscheidung gelernt? Was hätte ich anders machen können? Welche Erkenntnisse kann ich in zukünftige Entscheidungen einfließen lassen? Diese Reflexion wird dir helfen, immer bessere Entscheidungen zu treffen und dein Vertrauen in deine Entscheidungsfähigkeit zu stärken.

Entscheidungsfreudigkeit als spiritueller Prozess

Entscheidungen zu treffen ist nicht nur ein mentaler oder rationaler Prozess – es ist auch ein spiritueller Weg. In meiner Rolle als spiritueller Lehrer und Berater habe ich oft erlebt, dass Entscheidungen ein Ausdruck unserer spirituellen Ausrichtung sind. Jede Entscheidung, die wir treffen, ist eine Möglichkeit, uns tiefer mit unserem wahren Selbst zu verbinden und unsere Bestimmung zu leben.

Wenn du lernst, deine Entscheidungen aus einer spirituellen Perspektive zu betrachten, wirst du feststellen, dass jede Entscheidung – egal wie groß oder klein – eine Gelegenheit ist, dich selbst zu erfahren und deinem höheren Zweck näherzukommen. Indem du deine Entscheidungen im Einklang mit deinen inneren Werten und deiner spirituellen Wahrheit triffst, wirst du nicht nur äußeren Erfolg erleben, sondern auch inneren Frieden und Erfüllung.

Die Praxis der Meditation und Achtsamkeit kann dir helfen, diese spirituelle Dimension der Entscheidung zu erkennen. Wenn du vor einer wichtigen Entscheidung stehst, nimm dir die Zeit, in die Stille zu gehen, deinen Geist zu klären und mit deinem höheren Selbst in Kontakt zu treten. Lasse die Entscheidung nicht nur aus dem Verstand kommen, sondern auch aus deinem Herzen. Diese Verbindung zu deinem Inneren wird dir helfen, klare und authentische Entscheidungen zu treffen, die dich auf deinem spirituellen Weg voranbringen.

Fazit: Die Kraft der entschlossenen Handlung

Entscheidungsfreudigkeit ist eine der Schlüsselqualitäten für Erfolg, Wachstum und Erfüllung. Indem du lernst, schnelle und klare Entscheidungen zu treffen, öffnest du die Tür zu neuen Möglichkeiten und lässt dich von Angst und Zweifel nicht mehr lähmen. Denke daran:

Jede Entscheidung bringt dich voran, selbst wenn sie nicht immer zum gewünschten Ergebnis führt.

Trainiere deine Entscheidungsfreudigkeit täglich – in kleinen wie in großen Entscheidungen. Lerne, deiner Intuition zu vertrauen, Fehler als Teil des Prozesses zu akzeptieren und nach jeder Entscheidung ins Handeln zu kommen. Auf diese Weise wirst du nicht nur selbstbewusster in deiner Entscheidungsfähigkeit, sondern auch kraftvoller in deinem gesamten Leben.

Entscheidungen sind das Werkzeug, mit dem du deine Realität gestaltest. Nutze sie weise, handle mutig – und du wirst feststellen, dass du die Macht hast, dein Leben in die Richtung zu lenken, die du dir wünschst.

Entscheidungen mit Klarheit und Selbstvertrauen treffen

Entscheidungen bestimmen den Verlauf unseres Lebens. Sie sind die Weichen, die den Zug unserer Existenz auf bestimmte Bahnen lenken, und sie haben die Macht, unser Schicksal grundlegend zu verändern. Doch was ist es, das uns oft davon abhält, Entscheidungen mit Klarheit und Selbstvertrauen zu treffen? Warum zögern wir, warum zweifeln wir, und warum fühlen wir uns manchmal von den Entscheidungen, die vor uns liegen, überwältigt?

Als Erfolgs-Profitrainer habe ich immer wieder gesehen, wie das Unvermögen, klare und selbstbewusste Entscheidungen zu treffen, Menschen davon abhält, ihr volles Potenzial zu entfalten. Die Angst vor Fehlern, die Unsicherheit darüber, was der „richtige" Weg ist, und der Druck, perfekte Ergebnisse zu erzielen, können uns lähmen. Doch Entscheidungen müssen nicht quälend sein – sie können mit Klarheit und Selbstvertrauen getroffen werden, wenn wir lernen, unseren Geist zu fokussieren, unsere innere Weisheit zu nutzen und auf die Stimme unseres Herzens zu hören.

In diesem Kapitel zeige ich dir, wie du Entscheidungen mit Klarheit und Selbstvertrauen treffen kannst, damit du dein Leben bewusst gestalten und mit innerer Sicherheit und Frieden voranschreiten kannst.

Der Wert von Klarheit

Klarheit ist das Fundament jeder guten Entscheidung. Ohne Klarheit bleiben wir in einem Zustand der Verwirrung und des Zweifels gefangen. Klarheit bedeutet, dass wir wissen, was wir wollen, wohin wir gehen und welche Werte und Ziele unser Leben leiten. Doch Klarheit kommt nicht von alleine – sie muss kultiviert werden.

Ein Mangel an Klarheit ist oft das Ergebnis von Überforderung, zu vielen widersprüchlichen Informationen oder dem Fehlen einer klaren inneren Ausrichtung. Wenn du dich unklar fühlst, ist es wichtig, einen Schritt zurückzutreten und dir Raum für Reflexion zu nehmen. Nur wenn du dir die Zeit nimmst, deine Gedanken und Gefühle zu ordnen, kannst du die innere Klarheit finden, die du brauchst, um mit Selbstvertrauen zu entscheiden.

Als Meditations- und NLP-Lehrer nutze ich oft Techniken, um Menschen dabei zu helfen, Klarheit zu gewinnen. Achtsamkeit ist eine der wichtigsten Praktiken, um deinen Geist zu klären. Wenn du achtsam bist, nimmst du die Gedanken, die dir im Kopf herumschwirren, bewusst wahr, ohne dich von ihnen überwältigen zu lassen. Du lernst, deine inneren Stimmen zu beruhigen und einen klaren Raum in diem Geist zu schaffen, in dem du deine wahren Ziele und Wünsche erkennen kannst.

Ein einfaches, aber effektives Werkzeug, um Klarheit zu gewinnen, ist das Notieren deiner Gedanken. Wenn du dich unsicher fühlst oder dich in einem Entscheidungsprozess festgefahren hast, schreibe auf, was dich beschäftigt. Schreibe auf, was du wirklich willst. Welche Optionen stehen dir zur Verfügung? Was sind die Vor- und Nachteile jeder Option? Welche langfristigen Auswirkungen hat jede Entscheidung? Durch das Schreiben strukturierst du deine Gedanken und schaffst Ordnung in deinem Geist.

Entscheidungen im Einklang mit deinen Werten treffen

Klarheit bedeutet nicht nur, dass du weißt, welche Optionen vor dir liegen, sondern auch, dass du deine Werte kennst. Entscheidungen, die im Einklang mit deinen tiefsten Werten stehen, fühlen sich immer richtig und stimmig an. Sie geben dir die innere Sicherheit, dass du auf dem richtigen Weg bist.

Ich ermutige meine Klienten oft, sich die Zeit zu nehmen, ihre Werte zu reflektieren. Was ist dir wirklich wichtig im Leben? Welche Prinzipien leiten dein Handeln? Wenn du deine Werte kennst, kannst du Entscheidungen treffen, die in Harmonie mit deinem inneren Kompass stehen. Entscheidungen, die auf deinen Werten basieren, sind selten falsch, weil sie aus deinem authentischen Selbst kommen.

Wenn du eine schwierige Entscheidung vor dir hast, stelle dir die **Frage:** Steht diese Entscheidung im Einklang mit meinen Werten?" Wenn die Antwort ja ist, kannst du sicher sein, dass du die richtige Wahl triffst, auch wenn es sich nicht immer sofort leicht oder bequem anfühlt. Werte geben dir die Kraft, mutig Entscheidungen zu treffen, weil du weißt, dass du deinem wahren Selbst treu bleibst.

Der innere Dialog: Die Macht des Selbstvertrauens

Selbstvertrauen ist eine der wesentlichen Qualitäten, die du brauchst, um Entscheidungen sicher zu treffen. Selbstvertrauen bedeutet, dass du auf deine Fähigkeit vertraust, gute Entscheidungen zu treffen und mit den Konsequenzen umzugehen – egal, wie die Dinge sich entwickeln. Doch viele Menschen zweifeln an sich selbst und ihrem Urteilsvermögen. Sie hören auf die innere Stimme des Zweifels, die ihnen sagt: Was, wenn du die falsche Entscheidung triffst?" oder „Bist du wirklich gut genug, um das zu schaffen?"

In der Praxis arbeite ich oft daran, die negativen, blockierenden Selbstgespräche zu transformieren, die viele Menschen in ihrem täglichen Leben führen. Dein innerer Dialog – die Art und Weise, wie du mit dir selbst sprichst – beeinflusst massiv dein Selbstvertrauen und deine Fähigkeit, Entscheidungen zu treffen. Wenn du dich ständig selbst kritisierst oder dir einredest, dass du nicht fähig bist, wirst du in einer Schleife des Zweifels gefangen bleiben.

Ein kraftvolles Werkzeug, um deinen inneren Dialog zu verändern, sind positive Affirmationen. Affirmationen sind bewusste, positive Aussagen, die dein Unterbewusstsein auf Erfolg und Selbstvertrauen programmieren. Ein Beispiel für eine Affirmation könnte sein: „Ich vertraue meiner Intuition und treffe Entscheidungen mit Klarheit und Mut." Indem du diese positiven Sätze regelmäßig wiederholst, programmierst du dein Unterbewusstsein um und stärkst dein Selbstvertrauen.

Ein weiterer Weg, um dein Selbstvertrauen zu stärken, ist, auf deine Erfolge zurückzublicken. Oft vergessen wir, welche Herausforderungen wir bereits gemeistert haben. Erinnere dich an Entscheidungen, die du in der Vergangenheit getroffen hast, und an die Erfolge, die daraus entstanden sind. Dies hilft dir, dein Selbstvertrauen aufzubauen und zu erkennen, dass du bereits viele gute Entscheidungen getroffen hast.

Entscheidungen als Wachstumsprozess sehen

Eine der größten Blockaden für Klarheit und Selbstvertrauen ist die Angst, Fehler zu machen. Doch Fehler sind unvermeidlich – sie sind Teil des Lebens und bieten uns wertvolle Lektionen. Wenn du lernst, Entscheidungen nicht als endgültiges Urteil über deine Fähigkeiten zu sehen, sondern als Teil deines Wachstumsprozesses, wirst du feststellen, dass das Treffen von Entscheidungen leichter und weniger beängstigend wird.

Jede Entscheidung, die du triffst, gibt dir die Möglichkeit zu lernen und zu wachsen – unabhängig davon, ob das Ergebnis perfekt ist. Entscheidungen sind kein Test, den du bestehen musst, sondern ein fortlaufender Prozess des Lernens. Wenn du das verstehst, kannst du Entscheidungen mit mehr Leichtigkeit und Offenheit treffen.

Wenn eine Entscheidung nicht zu den gewünschten Ergebnissen führt, **frage dich:** „Was kann ich daraus lernen?" und „Wie kann ich diese Erfahrung nutzen, um in Zukunft bessere Entscheidungen zu treffen?" Auf diese Weise verwandelst du jede Entscheidung – ob Erfolg oder Misserfolg – in eine Gelegenheit für persönliches Wachstum.

Die Rolle der Intuition

Während Rationalität und logisches Denken wichtige Werkzeuge bei der Entscheidungsfindung sind, gibt es noch eine tiefere Quelle der Weisheit: deine Intuition. Intuition ist die innere Stimme, die dich auf den richtigen Weg führt, oft ohne, dass du genau erklären kannst, warum. In meiner Arbeit als spiritueller Coach habe ich gelernt, dass die Menschen, die am erfolgreichsten und zufriedensten sind, diejenigen sind, die es gelernt haben, auf ihre Intuition zu hören und ihr zu vertrauen.

Intuition ist ein direkter Kanal zu deinem höheren Selbst und deiner inneren Weisheit. Sie manifestiert sich oft als ein „Bauchgefühl" oder eine tiefe innere Gewissheit. Doch viele Menschen ignorieren diese intuitive Führung, weil sie zu sehr auf den rationalen Verstand vertrauen oder weil sie gelernt haben, ihre Intuition zu unterdrücken.

Um Entscheidungen mit Klarheit und Selbstvertrauen zu treffen, musst du lernen, deine Intuition zu kultivieren und ihr zu vertrauen. Dies erfordert Übung und Geduld. Beginne damit, kleine Entscheidungen aus deiner Intuition heraus zu treffen.

Frage dich in Momenten der Unsicherheit: „Was sagt mein Bauchgefühl?" und „Was fühlt sich in meinem Inneren richtig an?" Je öfter du auf deine Intuition hörst, desto stärker wird diese innere Stimme werden.

Entscheidungen im Einklang mit dem Universum

Entscheidungen, die aus Klarheit und Selbstvertrauen getroffen werden, stehen oft im Einklang mit dem größeren Fluss des Lebens. Wenn du mit dir selbst im Reinen bist und auf deine innere Weisheit hörst, wirst du feststellen, dass sich das Universum auf deine Seite stellt. Dinge beginnen sich zu fügen, Menschen und Möglichkeiten treten in dein Leben, und die richtigen Türen öffnen sich zur richtigen Zeit.

In meiner Rolle als spiritueller Unternehmensberater lehre ich oft, dass das Leben uns auf subtile Weise leitet. Wenn wir lernen, bewusst und in Übereinstimmung mit unserem höheren Selbst Entscheidungen zu treffen, wird uns das Leben auf unserem Weg unterstützen. Dies bedeutet nicht, dass es keine Herausforderungen gibt, aber es bedeutet, dass du mit einer tieferen Sicherheit und einem inneren Frieden voranschreiten kannst, weil du weißt, dass du im Einklang mit dem größeren Plan stehst.

Fazit: Die Kraft bewusster Entscheidungen

Entscheidungen mit Klarheit und Selbstvertrauen zu treffen, ist eine der wichtigsten Fähigkeiten, die du entwickeln kannst, um ein erfülltes und erfolgreiches Leben zu führen. Diese Fähigkeit erfordert Selbstreflexion, die Kenntnis deiner Werte, das Vertrauen in deine Intuition und den Mut, Fehler als Teil des Lernprozesses zu akzeptieren.

Denke daran: Jede Entscheidung, die du triffst, bringt dich einen Schritt näher zu dem Leben, das du dir wünschst. Du hast die Macht, dein Schicksal bewusst zu gestalten. Indem du lernst, Entscheidungen mit Klarheit und Selbstvertrauen zu treffen, wirst du nicht nur erfolg-REICHer, sondern auch erfüllter und innerlich freier sein.

Die Kunst der Entscheidung ist die Kunst, dein Leben bewusst zu gestalten – und du hast alle Werkzeuge in dir, um dies mit Weisheit, Mut und Vertrauen zu tun.

Kapitel 4: Ziele setzen

Die Richtung für deinen Erfolg – Die Bedeutung klarer Ziele

Erfolg beginnt mit einer klaren Vision, einem Ziel, das deinen Fokus und deine Energie bündelt. Ohne Ziele gleichen wir einem Schiff ohne Kompass – wir treiben im Meer der Möglichkeiten umher, ohne eine klare Richtung. Die Bedeutung klarer Ziele kann nicht genug betont werden. Sie sind der Anker, der dich auf Kurs hält, der Kompass, der dir zeigt, wohin du gehen willst, und die Kraft, die dich antreibt, auch in schwierigen Zeiten weiterzumachen. In meiner Praxis habe ich gesehen, dass das Setzen klarer und fokussierter Ziele die Grundlage für jeden nachhaltigen Erfolg ist.

Ziele geben deinem Leben Struktur, sie helfen dir, deine Handlungen zu lenken und deine Energie gezielt einzusetzen. Doch das Setzen von Zielen ist weit mehr als eine rein mentale Übung – es ist ein spiritueller und emotionaler Prozess, der tief in deinem Inneren beginnt. Denn wahre Ziele kommen nicht nur aus dem Verstand, sondern auch aus deinem Herzen und deiner Seele. Sie sind Ausdruck deiner tiefsten Wünsche, deines Potenzials und deiner Bestimmung. In diesem Kapitel werde ich dir zeigen, wie du klare Ziele setzen kannst, die deinem Leben Richtung geben und deinen Weg zum Erfolg nachhaltig unterstützen.

Warum klare Ziele so entscheidend sind

Klarheit ist das Fundament jeden Erfolgs. Wenn du nicht genau weißt, was du erreichen willst, wirst du dich leicht von äußeren Einflüssen, Ablenkungen oder Zweifeln verunsichern lassen. Klare Ziele geben dir eine Richtung, sie zeigen dir, wo du hinwillst, und sie helfen dir, fokussiert zu bleiben, auch wenn der Weg herausfordernd wird.

Ohne klare Ziele neigen wir dazu, uns in unproduktiven Tätigkeiten zu verlieren oder uns von den Dringlichkeiten des Alltags überwältigen zu lassen. Es ist leicht, in einem Zustand des Reagierens zu verharren – ständig auf die Anforderungen von außen zu reagieren, ohne jemals die Zeit zu haben, sich auf das zu konzentrieren, was wirklich wichtig ist. Doch Menschen, die ihre Ziele klar vor Augen haben, handeln proaktiv. Sie setzen Prioritäten und konzentrieren ihre Energie auf die Dinge, die sie ihren Zielen näherbringen.

Ich habe oft Menschen getroffen, die das Gefühl hatten, in ihrem Leben nicht voranzukommen. Sie hatten viele Träume und Wünsche, aber diese blieben vage und undefiniert. Sie wussten nicht genau, was sie wollten, und so blieben sie in einem Zustand der Stagnation gefangen. Doch sobald sie begannen, klare Ziele zu definieren und einen Plan zu erstellen, wie sie diese erreichen können, veränderte sich ihr Leben grundlegend. Sie wurden fokussierter, energischer und konnten ihre Träume in die Realität umsetzen.

Die Verbindung zwischen Zielen und deinem inneren Selbst

Das Setzen von Zielen ist nicht nur eine mentale Übung – es ist ein Prozess der Selbstreflexion und des tiefen Zuhörens. Die besten und klarsten Ziele entstehen nicht aus äußeren Erwartungen oder gesellschaftlichem Druck, sondern aus deinem inneren Selbst. Sie sind Ausdruck dessen, wer du wirklich bist und was du in dieser Welt bewirken möchtest. Um klare Ziele zu setzen, musst du dir zunächst über deine tiefsten Wünsche und Träume im Klaren werden. Was ist es, das dich wirklich erfüllt? Was bringt dein Herz zum Leuchten?

Viele Menschen setzen sich Ziele, die auf äußeren Vorstellungen von Erfolg basieren – finanzieller Wohlstand, gesellschaftlicher Status oder Anerkennung. Doch wenn diese Ziele nicht im Einklang mit deinen wahren inneren Werten stehen, wirst du trotz aller Erfolge ein Gefühl der Leere und Unzufriedenheit verspüren. Deshalb ist es so wichtig, dass du dir die Zeit nimmst, tief in dich hineinzuhorchen und herauszufinden, was du wirklich willst.

Eine kraftvolle Methode, um deine inneren Wünsche und Ziele zu entdecken, ist die Meditation. Indem du deinen Geist beruhigst und den Lärm des Alltags loslässt, schaffst du Raum, um die Stimme deines Herzens zu hören. Was möchtest du wirklich in diesem Leben erreichen? Welche Sehnsüchte schlummern tief in dir? Wenn du in Kontakt mit deinem inneren Selbst bist, wirst du erkennen, dass die besten Ziele diejenigen sind, die im Einklang mit deiner wahren Natur stehen.

SMART-Ziele: Eine effektive Methode zur Zielsetzung

Um deine Ziele klar und greifbar zu machen, ist es hilfreich, die sogenannte SMART-Methode anzuwenden. **SMART** steht für **Spezifisch, Messbar, Attraktiv, Realistisch** und **Terminiert**. Diese Methode hilft dir, deine Ziele präzise und umsetzbar zu formulieren, sodass du einen klaren Fahrplan hast, dem du folgen kannst.

1. Spezifisch: Deine Ziele sollten klar und eindeutig formuliert sein. Anstatt zu sagen „Ich möchte mehr Erfolg im Leben haben", solltest du dein Ziel konkret benennen, zum Beispiel: „Ich möchte in den nächsten sechs Monaten meine eigene Praxis für NLP-Coaching aufbauen." Je spezifischer dein Ziel ist, desto leichter wird es für dich sein, die notwendigen Schritte zu planen und dich darauf zu konzentrieren.

2. Messbar: Es ist wichtig, dass du deine Fortschritte messen kannst. Wenn du beispielsweise ein finanzielles Ziel hast, solltest du genau wissen, welche Summe du erreichen möchtest. Messbare Ziele geben dir Feedback darüber, wie weit du auf deinem Weg bist und ob du Anpassungen vornehmen musst.

3. Attraktiv: Dein Ziel sollte attraktiv und motivierend sein. Es muss dich begeistern und inspirieren, damit du auch in schwierigen Zeiten dranbleibst. Frage dich: „Warum will ich dieses Ziel erreichen?" Wenn du eine starke emotionale Verbindung zu deinem Ziel hast, wirst du mit größerer Leidenschaft und Entschlossenheit darauf hinarbeiten.

4. Realistisch: Deine Ziele sollten ambitioniert, aber auch realistisch sein. Unrealistische Ziele führen oft zu Frustration und Entmutigung. Das bedeutet nicht, dass du deine Träume kleinhalten solltest, sondern dass du einen machbaren Plan entwickelst, um sie Schritt für Schritt zu erreichen.

5. Terminiert: Jedes Ziel sollte einen klaren Zeitrahmen haben. Ohne eine feste Deadline besteht die Gefahr, dass du dein Ziel immer wieder aufschiebst. Ein klarer Zeitrahmen hilft dir, fokussiert zu bleiben und kontinuierlich Fortschritte zu machen.

Indem du die SMART-Methode anwendest, machst du deine Ziele konkret und greifbar. Du schaffst eine Struktur, die dir dabei hilft, die Schritte zu planen, die notwendig sind, um deine Ziele zu erreichen.

Der innere Kompass: Ziele als Wegweiser

Ziele setzen bedeutet nicht nur, dass du auf ein bestimmtes Ergebnis hinarbeitest – es bedeutet auch, dass du deinem Leben eine Richtung gibst. Ziele sind wie Wegweiser auf deiner Reise. Sie zeigen dir, wohin du gehst, und helfen dir, Entscheidungen zu treffen, die dich auf deinem Weg unterstützen. Ohne klare Ziele wirst du dich leicht von äußeren Umständen, Meinungen anderer oder kurzfristigen Ablenkungen leiten lassen. Doch wenn du ein klares Ziel vor Augen hast, wirst du selbstbewusster und entschlossener sein, deinen eigenen Weg zu gehen.

Dein innerer Kompass hat eine große Bedeutung. Dein innerer Kompass ist deine Intuition, deine innere Weisheit, die dich auf deinem Weg leitet. Wenn du klare Ziele setzt, die im Einklang mit deinem inneren Kompass stehen, wirst du feststellen, dass das Leben dich unterstützt. Du wirst die richtigen Menschen, Ressourcen und Gelegenheiten anziehen, um deine Ziele zu erreichen.

Dieser innere Kompass ist auch der Schlüssel zur Ausdauer und zum Durchhaltevermögen. Es wird Zeiten geben, in denen der Weg schwierig erscheint oder du Rückschläge erlebst. Doch wenn dein Ziel mit deinem inneren Selbst und deinen Werten übereinstimmt, wirst du die Kraft finden, weiterzumachen. Ziele, die im Einklang mit deiner tiefsten Wahrheit stehen, geben dir die nötige Ausdauer, um Herausforderungen zu meistern.

Ziele und der spirituelle Aspekt des Erfolgs

Der Prozess der Zielsetzung ist auch ein spiritueller Akt. Wenn du klare Ziele setzt, richtest du dich auf die Erfüllung deines höheren Selbst aus. Du gibst dem Universum ein klares Signal, wohin du dich bewegen möchtest, und das Universum beginnt, auf deine Klarheit zu reagieren. In meiner Rolle als spiritueller Berater lehre ich oft, dass Ziele nicht nur materielle Errungenschaften betreffen sollten, sondern auch die Entwicklung deiner Seele. Was möchtest du in diesem Leben lernen? Wie möchtest du wachsen? Welche Gaben und Talente möchtest du der Welt schenken?

Spirituelle Ziele sind ebenso wichtig wie materielle Ziele. Sie geben deinem Leben tieferen Sinn und Bedeutung. Wenn du spirituelle Ziele setzt – wie zum Beispiel mehr Liebe, Mitgefühl oder Achtsamkeit in deinem Leben zu kultivieren – wirst du feststellen, dass diese Ziele dein gesamtes Leben bereichern. Du wirst nicht nur erfolgreicher, sondern auch erfüllter und glücklicher sein.

Fazit: Die Kraft klarer Ziele

Klarheit ist der Schlüssel zum Erfolg. Ohne klare Ziele wirst du dich im Leben leicht verloren fühlen, ohne Richtung und Fokus. Doch wenn du dir die Zeit nimmst, deine wahren Wünsche und Träume zu erkennen und sie in klare, spezifische Ziele zu verwandeln, wirst du feststellen, dass dein Leben eine neue Richtung bekommt. Du wirst fokussierter, motivierter und entschlossener sein, deine Träume zu verwirklichen.

Ziele geben deinem Leben nicht nur Struktur, sondern auch tiefen Sinn und Bedeutung. Sie sind der Ausdruck dessen, wer du wirklich bist und was du in dieser Welt bewirken möchtest.

Denke daran: Du bist der Schöpfer deines eigenen Erfolgs. Indem du klare, kraftvolle Ziele setzt, richtest du dich auf dein höchstes Potenzial aus und erschaffst das Leben, das du dir wünschst.

SMART-Ziele und wie du sie effektiv umsetzt

Man kann immer wieder beobachten, wie essenziell es ist, klare und fokussierte Ziele zu setzen, um nachhaltigen Erfolg zu erreichen. Doch Ziele allein reichen nicht aus – sie müssen auch effektiv formuliert und umgesetzt werden, um ihre volle Kraft zu entfalten. Hier kommt die bewährte Methode der SMART-Ziele ins Spiel. SMART hilft dir, deine Ziele präzise zu definieren und einen klaren Weg zur Umsetzung zu schaffen.

Doch warum ist diese Methodik so wirkungsvoll? Und wie kannst du sie in deinem eigenen Leben anwenden, um nicht nur Ziele zu formulieren, sondern sie auch in die Tat umzusetzen? In diesem Kapitel zeige ich dir, wie du die SMART-Methode anwendest und wie du sie Schritt für Schritt in deinen Alltag integrierst, um deine Träume und Visionen zu realisieren.

Die Macht der Spezifität: Klare Ziele setzen

Das erste Prinzip der **SMART-Methode** ist Spezifität. Ein Ziel ist dann kraftvoll, wenn es klar und genau definiert ist. Viele Menschen scheitern daran, ihre Ziele zu erreichen, weil sie zu vage formuliert sind. Sie sagen Dinge wie „Ich möchte erfolgreicher sein" oder „Ich möchte gesünder leben". Doch was bedeutet „erfolgreicher" oder „gesünder" konkret? Solche unscharfen Ziele bieten weder Orientierung noch eine klare Richtung, um zielgerichtet zu handeln.

Ein spezifisches Ziel gibt dir dagegen einen klaren Fokus und eine Richtung. Es sollte genau beschreiben, was du erreichen willst und warum. Anstatt zu sagen „Ich möchte erfolgreicher sein", könntest du formulieren: „Ich möchte in den nächsten sechs Monaten zehn neue Coaching-Klienten gewinnen, indem ich gezielte Marketingstrategien anwende." Oder anstatt zu sagen „Ich möchte gesünder leben", könntest du ein Ziel wie „Ich möchte in den nächsten drei Monaten meine Ernährung umstellen, um täglich 200 Gramm Gemüse zu essen und mindestens viermal pro Woche Sport zu treiben" formulieren. Diese Spezifität schafft Klarheit und macht es dir leichter, deine Fortschritte zu verfolgen.

In meiner Arbeit als Lebenslehrer und Meditationscoach rate ich meinen Klienten oft, sich hinzusetzen und ihre Ziele so präzise wie möglich zu definieren. Dabei hilft es, sich Fragen zu stellen wie: Was möchte ich genau erreichen? Warum ist mir dieses Ziel wichtig? Was muss ich tun, um es zu erreichen? Je klarer du dein Ziel formulierst, desto fokussierter kannst du darauf hinarbeiten.

Messbare Ziele: Fortschritte verfolgen und Erfolg sichtbar machen.

Der nächste Schritt in der SMART-Methode ist die Messbarkeit.

Wenn ein Ziel messbar ist, kannst du deinen Fortschritt objektiv beurteilen. Ohne konkrete Messgrößen bleibt dein Ziel schwer fassbar, und du wirst es schwer haben, zu erkennen, wie weit du bereits gekommen bist und wie viel noch zu tun ist. Messbare Ziele bieten dir die Möglichkeit, Erfolg sichtbar zu machen und deine Motivation aufrecht-zuerhalten.

Zum Beispiel: Wenn du dir das Ziel gesetzt hast, gesünder zu leben, könnte eine messbare Komponente sein, dass du in den nächsten drei Monaten fünf Kilogramm abnehmen möchtest. Oder wenn dein Ziel darin besteht, beruflich erfolgreicher zu werden, könntest du dir vornehmen, innerhalb eines Jahres drei neue berufliche Zertifikate zu erwerben oder deinen Umsatz um 20 % zu steigern. Diese klaren, messbaren Ziele ermöglichen es dir, deine Fortschritte zu verfolgen und Erfolge zu feiern.

Ein wichtiger Teil der Messbarkeit ist es, Zwischenziele zu setzen. Große Ziele können überwältigend erscheinen, wenn du sie als Ganzes betrachtest. Doch wenn du sie in kleinere, messbare Schritte unterteilst, kannst du regelmäßig Fortschritte feiern und bleibst motiviert, bis du dein Endziel erreichst.

Attraktive Ziele: Deine Motivation entfachen

Attraktivität ist einer der wichtigsten, aber oft übersehenen Aspekte der SMART-Methode. Dein Ziel muss dich inspirieren und motivieren. Es muss etwas sein, das dich emotional anspricht und dich begeistert. Viele Menschen setzen sich Ziele, die sie rational für wichtig halten, die sie aber nicht wirklich innerlich antreiben. Dies führt dazu, dass die Motivation schnell nachlässt und die Umsetzung ins Stocken gerät.

Ein attraktives Ziel ist eines, das mit deinen inneren Werten übereinstimmt. Es sollte sich so anfühlen, als würdest du nicht nur etwas tun, weil du „musst", sondern weil du es wirklich willst. Frage dich: Warum ist mir dieses Ziel wichtig? Was werde ich dadurch erreichen, dass mein Leben bereichert? Wenn du diese emotionale Verbindung zu deinem Ziel herstellst, wirst du auch in schwierigen Zeiten die innere Kraft finden, weiterzumachen.

In meiner Rolle als spiritueller Berater betone ich oft, dass der emotionale Aspekt der Zielsetzung entscheidend ist. Dein Ziel sollte dich begeistern und dir das Gefühl geben, dass es etwas Bedeutungsvolles ist, das du in deinem Leben erreichen möchtest. Denn wenn du von deinem Ziel inspiriert bist, wird es dir leichter fallen, auch Hindernisse zu überwinden und dranzubleiben.

Realistische Ziele: Erreichbare Meilensteine setzen

Realismus ist der nächste wichtige Aspekt der SMART-Methode. Ein Ziel sollte herausfordernd und ehrgeizig sein, aber gleichzeitig realistisch genug, dass es erreicht werden kann. Unrealistische Ziele führen oft zu Frustration, Demotivation und Selbstzweifeln. Wenn du dir beispielsweise vornimmst, in einem Monat 50 Kilogramm abzunehmen oder in einem Jahr Millionär zu werden, ohne entsprechende Voraussetzungen, sind diese Ziele möglicherweise unrealistisch und führen nur zu Enttäuschung.

Das bedeutet nicht, dass du kleine Ziele setzen sollst. Im Gegenteil – setze dir große, bedeutende Ziele. Doch stelle sicher, dass du einen realistischen Plan hast, wie du diese Ziele erreichen kannst. Wenn du zum Beispiel einen neuen Geschäftszweig aufbauen möchtest, überlege dir, welche Ressourcen, Fähigkeiten und Zeit du dafür investieren musst. Ein realistisches Ziel könnte sein, innerhalb von sechs Monaten eine solide Kundenbasis zu schaffen, anstatt innerhalb von einem Monat ein komplettes neues Geschäft aufzubauen.

Eine gute Methode, um die Realisierbarkeit deines Ziels zu überprüfen, ist, deinen Plan in kleinere Etappen zu unterteilen. So kannst du kontinuierlich Fortschritte sehen und das Ziel Schritt für Schritt erreichen, anstatt dich von der Größe des Gesamtziels überwältigen zu lassen.

Terminierte Ziele: Klare Zeitrahmen setzen

Der letzte Schritt in der SMART-Methode ist die Terminierung. Jedes Ziel sollte einen klaren Zeitrahmen haben, damit du weißt, wann du es erreichen möchtest. Ohne eine klare Deadline besteht die Gefahr, dass du dein Ziel immer wieder aufschiebst oder dich in anderen Dingen verlierst. Ein klarer Zeitrahmen gibt dir einen festen Fokus und hilft dir, deine Aktivitäten zu organisieren.

Wenn du zum Beispiel vorhast, ein Buch zu schreiben, könnte ein terminierter Plan so aussehen: „Ich möchte das Manuskript meines Buches bis zum 31. Dezember fertigstellen, indem ich jeden Tag zwei Stunden schreibe." Dieser konkrete Zeitrahmen hilft dir, Prioritäten zu setzen und sicherzustellen, dass du kontinuierlich auf dein Ziel hinarbeitest.

Auch Zwischenziele mit klaren Fristen sind hier entscheidend. Du könntest dir beispielsweise vornehmen, die ersten 50 Seiten deines Buches bis zum Ende des ersten Monats zu schreiben. Indem du dir diese Zwischenziele setzt, bleibst du motiviert und siehst deinen Fortschritt auf dem Weg zum Endziel.

Die Umsetzung deiner SMART-Ziele: Von der Planung zur Handlung

Nachdem du deine SMART-Ziele definiert hast, beginnt die eigentliche Arbeit – die Umsetzung. Viele Menschen bleiben in der Phase des Planens stecken und kommen nie in die Handlung. Doch wahre Veränderung entsteht nur durch konsequentes Handeln. Hier sind einige Schritte, die dir helfen, deine Ziele in die Tat umzusetzen:

1. Erstelle einen detaillierten Aktionsplan: Sobald du dein SMART-Ziel definiert hast, erstelle einen Schritt-für-Schritt-Plan, wie du es erreichen möchtest. Welche konkreten Handlungen musst du täglich, wöchentlich oder monatlich unternehmen, um deinem Ziel näherzukommen? Der Plan sollte realistisch und umsetzbar sein.

2. Bleibe flexibel und anpassungsfähig: Während du auf dein Ziel hinarbeitest, kann es sein, dass sich unvorhergesehene Hindernisse oder neue Erkenntnisse ergeben. Es ist wichtig, dass du flexibel bleibst und deinen Plan bei Bedarf anpasst, ohne das Ziel aus den Augen zu verlieren. Anpassungsfähigkeit ist ein wesentlicher Faktor für den langfristigen Erfolg.

3. Reflektiere regelmäßig: Nimm dir regelmäßig Zeit, um deinen Fortschritt zu überprüfen. Welche Schritte hast du bereits erfolgreich umgesetzt? Gibt es Bereiche, in denen du mehr Aufmerksamkeit brauchst? Diese Reflexion hilft dir, deinen Kurs anzupassen und motiviert zu bleiben.

4. Feiere deine Erfolge: Vergiss nicht, jeden Fortschritt zu feiern. Jede noch so kleine Errungenschaft bringt dich deinem Ziel näher. Indem du deine Erfolge anerkennst, baust du Selbstvertrauen auf und bleibst motiviert, auch langfristig dranzubleiben.

Fazit: Die Kraft der SMART-Ziele

SMART-Ziele sind ein kraftvolles Werkzeug, um deine Träume und Visionen in konkrete Ergebnisse zu verwandeln. Sie helfen dir, Klarheit zu schaffen, deine Motivation zu entfachen und einen realistischen Plan zu entwickeln, um deine Ziele Schritt für Schritt zu erreichen.

Denke daran: Du bist der Schöpfer deines eigenen Erfolgs. Indem du klare, messbare, attraktive, realistische und terminierte Ziele setzt, richtest du deinen Fokus auf das, was wirklich wichtig ist, und wirst die notwendigen Schritte unternehmen, um deine Ziele zu verwirklichen.

Die Reise beginnt mit der Entscheidung, Ziele zu setzen, die deinem höchsten Potenzial entsprechen – und mit dem Mut, die notwendigen Schritte zu unternehmen, um sie zu erreichen.

Wie du deine Ziele motivierend und erreichbar machst

Ziele setzen ist ein fundamentaler Schritt auf dem Weg zum Erfolg, aber allein das Formulieren von Zielen reicht nicht aus. Viele Menschen setzen sich große Ziele und bleiben trotzdem stecken – nicht weil ihre Ziele unerreichbar wären, sondern weil sie nicht wissen, wie sie diese motivierend und erreichbar gestalten können. Der Schlüssel zum Erfolg liegt darin, wie du deine Ziele definierst und welche inneren und äußeren Strategien du nutzt, um sie zu erreichen.

Ein Ziel muss dich inspirieren und motivieren, aber es muss auch realistisch und erreichbar sein. Nur wenn diese beiden Aspekte in Einklang stehen, wirst du die Energie und Entschlossenheit finden, die nötig ist, um deine Träume zu verwirklichen. In diesem Kapitel werde ich dir zeigen, wie du deine Ziele so formulierst und angehst, dass sie sowohl motivierend als auch erreichbar sind, sodass du nicht nur träumst, sondern auch kontinuierlich voranschreitest und deine Visionen in die Realität umsetzt.

Der emotionale Antrieb: Warum Motivation der Schlüssel ist

Motivation ist die treibende Kraft, die uns in Bewegung hält. Ohne sie fehlt uns die Energie, die nötige Anstrengung zu unternehmen, um unsere Ziele zu erreichen. Der erste Schritt, um deine Ziele motivierend zu gestalten, ist sicherzustellen, dass sie eine starke emotionale Verbindung in dir wecken. Ein Ziel, das dich nicht inspiriert oder anspricht, wird schwerer zu erreichen sein, weil du im Laufe der Zeit die Begeisterung und den Fokus verlieren könntest.

Stelle dir also folgende Fragen: Warum ist dieses Ziel für mich wichtig? Was werde ich fühlen, wenn ich dieses Ziel erreicht habe? Wie wird sich mein Leben verändern? Wenn du eine emotionale Verbindung zu deinem Ziel herstellst, erhöhst du die Wahrscheinlichkeit, dass du auch in schwierigen Zeiten motiviert bleibst. Ein starkes „Warum" ist der Motor, der dich antreibt, besonders wenn Hindernisse auftreten.

Ich empfehle ein Ziel nicht nur rational, sondern auch emotional zu formulieren. Anstatt zu sagen „Ich möchte meine Gesundheit verbessern", könntest du sagen: „Ich möchte meine Gesundheit verbessern, damit ich mich jeden Tag energiegeladen und lebendig fühle, damit ich lange für meine Familie da sein kann und meine beruflichen und persönlichen Träume mit voller Kraft verwirklichen kann." Indem du dein

Ziel mit emotionalen Werten verknüpfst, wird es zu etwas, das dich tief in deinem Inneren anspricht.

Visualisierung: Dein Ziel lebendig werden lassen

Ein weiteres kraftvolles Werkzeug, um deine Ziele motivierend zu gestalten, ist die Visualisierung. Dein Geist kann nicht zwischen Realität und Vorstellung unterscheiden – wenn du dir also lebhaft vorstellst, wie es sich anfühlt, dein Ziel zu erreichen, beginnt dein Unterbewusstsein, diese Realität zu akzeptieren und dich aktiv darauf zuzubewegen.

Setze dich täglich ein paar Minuten in einen ruhigen Raum und stelle dir vor, dass du dein Ziel bereits erreicht hast. Wie fühlt es sich an? Wie sieht dein Leben aus? Was hat sich in deinem Alltag verändert?

Visualisiere jede Einzelheit so lebendig wie möglich. Je intensiver du diese Vorstellung erlebst, desto mehr wirst du von innen heraus motiviert, auf dieses Ziel hinzuarbeiten. Diese Technik nutze ich auch in meiner Arbeit als Meditationslehrer. Sie hilft dir nicht nur, dein Ziel klarer zu sehen, sondern stärkt auch dein Vertrauen in deine Fähigkeit, es zu erreichen.

Visualisierung wirkt auf einer tiefen, unbewussten Ebene. Sie hilft dir, deine Zweifel und Ängste zu überwinden, indem du dir bereits vor Augen führst, wie es sich anfühlt, erfolgreich zu sein. Diese emotionale Vorbereitung gibt dir die Kraft, auch dann weiterzumachen, wenn Herausforderungen auftauchen.

Realistische Ziele setzen: Die Balance zwischen Herausforderung und Erreichbarkeit

Während Motivation unerlässlich ist, ist es ebenso wichtig, dass deine Ziele realistisch sind. Zu oft setzen sich Menschen Ziele, die so groß und überwältigend erscheinen, dass sie bereits entmutigt sind, bevor sie überhaupt begonnen haben. Auf der anderen Seite kann ein Ziel, das zu einfach ist, die Motivation nicht aufrechterhalten, weil es keine wirkliche Herausforderung darstellt. Der Schlüssel liegt darin, die Balance zwischen Herausforderung und Erreichbarkeit zu finden.

Realistische Ziele sind solche, die deine Komfortzone erweitern, aber gleichzeitig machbar sind. Sie sollten dich herausfordern, aber nicht überfordern. Wenn du beispielsweise dein Unternehmen innerhalb eines Jahres um 50 % steigern möchtest, aber nur begrenzte Ressourcen hast, könntest du dir stattdessen vornehmen, in den nächsten sechs Monaten 10 % Wachstum zu erzielen, und deinen Plan dann anpassen, sobald du Fortschritte gemacht hast. Dies gibt dir ein erreichbares Ziel, das dennoch ambitioniert ist.

Ein realistisches Ziel sollte auch konkrete Schritte umfassen. Anstatt nur ein großes Ziel zu setzen, brich es in kleinere Meilensteine auf. Dies hat zwei Vorteile: Erstens fühlst du dich nicht überwältigt, weil du weißt, dass du jeden Tag Fortschritte machst. Zweitens bieten dir die kleineren Erfolge auf dem Weg zum Endziel positive Verstärkung und Motivation, weiterzumachen. Du baust auf diese Weise Vertrauen in deine Fähigkeiten auf und siehst konkrete Ergebnisse.

Selbstdisziplin und kontinuierliches Handeln

Motivation bringt dich in Bewegung, aber es ist die Selbstdisziplin, die dich durchhalten lässt. Selbstdisziplin bedeutet, auch dann weiterzumachen, wenn die anfängliche Begeisterung nachlässt oder die Dinge schwieriger werden, als du es erwartet hast. Hier spielt deine Fähigkeit, dir selbst zu vertrauen und dir zuzutrauen, dass du trotz Hindernissen Erfolg haben kannst, eine entscheidende Rolle.

In meiner Rolle als Erfolgs-Coach arbeite ich oft mit Menschen, die hochmotiviert beginnen, aber ihre Ziele auf halbem Weg aufgeben, weil sie ihre Energie und ihren Fokus verlieren. Der Schlüssel, um dies zu vermeiden, liegt darin, eine tägliche Routine zu entwickeln, die dich deinem Ziel Schritt für Schritt näherbringt. Selbst wenn es nur kleine Handlungen sind, die du jeden Tag unternimmst, wird sich ihre Wirkung mit der Zeit summieren.

Frage dich: Was kann ich heute tun, um meinem Ziel einen Schritt näher zu kommen? Es müssen keine großen Schritte sein, aber sie müssen konsequent sein. Vielleicht bedeutet es, 30 Minuten am Tag an deinem Projekt zu arbeiten, einen wichtigen Anruf zu tätigen oder deine Fortschritte schriftlich festzuhalten. Indem du jeden Tag aktiv wirst, bleibst du auf Kurs und verstärkst dein Vertrauen in deine Fähigkeit, deine Ziele zu erreichen.

Positive Gewohnheiten entwickeln

Um deine Ziele langfristig zu erreichen, ist es entscheidend, positive Gewohnheiten zu entwickeln. Gewohnheiten sind kraftvolle Mechanismen, die dein Handeln automatisieren und dafür sorgen, dass du auf lange Sicht beständig bleibst. Wenn du dein Ziel erreichst, wird dies oft durch die Ansammlung kleiner, konsequenter Handlungen möglich – und diese Handlungen werden durch deine täglichen Gewohnheiten bestimmt.

Wenn du beispielsweise ein gesundheitliches Ziel verfolgst, könntest du die Gewohnheit entwickeln, täglich eine bestimmte Zeit für Sport einzuplanen oder deine Mahlzeiten bewusst vorzubereiten. Wenn dein Ziel beruflicher Natur ist, könntest du dir angewöhnen, jeden Morgen Zeit für deine wichtigsten Aufgaben zu reservieren, bevor du dich den Routinearbeiten widmest. Positive Gewohnheiten halten dich fokussiert und verhindern, dass du in alte, unproduktive Muster zurückfällst.

Es dauert in der Regel etwa 21 bis 30 Tage, um eine neue Gewohnheit zu etablieren, doch sobald diese Gewohnheit verankert ist, wirst du feststellen, dass du weniger Willenskraft benötigst, um auf dein Ziel hinzuarbeiten. Die Gewohnheit trägt dich, selbst an Tagen, an denen du weniger motiviert bist.

Umgang mit Rückschlägen: Ziele flexibel anpassen

Kein Weg zum Erfolg ist geradlinig. Rückschläge und Herausforderungen gehören dazu, doch sie sollten dich nicht davon abhalten, deine Ziele zu verfolgen. Wichtig ist, wie du mit diesen Hindernissen umgehst. Oft geben Menschen ihre Ziele auf, weil sie nach einem Misserfolg entmutigt sind oder das Gefühl haben, dass sie nie erfolgreich sein werden.

Doch der wahre Erfolg liegt darin, flexibel zu bleiben und deine Ziele anzupassen, wenn nötig. Ein Rückschlag bedeutet nicht, dass dein Ziel unerreichbar ist – es ist eine Gelegenheit, deinen Plan zu überdenken und möglicherweise neue Ansätze zu finden. Vielleicht musst du deinen Zeitrahmen anpassen oder deine Strategie überarbeiten. Indem du flexibel bleibst und dich nicht entmutigen lässt, wirst du langfristig erfolgreicher sein.

Rückschläge sind oft Lektionen des Lebens. Sie fordern dich heraus, stärker zu werden, kreativere Lösungen zu finden und innerlich zu wachsen. Indem du die Herausforderungen annimmst, wirst du nicht nur deine Ziele erreichen, sondern auch als Mensch wachsen und dich weiterentwickeln.

Feiere deine Erfolge

Einer der wichtigsten Schritte, um motiviert zu bleiben, ist es, deine Erfolge zu feiern – egal wie klein sie auch erscheinen mögen. Jede Etappe, die du auf deinem Weg erreichst, ist ein Zeichen deines Fortschritts und verdient Anerkennung. Wenn du dir die Zeit nimmst, um innezuhalten und deine Erfolge zu würdigen, wirst du motiviert bleiben und das Vertrauen in dich selbst stärken.

Ich empfehle dir ein „Erfolgstagebuch" zu führen. Schreibe jeden Tag auf, was du erreicht hast, welche kleinen oder großen Schritte du unternommen hast, um deinem Ziel näher zu kommen. Dieses Ritual stärkt dein Selbstbewusstsein und gibt dir die Möglichkeit, deinen Fortschritt im Laufe der Zeit zu reflektieren.

Fazit: Motivation und Erreichbarkeit in Balance bringen

Um deine Ziele sowohl motivierend als auch erreichbar zu gestalten, musst du eine tiefe emotionale Verbindung zu deinen Zielen aufbauen, sie realistisch formulieren und konsequent daran arbeiten. Indem du deine Ziele visuell und emotional lebendig machst, regelmäßige Fortschritte festhältst und positive Gewohnheiten entwickelst, wirst du die nötige Motivation und Disziplin finden, um deine Ziele Schritt für Schritt zu erreichen.

Denke daran: Der Weg zum Erfolg ist kein Sprint, sondern ein Marathon. Mit klaren, motivierenden Zielen und einem realistischen Plan zur Umsetzung wirst du nicht nur deine Ziele erreichen, sondern auch innerlich wachsen und erfüllter leben. Du hast die Macht, dein Leben nach deinen Vorstellungen zu gestalten – nutze sie mit Klarheit, Leidenschaft und Entschlossenheit.

Kapitel 5: Erfolgreiche Gewohnheiten entwickeln

Warum Gewohnheiten mächtiger sind als Ziele

Ziele zu setzen ist wichtig, doch sie allein bringen dich nicht ans Ziel. Es sind nicht die großen Visionen, die über Erfolg und Misserfolg entscheiden, sondern die kleinen, alltäglichen Handlungen, die du routiniert ausführst. Gewohnheiten sind mächtiger als Ziele, weil sie den Rahmen schaffen, in dem Ziele realisiert werden. Gewohnheiten sind die unsichtbaren Fäden, die dein Leben in eine bestimmte Richtung lenken – und sie bestimmen weitgehend, ob du deine Ziele erreichst oder nicht.

Ich habe gesehen, wie Menschen durch die Entwicklung starker, förderlicher Gewohnheiten erstaunliche Transformationen erlebten – und wie andere, die nur auf ihre Ziele fokussiert waren, ins Straucheln gerieten, weil es ihnen an der notwendigen Disziplin und Struktur fehlte. Gewohnheiten bilden das Fundament für Erfolg. In diesem Kapitel werde ich dir zeigen, warum Gewohnheiten so mächtig sind und wie du erfolgreiche Gewohnheiten in deinem Leben etablieren kannnst, um deine Ziele dauerhaft und nachhaltig zu erreichen.

Warum Gewohnheiten mächtiger sind als Ziele

Ziele geben dir die Richtung vor, doch Gewohnheiten bestimmen, wie schnell und sicher du ans Ziel kommst. Ziele sind oft auf das „Was" ausgerichtet –Was willst du erreichen? Was ist das Endergebnis? Doch der wahre Schlüssel liegt im „Wie": Wie kommst du dahin? Wie verhältst du dich täglich, um deinen Weg zu ebnen? Hier kommen Gewohnheiten ins Spiel.

Gewohnheiten sind automatische Verhaltensmuster, die dein Gehirn entwickelt, um Energie zu sparen. Diese Routinehandlungen erfordern wenig bis keine bewusste Anstrengung, weil sie tief in deinem Unterbewusstsein verankert sind. Sobald eine Gewohnheit etabliert ist, geschieht sie fast von selbst, und genau das ist ihre Stärke. Wenn du einmal eine positive Gewohnheit in deinem Leben verankert hast, läuft sie wie ein Automatismus ab, der dich deinem Ziel näherbringt – ganz ohne bewusste Willenskraft.

Gegenteilig können schlechte Gewohnheiten jedoch auch eine unsichtbare Bremse sein, die deinen Fortschritt blockiert. Vielleicht hast du das Ziel, produktiver zu werden, doch die Gewohnheit, ständig auf dein Handy zu schauen oder aufschiebbare Aufgaben endlos zu verschieben, verhindert den Erfolg. Deine täglichen Gewohnheiten sind der wahre Gradmesser deines Erfolgs – nicht das, was du dir als Ziel setzt, sondern das, was du Tag für Tag tust.

Die Kraft der kleinen Schritte

Gewohnheiten sind mächtig, weil sie auf Kontinuität basieren. Es sind nicht die großen, einmaligen Anstrengungen, die uns dauerhaft verändern, sondern die kleinen, scheinbar unbedeutenden Handlungen, die wir Tag für Tag wiederholen. Wenn du langfristig erfolgreich sein willst, solltest du dich weniger darauf konzentrieren, schnelle Erfolge zu erzielen, und mehr darauf, stetig in kleinen Schritten voranzugehen.

Viele Menschen überschätzen, was sie in kurzer Zeit erreichen können, und unterschätzen, was sie in einem längeren Zeitraum durch konsequente, kleine Handlungen erreichen können. Ein Beispiel: Wenn du jeden Tag nur 15 Minuten meditierst oder ein Buch liest, wirst du in einem Jahr einen immensen Fortschritt erzielen. Diese kleinen, täglichen Schritte summieren sich zu beeindruckenden Ergebnissen. Die

Herausforderung besteht darin, die Geduld zu haben, diese Schritte konsequent zu gehen, ohne sofortige Erfolge zu erwarten.

Hier liegt auch ein wichtiger Unterschied zwischen Zielen und Gewohnheiten: Ziele sind oft auf ein bestimmtes Ergebnis gerichtet, das in der Zukunft liegt, während Gewohnheiten den Prozess in den Vordergrund stellen. Es geht darum, regelmäßig etwas zu tun, unabhängig vom unmittelbaren Ergebnis. Du wirst feststellen, dass du durch die Pflege positiver Gewohnheiten nicht nur dein Ziel erreichst, sondern dabei auch deine Persönlichkeit und deinen inneren Zustand transformierst.

Der Aufbau erfolgreicher Gewohnheiten: So funktioniert es

Wenn du verstehst, wie mächtig Gewohnheiten sind, wird der nächste Schritt darin bestehen, erfolgreiche Gewohnheiten bewusst zu entwickeln. Doch wie kannst du das systematisch tun? Hier sind einige wesentliche Schritte, die dir helfen, Gewohnheiten aufzubauen, die deinen Erfolg langfristig sichern:

1. Fange klein an

Der größte Fehler, den viele Menschen machen, wenn sie neue Gewohnheiten entwickeln wollen, ist, dass sie zu groß denken und zu schnell zu viel erwarten. Der Schlüssel zu einer erfolgreichen Gewohnheitsbildung liegt darin, klein anzufangen. Es ist besser, mit einer sehr kleinen, einfachen Gewohnheit zu beginnen – zum Beispiel fünf Minuten Meditation am Tag oder drei Minuten Stretching am Morgen – und diese regelmäßig durchzuführen, anstatt sich gleich zu überfordern.

Dein Gehirn liebt kleine, machbare Schritte, weil sie kaum Willenskraft erfordern und einfach in den Alltag integriert werden können. Sobald diese kleine Gewohnheit etabliert ist, kannst du sie nach und nach ausbauen. Der Erfolg kommt durch die Kontinuität, nicht durch die Intensität.

2. Nutze bestehende Routinen

Eine der effektivsten Methoden, um neue Gewohnheiten zu entwickeln, ist das sogenannte Habit Stacking. Dabei verknüpfst du eine neue Gewohnheit mit einer bereits bestehenden Routine. Das funktioniert so, dass du eine neue Handlung direkt nach einer bereits etablierten Gewohnheit ausführst, sodass diese miteinander verbunden werden.

Ein Beispiel: Wenn du bereits die Gewohnheit hast, morgens Kaffee zu trinken, könntest du deine neue Gewohnheit (z. B. 10 Minuten Tagebuch schreiben) direkt nach dem Kaffeetrinken einfügen. Da dein Gehirn die bestehende Routine bereits verinnerlicht hat, fällt es ihm leichter, die neue Gewohnheit anzunehmen, wenn sie im Kontext der alten Routine steht.

3. Schaffe einen Trigger

Gewohnheiten werden oft durch sogenannte Trigger ausgelöst – das sind äußere oder innere Reize, die dein Gehirn daran erinnern, eine bestimmte Handlung auszuführen. Wenn du erfolgreich neue Gewohnheiten entwickeln möchtest, solltest du dir überlegen, welcher Trigger diese neue Handlung auslösen kann.

Ein Trigger kann beispielsweise eine bestimmte Tageszeit sein (z. B. „Ich meditiere immer direkt nach dem Aufwachen") oder eine bestimmte Handlung (z. B. „Immer wenn ich mich an den Schreibtisch setze, schreibe ich zuerst eine To-do-Liste"). Indem du klare Trigger setzt, wird dein Gehirn darauf konditioniert, die neue Gewohnheit automatisch auszuführen.

4. Belohne dich selbst

Positive Verstärkung ist ein mächtiges Werkzeug, um neue Gewohnheiten zu festigen. Jedes Mal, wenn du eine neue Gewohnheit erfolgreich ausführst, solltest du dir bewusst eine kleine Belohnung gönnen, um dein Gehirn darauf zu programmieren, die Handlung positiv zu verknüpfen. Diese Belohnung muss nicht groß oder materiell sein – es kann ein Moment der inneren Anerkennung sein, in dem du stolz auf dich bist, oder eine kleine Pause, in der du dir erlaubst, dich zu entspannen.

Belohnungen stärken das Gefühl, dass du Fortschritte machst, und motivieren dich, die neue Gewohnheit beizubehalten. Der Schlüssel ist, dass du die Belohnung bewusst wahrnimmst, damit dein Gehirn lernt, die neue Gewohnheit mit positiven Gefühlen zu verbinden.

5. Geduld und Beständigkeit

Es dauert Zeit, eine neue Gewohnheit zu etablieren. Untersuchungen zeigen, dass es im Durchschnitt 21 bis 66 Tage dauert, bis eine neue Gewohnheit vollständig in deinem Gehirn verankert ist. Daher ist Geduld entscheidend. Wenn du eine neue Gewohnheit entwickelst, wirst du feststellen, dass es Tage gibt, an denen es leichtfällt, und Tage, an denen es schwer ist, dranzubleiben. Doch auch an schwierigen Tagen solltest du versuchen, die Gewohnheit zumindest in minimaler Form auszuführen.

Erfolg in der Gewohnheitsbildung ist nicht, dass du jeden Tag perfekt bist, sondern dass du regelmäßig weitermachst. Der Prozess der Wiederholung führt letztlich zur Automatisierung der Gewohnheit, sodass sie fester Bestandteil deines Lebens wird.

Gewohnheiten und Identität: Der Weg zur inneren Transformation

Ein besonders kraftvoller Aspekt der Gewohnheitsbildung ist, dass erfolgreiche Gewohnheiten nicht nur deine äußeren Ergebnisse verändern, sondern auch deine Identität. Indem du neue Gewohnheiten entwickelst, veränderst du Schritt für Schritt, wer du bist und wie du dich selbst wahrnimmst. Du wirst zu einem Menschen, der die Fähigkeiten und Eigenschaften entwickelt, die notwendig sind, um deine Ziele zu erreichen.

Ein Beispiel: Wenn du dir die Gewohnheit aneignest, täglich Sport zu treiben, wirst du nicht nur körperlich fitter, sondern du wirst dich auch mental als jemand sehen, der gesund und diszipliniert ist. Diese Veränderung der Identität ist der wahre Schlüssel zu langfristigem Erfolg, denn wenn deine Gewohnheiten mit deiner inneren Überzeugung übereinstimmen, wirst du auf natürliche Weise die richtigen Entscheidungen treffen, um deine Ziele zu erreichen.

Fazit: Erfolgreiche Gewohnheiten als Fundament deines Lebens!

Gewohnheiten sind mächtiger als Ziele, weil sie die Grundlage dafür schaffen, dass du Tag für Tag auf dein Ziel hinarbeiten kannst. Während Ziele dich inspirieren, sind es die Gewohnheiten, die den Weg ebnen. Indem du erfolgreiche, positive Gewohnheiten entwickelst, legst du das Fundament für deinen Erfolg – nicht nur kurzfristig, sondern auf lange Sicht.

Denke daran: Der wahre Erfolg liegt nicht in der Größe deiner Ziele, sondern in der Beständigkeit deiner täglichen Handlungen. Mit Geduld, Disziplin und einem klaren Plan kannst du die Macht der Gewohnheiten nutzen, um nicht nur deine Ziele zu erreichen, sondern auch deine innere Welt zu transformieren. Du bist der Schöpfer deines Lebens, und indem du deine Gewohnheiten bewusst gestaltest, erschaffst du die Realität, die du dir wünschst.

Gewohnheiten, die DEINEN Erfolg fördern und unterstützen

Erfolg ist kein Zufallsprodukt. Erfolg entsteht durch das, was du jeden Tag tust – durch deine Gewohnheiten. Deine täglichen Routinen, deine Denkweisen und die Handlungen, die du kontinuierlich wiederholst, formen deine Zukunft. Ziele zu haben ist wichtig, doch ohne die passenden Gewohnheiten wirst du nur selten das erreichen, was du dir vorgenommen hast. In meinen über 30 Jahren als ganzheitlicher NLP- und Hypnose-Therapeut, Erfolgs-Profitrainer und spiritueller Unternehmensberater habe ich immer wieder gesehen, wie die richtigen Gewohnheiten den Unterschied zwischen Erfolg und Misserfolg ausmachen.

Gewohnheiten, die deinen Erfolg fördern, sind jene, die dich beständig auf deinem Weg halten, dir innere Kraft geben und dich in schwierigen Zeiten unterstützen. Sie sind das Fundament, auf dem du dein Leben aufbauen kannst. In diesem Kapitel möchte ich dir zeigen, welche Gewohnheiten wirklich den Unterschied machen, wie du sie in deinem Leben etablierst und wie du sicherstellst, dass sie dich langfristig unterstützen, um deinen Erfolg zu maximieren.

Die Macht von Morgenroutinen: Den Tag erfolgreich beginnen

Der Erfolg deines Tages beginnt in den ersten Stunden nach dem Aufwachen. Deine Morgenroutine setzt den Ton für alles, was folgt. Wenn du den Tag bewusst und positiv beginnst, wirst du eine andere Energie und Fokussierung mit in den Tag nehmen, als wenn du hektisch und gestresst aus dem Bett springst. Eine kraftvolle Morgenroutine hilft dir, dich mental und emotional auf Erfolg auszurichten.

In meiner Arbeit als Meditationslehrer und Erfolgs-Coach empfehle ich oft, den Tag mit einer kurzen Meditation oder Achtsamkeitspraxis zu beginnen. Diese Praxis bringt deinen Geist zur Ruhe, zentriert deine Gedanken und schafft Klarheit. Du kannst deine innere Ausrichtung stärken und dich auf die Dinge konzentrieren, die für den Tag wirklich wichtig sind. Schon 10 bis 15 Minuten am Morgen reichen aus, um deinen Geist zu beruhigen und positive Energie zu aktivieren.

Zusätzlich zur Meditation kannst du deine Morgenroutine durch Bewegung ergänzen. Ob Yoga, Stretching oder ein kurzer Spaziergang – körperliche Aktivität am Morgen gibt dir Energie und fördert deine mentale Klarheit. Bewegung aktiviert dein Nervensystem und setzt Endorphine frei, die deine Stimmung heben und dich in einen produktiven Zustand versetzen.

Ein weiteres wichtiges Element einer erfolgreichen Morgenroutine ist die Zielsetzung für den Tag. Nimm dir jeden Morgen ein paar Minuten Zeit, um drei Prioritäten für den Tag zu setzen. Welche Aufgaben und Aktivitäten sind heute die wichtigsten, um dich deinem langfristigen Erfolg näherzubringen? Diese Klarheit hilft dir, dich zu fokussieren und deine Energie gezielt einzusetzen.

Die Kraft der Fokus-Gewohnheit:
Deine Aufmerksamkeit bewusst lenken

Einer der größten Erfolgsblockaden in der heutigen Welt ist der ständige Informationsfluss und die Ablenkung. Um erfolgreich zu sein, musst du lernen, deine Aufmerksamkeit bewusst zu lenken und dich auf das zu konzentrieren, was wirklich zählt. Fokus ist keine zufällige Fähigkeit – er ist das Ergebnis von bewussten Gewohnheiten.

Eine kraftvolle Gewohnheit, die deinen Erfolg unterstützt, ist die Pomodoro-Technik oder eine ähnliche Methode, bei der du für eine bestimmte Zeitspanne (z. B. 25 Minuten) fokussiert arbeitest und dich dann eine kurze Pause gönnst. Diese Methode hilft dir, Ablenkungen zu minimieren und dich gezielt auf eine Aufgabe zu konzentrieren. Sie schafft kurze, intensive Arbeitsphasen, in denen du deine gesamte Energie auf eine Aufgabe lenkst, ohne dich ablenken zu lassen.

Ein weiterer wichtiger Aspekt der Fokus-Gewohnheit ist das bewusste Ausschalten von Ablenkungen. Stelle sicher, dass du während deiner produktiven Phasen dein Handy auf lautlos schaltest, E-Mail-Benachrichtigungen deaktivierst und dir klare Zeiten setzt, in denen du dich nur auf eine einzige Aufgabe konzentrierst. Multitasking ist eine Illusion – es führt zu gestreuter Aufmerksamkeit und mindert deine Produktivität. Konzentriere dich stattdessen darauf, eine Aufgabe nach der anderen mit voller Hingabe zu erledigen.

Erfolg durch kontinuierliches Lernen: Die Wachstums-Gewohnheit

Erfolg ist ein fortlaufender Prozess des Lernens und Wachsens. Diejenigen, die kontinuierlich lernen und sich weiterentwickeln, sind besser in der Lage, sich an neue Herausforderungen anzupassen und ihre Ziele zu erreichen. Deshalb ist eine der wichtigsten Gewohnheiten, die deinen Erfolg unterstützt, die Gewohnheit des kontinuierlichen Lernens.

Investiere jeden Tag Zeit in deine persönliche und berufliche Weiterentwicklung. Das kann das Lesen von Fachbüchern, das Hören von Podcasts oder das Besuchen von Seminaren und Fortbildungen sein. Stelle dir vor, was du in einem Jahr erreichen könntest, wenn du nur 20 bis 30 Minuten pro Tag mit Lernen verbringst. Dieser Prozess hilft dir, deine Fähigkeiten zu schärfen, neue Perspektiven zu gewinnen und immer einen Schritt voraus zu sein.

Ich möchte dich dazu ermutigen, dich auf Lebensbereiche zu fokussieren, die sowohl das berufliche als auch das persönliche Wachstum fördern. Das kann alles von emotionaler Intelligenz über Führungsfähigkeiten bis hin zu spiritueller Praxis sein. Indem du dir die Gewohnheit aneignest, regelmäßig zu lernen und dich weiterzubilden, stärkst du nicht nur dein Wissen, sondern entwickelst auch die innere Fähigkeit, Herausforderungen mit einem offenen und wachsenden Geist zu begegnen.

Dankbarkeit als Erfolgsmagnet: Die Einstellung zur Fülle

Dankbarkeit ist eine der mächtigsten Gewohnheiten, um deinen Erfolg langfristig zu fördern. Sie richtet deine Aufmerksamkeit auf das, was bereits gut in deinem Leben ist, und schafft eine innere Haltung der Fülle. Wenn du regelmäßig Dankbarkeit praktizierst, verstärkst du positive Gefühle und ziehst mehr von dem in dein Leben, was du wertschätzt.

Nimm dir jeden Tag bewusst Zeit, um Dankbarkeit zu üben. Das kann in Form eines Dankbarkeitstagebuchs geschehen, in dem du jeden Abend drei Dinge notierst, für die du an diesem Tag dankbar bist. Diese einfache Gewohnheit kann eine enorme Veränderung in deinem Bewusstsein bewirken. Anstatt dich auf das zu konzentrieren, was noch fehlt oder was nicht gut läuft, richtest du deine Energie auf das, was bereits positiv ist. Diese positive Energie zieht mehr Erfolg und Fülle in dein Leben.

Dankbarkeit fördert auch deine emotionale Ausgeglichenheit und hilft dir, dich nicht von Herausforderungen oder Rückschlägen entmutigen zu lassen. Wenn du lernst, auch in schwierigen Zeiten dankbar zu sein – für die Lektionen, die du lernen darfst, und für die Chancen, die sich dir bieten – wirst du feststellen, dass du erfolgreicher und resilienter wirst.

Selbstdisziplin und Durchhaltevermögen: Der lange Atem zum Erfolg

Eine weitere Gewohnheit, die deinen Erfolg maßgeblich fördert, ist Selbstdisziplin. Selbstdisziplin bedeutet, auch dann dranzubleiben, wenn es schwer wird, und die notwendigen Schritte zu unternehmen, selbst wenn die Motivation nicht da ist. Es ist die Fähigkeit, sich auf das zu konzentrieren, was langfristig wichtig ist, auch wenn kurzfristige Ablenkungen oder Versuchungen auftreten.

Stärke deine Selbstdisziplin! Selbstdisziplin ist wie ein Muskel – je öfter du ihn trainierst, desto stärker wird er. Eine einfache Methode, um Selbstdisziplin zu entwickeln, ist die bewusste Planung und Priorisierung. Setze dir täglich konkrete Ziele, die du erreichen willst, und halte dich daran, diese Ziele auch umzusetzen, unabhängig davon, wie du dich gerade fühlst.

Gleichzeitig ist es wichtig, die Bedeutung von Durchhaltevermögen zu verstehen. Erfolg ist selten eine gerade Linie – es wird Rückschläge, Herausforderungen und Verzögerungen geben. Diejenigen, die langfristig erfolgreich sind, sind nicht unbedingt die, die am talentiertesten oder am intelligentesten sind, sondern die, die bereit sind, immer wieder aufzustehen und weiterzumachen. Durchhaltevermögen ist die Fähigkeit, sich trotz Rückschlägen auf sein Ziel zu konzentrieren und kontinuierlich Fortschritte zu machen.

Beziehungen und Netzwerke pflegen:
Die Gewohnheit der Verbindung

Ein oft übersehener Aspekt des Erfolgs ist die Pflege von Beziehungen. Erfolg ist selten das Werk eines Einzelnen – die Menschen, die dich umgeben, haben einen großen Einfluss auf deinen Weg. Eine erfolgreiche Gewohnheit ist es daher, bewusst positive Beziehungen zu pflegen und dein Netzwerk aktiv zu erweitern.

Wichtig ist es, authentische Verbindungen zu Menschen aufzubauen, die dich inspirieren, unterstützen und motivieren! Verbringe Zeit mit Menschen, die dieselben Werte und Ziele teilen, und lerne von denen, die bereits dort sind, wo du hinwillst. Diese Beziehungen sind nicht nur wertvoll für dein persönliches Wachstum, sondern auch für deine berufliche Entwicklung.

Eine gute Gewohnheit ist es, regelmäßig mit deinem Netzwerk in Kontakt zu bleiben – sei es durch persönliche Treffen, Telefonate oder Nachrichten. Durch das bewusste Pflegen von Beziehungen baust du langfristig ein starkes Netzwerk auf, das dir in schwierigen Zeiten Unterstützung bietet und dich auf deinem Weg zum Erfolg begleitet.

Fazit: Gewohnheiten als Grundstein deines Erfolgs

Die Gewohnheiten, die du täglich praktizierst, bestimmen den Verlauf deines Lebens. Sie sind der unsichtbare Motor, der dich deinem Erfolg näherbringt – oder von ihm wegführt. Indem du kraftvolle, unterstützende Gewohnheiten entwickelst, schaffst du das Fundament, auf dem du deine Ziele und Visionen aufbauen kannst.

Ob durch eine bewusste Morgenroutine, die Pflege von Fokus und Selbstdisziplin, kontinuierliches Lernen oder die Dankbarkeitspraxis – all diese Gewohnheiten tragen dazu bei, dass du ein Leben in Fülle, Erfolg und innerer Erfüllung führen kannst. Du hast die Macht, deine Gewohnheiten bewusst zu gestalten und deinen Erfolg zu steuern – beginne heute damit, Gewohnheiten zu entwickeln, die DEINEN Erfolg fördern und unterstützen.

Wie du schlechte Gewohnheiten durch produktive ersetzt, …

… und wie du erkennst, dass die schlechten Gewohnheiten sehr gute Gewohnheiten waren. Gewohnheiten formen unser Leben! Oft sind es nicht die großen Entscheidungen, sondern die kleinen, wieder-kehrenden Hand-lungen, die uns entweder zum Erfolg führen oder uns zurückhalten. Ein wesentlicher Schritt zu echtem, nachhaltigem Erfolg ist es, negative oder unproduktive Gewohnheiten durch produktive und förderliche zu ersetzen. Doch der Weg dorthin ist nicht immer einfach, denn was wir oft übersehen, ist, dass viele unserer schlechten Gewohnheiten einmal gute Absichten hatten. Sie dienten einem Zweck – bis sie uns schließ-lich nicht mehr weiterhalfen, sondern uns blockierten.

In diesem Kapitel möchte ich dir zeigen, wie du schlechte Gewohn-heiten identifizierst, wie du sie durch produktive Gewohnheiten ersetzt und warum es so wichtig ist zu erkennen, dass jede schlechte Gewohnheit in ihrer ursprünglichen Form eine positive Absicht verfolgte. Dieser Prozess der Erkenntnis und des Umformens ist der Schlüssel zu echtem persönlichen Wachstum und langanhaltendem Erfolg.

Warum schlechte Gewohnheiten ursprünglich gute waren

Bevor wir verstehen, wie wir schlechte Gewohnheiten loswerden, ist es wichtig, eine tiefere Einsicht in ihre Entstehung zu bekommen. Viele schlechte Gewohnheiten, die uns heute im Weg stehen, hatten in ihrer Entstehung eine positive Absicht. Sie dienten uns in einer bestimmten Phase unseres Lebens als Schutzmechanismus, als Bewältigungsstrategie oder als eine Möglichkeit, mit Stress und Unsicherheit umzugehen.

Ein einfaches Beispiel: Viele Menschen greifen bei Stress auf ungesunde Gewohnheiten wie übermäßiges Essen, Rauchen oder Prokrastination zurück. Diese Verhaltensweisen können kurzfristig Entlastung bringen – sie beruhigen die Nerven, lenken vom Stress ab oder bieten kurzfristige Freude. In diesen Momenten fühlen wir uns „besser", und genau deshalb halten wir an diesen Gewohnheiten fest. Doch langfristig führen sie uns in einen Kreislauf der Unzufriedenheit, weil sie uns nicht wirklich helfen, unsere Probleme zu lösen oder unsere Ziele zu erreichen.

Keine Gewohnheit ist von Grund auf schlecht. Es ist die Absicht hinter der Gewohnheit, die zählt. Die Herausforderung besteht darin, zu erkennen, wann diese Absicht uns nicht mehr dienlich ist und wie wir den darunterliegenden Bedarf auf eine gesündere und produktivere Weise erfüllen können.

Schritt 1:
Erkenne die positive Absicht hinter der schlechten Gewohnheit

Der erste Schritt, um eine schlechte Gewohnheit zu verändern, besteht darin, die positive Absicht dahinter zu erkennen. Anstatt dich selbst für deine schlechten Gewohnheiten zu verurteilen, frage dich: „Welchem Zweck hat diese Gewohnheit ursprünglich gedient?". Indem du diese positive Absicht anerkennst, schaffst du Raum für Mitgefühl mit dir selbst und erkennst, dass diese Gewohnheit nicht nur ein Hindernis war, sondern in einer früheren Phase deines Lebens eine wichtige Funktion hatte.

Zum Beispiel: Wenn du die Gewohnheit hast, bei Stress zu viel zu essen, frage dich: Was habe ich in diesen Momenten wirklich gebraucht?" Vielleicht war es Trost, Sicherheit oder eine Möglichkeit, dich vor überwältigenden Emotionen zu schützen. Diese Erkenntnis ist entscheidend, weil sie dir hilft zu verstehen, dass es nicht die Gewohnheit selbst war, die „schlecht" war, sondern die Art und Weise, wie du versucht hast, dein Bedürfnis zu befriedigen.

Sobald du die positive Absicht hinter deiner schlechten Gewohnheit erkannt hast, kannst du anfangen, neue Wege zu finden, um dasselbe Bedürfnis auf gesündere und produktivere Weise zu erfüllen.

Schritt 2: Die Gewohnheit neu gestalten

Nachdem du die positive Absicht hinter deiner schlechten Gewohnheit erkannt hast, ist es an der Zeit, diese Absicht in eine produktive Gewohnheit umzuwandeln. Hier geht es darum, den negativen Kreislauf zu durchbrechen und gesündere Handlungsweisen zu etablieren, die dieselbe positive Absicht erfüllen, aber auf eine Weise, die dich langfristig unterstützt.

Beginne damit, eine neue Gewohnheit zu identifizieren, die dem zugrunde liegenden Bedürfnis dient, aber gesünder und produktiver ist. Wenn du zum Beispiel Stress durch übermäßiges Essen bewältigst, könnte eine neue Gewohnheit sein, Atemtechniken oder Meditation zu nutzen, um dich zu beruhigen und den Stress abzubauen. Oder vielleicht könnte Bewegung, wie ein kurzer Spaziergang, dir helfen, den Stress loszulassen, ohne auf ungesunde Verhaltensweisen zurückzugreifen.

Es ist wichtig, dass die neue Gewohnheit sowohl erfüllend als auch realistisch ist. Sie sollte leicht in deinen Alltag integriert werden können und sofort spürbare positive Effekte haben, um die alte Gewohnheit wirksam zu ersetzen.

Schritt 3: Alte Gewohnheiten bewusst auflösen

Der nächste Schritt im Prozess besteht darin, die alte Gewohnheit bewusst aufzulösen. Schlechte Gewohnheiten sind oft tief in unserem Unterbewusstsein verankert, und es bedarf einer bewussten Anstrengung, um sie zu verändern. Ein kraftvolles Werkzeug, das ich in meiner Arbeit als NLP-Therapeut häufig nutze, ist das sogenannte Reframing – das bedeutet, die Bedeutung einer Handlung oder Situation neu zu interpretieren, um sie in einem neuen, positiven Licht zu sehen.

Ein Beispiel: Wenn du dir bewusst machst, dass das übermäßige Essen nicht wirklich den Stress abbaut, sondern ihn langfristig verstärkt, kannst du beginnen, diese Gewohnheit anders zu sehen. Du reframst die alte Gewohnheit – sie ist nicht mehr eine „Belohnung" oder eine „Entlastung", sondern ein Hindernis, das dich von deinen Zielen abhält. Indem du die Bedeutung der Gewohnheit veränderst, verlierst du den emotionalen Reiz, den sie früher hatte.

Ein weiteres effektives Werkzeug, um alte Gewohnheiten aufzulösen, ist die bewusste Unterbrechung des Musters. Jedes Mal, wenn du in die alte Gewohnheit zurückfallen möchtest, unterbrichst du das Muster, indem du etwas anderes tust – etwas, das nicht mit der alten Gewohnheit in Verbindung steht.

Zum Beispiel könntest du, anstatt zu essen, wenn du gestresst bist, sofort ein Glas Wasser trinken und ein paar tiefe Atemzüge nehmen. Diese bewusste Unterbrechung schafft eine Lücke zwischen dem Drang und der Ausführung der alten Gewohnheit und ermöglicht dir, eine neue Handlung zu wählen.

Schritt 4: Neue Gewohnheiten fest verankern

Sobald du begonnen hast, eine alte Gewohnheit durch eine neue, produktive zu ersetzen, besteht die Herausforderung darin, diese neue Gewohnheit zu verankern. Studien zeigen, dass es durchschnittlich 21 bis 66 Tage dauert, bis eine neue Gewohnheit tief im Gehirn verankert ist. Der Schlüssel liegt in der Wiederholung und im Aufbau positiver Assoziationen.

Eine Möglichkeit, neue Gewohnheiten zu verankern, ist das Ankoppeln an bereits bestehende Routinen. Wenn du zum Beispiel morgens bereits die Gewohnheit hast, einen Kaffee zu trinken, könntest du deine neue Gewohnheit – zum Beispiel zehn Minuten Meditation – direkt daran anschließen. Indem du deine neue Gewohnheit mit einer bereits etablierten Routine verknüpfst, fällt es deinem Gehirn leichter, diese neue Gewohnheit anzunehmen und zu automatisieren.

Ein weiterer wichtiger Aspekt ist die Belohnung. Jedes Mal, wenn du die neue Gewohnheit ausführst, belohne dich selbst – das kann ein Moment der inneren Anerkennung sein, in dem du stolz auf dich bist, oder eine kleine Pause, die du dir gönnst. Diese positive Verstärkung hilft deinem Gehirn, die neue Gewohnheit als angenehm zu empfinden und sie langfristig zu verankern.

Schritt 5: Geduld und Mitgefühl mit dir selbst

Der Prozess, alte Gewohnheiten aufzulösen und neue zu etablieren, erfordert Geduld und Mitgefühl mit dir selbst. Es wird Rückschläge geben, und das ist in Ordnung. Der Schlüssel ist, dass du dich nicht für diese Rückschläge verurteilst, sondern sie als Teil des Prozesses akzeptierst.

In meiner Arbeit als Erfolgs-Coach lehre ich oft die Kraft des Selbstmitgefühls. Anstatt dich selbst zu kritisieren, wenn du in alte Muster zurückfällst, erinnere dich daran, dass Veränderung Zeit braucht. Jeder Schritt, den du machst – egal wie klein – bringt dich deinem Ziel näher. Sei geduldig mit dir selbst und erkenne die Fortschritte an, die du machst.

Wie du erkennst, dass eine schlechte Gewohnheit einst eine gute war

Wenn du dich auf diesen Prozess der Transformation einlässt, wirst du erkennen, dass jede schlechte Gewohnheit ursprünglich eine gute Absicht verfolgte. Diese Erkenntnis ist entscheidend, weil sie dir hilft, die Vergangenheit loszulassen und mit Mitgefühl auf deine eigenen Verhaltensmuster zu blicken.

Ein Beispiel: Vielleicht hast du in der Vergangenheit Konflikte vermieden, indem du dich zurückgezogen hast. Diese Vermeidung mag dir kurzfristig Frieden verschafft haben, doch langfristig hat sie dir möglicherweise die Fähigkeit genommen, gesunde und offene Beziehungen zu führen. Indem du erkennst, dass die Vermeidung einst dein Schutzmechanismus war, kannst du sie mit Dankbarkeit loslassen und durch eine neue Gewohnheit ersetzen – zum Beispiel, Konflikte offen und konstruktiv anzugehen.

Diese Einsicht – dass jede schlechte Gewohnheit einst eine gute war – erlaubt es dir, dich mit deinem inneren Selbst zu versöhnen und dich auf den Weg zu einem neuen, produktiveren Verhalten zu machen. Veränderung geschieht nicht durch Selbstverurteilung, sondern durch Selbstakzeptanz und das bewusste Streben nach einem neuen Weg.

Fazit: Der Weg zu produktiven Gewohnheiten

Die Transformation schlechter Gewohnheiten in produktive Verhaltensweisen ist ein kraftvoller Prozess, der dich nicht nur deinem Erfolg näherbringt, sondern auch tiefe innere Heilung ermöglicht. Indem du erkennst, dass jede schlechte Gewohnheit ursprünglich eine positive Absicht hatte, kannst du mit Mitgefühl und Verständnis vorangehen.

Durch bewusste Reflexion, Reframing, neue Gewohnheiten und positive Verstärkung wirst du in der Lage sein, deine alten Muster loszulassen und eine neue, produktive Realität zu erschaffen.

Denke daran: Du bist der Schöpfer deiner Gewohnheiten, und damit auch deines Erfolgs. Indem du alte, unproduktive Muster durch neue, förderliche Gewohnheiten ersetzt, erschaffst du das Leben, das du dir wünschst – Schritt für Schritt.

Kapitel 6: Fokussierung und Disziplin

Fokus halten in einer ablenkungsreichen Welt

In der modernen Welt ist es schwieriger denn je, den Fokus zu halten. Wir leben in einer Zeit, in der Ablenkungen allgegenwärtig sind. Smartphones, soziale Medien, ständige Benachrichtigungen, eine überflutende Informationsvielfalt und der endlose Strom an digitalen Reizen lenken uns von dem ab, was wirklich zählt. Der Schlüssel zum Erfolg liegt jedoch darin, trotz dieser Ablenkungen fokussiert zu bleiben und die innere Disziplin zu entwickeln, die nötig ist, um langfristige Ziele zu erreichen.

In meinen über 30 Jahren Erfahrung als ganzheitlicher NLP- und Hypnose-Therapeut, Erfolgs-Profitrainer und spiritueller Unternehmensberater habe ich gelernt, dass die Fähigkeit, den Fokus zu halten und Disziplin zu kultivieren, nicht nur den Erfolg fördert, sondern auch tiefgreifende Veränderungen im Inneren ermöglicht. Fokus und Disziplin sind wie zwei Seiten derselben Medaille – der Fokus gibt dir die Richtung vor, und die Disziplin sorgt dafür, dass du den Weg trotz Hindernissen weitergehst. In diesem Kapitel möchte ich dir zeigen, wie du deine Fokussierung in einer ablenkungsreichen Welt stärkst und gleichzeitig die Disziplin entwickelst, um konsequent dienen Weg zu gehen.

Warum Fokus und Disziplin der Schlüssel zum Erfolg sind

Ohne Fokus kannst du nicht entscheiden, worauf es wirklich ankommt. Ohne Disziplin fehlt dir die Fähigkeit, langfristig dranzubleiben und deine Energie gezielt auf das Wesentliche zu lenken. Beide Qualitäten – Fokus und Disziplin – sind entscheidend, wenn du erfolgreich sein willst, denn sie wirken wie ein innerer Kompass und ein Antrieb, der dich durch die Herausforderungen des Lebens führt.

Die meisten Menschen scheitern nicht an mangelndem Talent oder fehlenden Fähigkeiten, sondern daran, dass sie sich von den falschen Dingen ablenken lassen. Sie streuen ihre Energie in zu viele Richtungen, verfolgen zu viele Ziele gleichzeitig oder lassen sich von kurzfristigen Versuchungen und Ablenkungen abbringen. Doch die wahren Erfolgsgeheimnisse liegen darin, dich auf das zu konzentrieren, was wirklich wichtig ist, und die Disziplin zu entwickeln, um diese Richtung kontinuierlich beizubehalten – auch wenn es manchmal schwerfällt.

Die Ablenkungen der modernen Welt:
Wie sie unseren Fokus schwächen

In der heutigen Zeit haben wir mehr Möglichkeiten und Informationen als je zuvor, aber genau das ist auch eine der größten Herausforderungen. Der ständige Zugriff auf Informationen, Nachrichten und soziale Medien lenkt unsere Aufmerksamkeit in alle Richtungen und lässt uns oft das Gefühl haben, dass wir nie genug Zeit haben, um uns auf das Wesentliche zu konzentrieren. Unsere Gehirne sind nicht darauf ausgelegt, mit einer solchen Überlastung an Reizen umzugehen, und dies führt dazu, dass wir uns oft zerstreut und überwältigt fühlen.

In meiner Arbeit als Mental- und Erfolgs-Coach sehe ich häufig, wie Menschen durch ständige Ablenkungen daran gehindert werden, ihre Ziele zu erreichen. Sie beginnen den Tag mit den besten Absichten, lassen sich dann jedoch von E-Mails, Nachrichten oder sozialen Medien ablenken und finden sich am Ende des Tages mit dem Gefühl wieder, nichts Wesentliches erreicht zu haben. Die ständige Verfügbarkeit von Informationen ist ein Fluch und ein Segen zugleich – sie bietet uns Zugang zu unglaublichem Wissen, kann aber auch unsere Fähigkeit schwächen, uns zu konzentrieren und tief in eine Aufgabe einzutauchen.

Schritt 1: Klarheit über deine Ziele schaffen

Der erste Schritt, um in einer ablenkungsreichen Welt fokussiert zu bleiben, ist, absolute Klarheit über deine Ziele zu haben. Du kannst nicht auf alles gleichzeitig fokussiert sein. Daher musst du dich entscheiden, was wirklich wichtig ist und welche Prioritäten in deinem Leben Vorrang haben. Ohne Klarheit über deine Ziele wirst du leicht von äußeren Reizen abgelenkt, weil dir die innere Richtung fehlt.

Stelle dir die Fragen: Was sind meine wichtigsten Ziele? Was möchte ich in den nächsten sechs Monaten, im nächsten Jahr oder in den nächsten fünf Jahren erreichen? Welche Projekte und Aufgaben bringen mich meinen Zielen am nächsten? Wenn du Klarheit über deine Ziele hast, wird es dir leichter fallen, unwichtige Ablenkungen zu erkennen und zu eliminieren.

Fokus beginnt mit einem klaren Geist! Du musst bereit sein, dich von dem zu trennen, was dich von deinem höchsten Potenzial ablenkt. Dies bedeutet nicht nur, äußere Ablenkungen zu reduzieren, sondern auch innere Unklarheiten, Zweifel und Ängste loszulassen, die dich von deinem Weg abbringen könnten.

Schritt 2: Die Kraft der täglichen Fokussierungs-Routine

Eine der effektivsten Methoden, um den Fokus in einer ablenkungsreichen Welt zu behalten, ist es, eine tägliche Fokussierungs-Routine zu entwickeln. Dies ist eine bewusste Praxis, bei der du jeden Tag die

Prioritäten setzt und deine Gedanken und Energie auf das Wesentliche ausrichtest.

Eine kraftvolle Methode ist das tägliche Schreiben einer To-do-Liste oder eines Tagebuchs. Dies gibt dir nicht nur Klarheit darüber, was du an diesem Tag erreichen willst, sondern hilft dir auch, deine Gedanken zu ordnen und dich zu konzentrieren. Schreibe jeden Morgen die drei wichtigsten Aufgaben auf, die dich deinen Zielen näherbringen, und arbeite konsequent daran, diese zu erledigen, bevor du dich mit anderen Dingen beschäftigst. Diese einfache Praxis kann deine Produktivität enorm steigern.

Zusätzlich kannst du eine tägliche Meditation in deine Routine integrieren. Meditation hilft dir, deinen Geist zu beruhigen und den inneren Lärm zu reduzieren, der dich ablenkt. Schon 10 bis 15 Minuten Meditation pro Tag können dir helfen, den Fokus zu schärfen und eine tiefe innere Klarheit zu finden, die es dir ermöglicht, bewusste Entscheidungen zu treffen und Ablenkungen zu widerstehen.

Schritt 3: Selbstdisziplin stärken durch bewusste Gewohnheiten

Fokus alleine reicht nicht aus – du brauchst auch die Disziplin, um kontinuierlich auf dem Weg zu bleiben. Disziplin bedeutet, auch dann weiterzumachen, wenn die Motivation nachlässt oder die Versuchung, sich ablenken zu lassen, stark ist. Disziplin ist der innere Muskel, der dir hilft, trotz der Herausforderungen und Versuchungen des Alltags deine Ziele zu verfolgen.

Selbstdisziplin kannst du trainieren, indem du dir bewusste Gewohnheiten aneignest, die dich dabei unterstützen, deine Ziele zu erreichen. Eine bewährte Methode ist das sogenannte „Habit Stacking", bei dem du eine neue Gewohnheit mit einer bereits etablierten Routine verknüpfst. Zum Beispiel könntest du dir angewöhnen, jeden Morgen, bevor du deine E-Mails checkst, 30 Minuten an einem wichtigen Projekt zu arbeiten. Indem du diese Gewohnheit an eine bestehende Routine koppelst, fällt es dir leichter, sie zu festigen und in deinen Alltag zu integrieren.

Ein weiterer Weg, um Disziplin zu stärken, ist die bewusste Reduktion von Versuchungen. Wenn du weißt, dass dich bestimmte Ablenkungen – wie soziale Medien oder ständige Nachrichten – immer wieder aus dem Fokus reißen, dann eliminiere diese Ablenkungen bewusst. Schalte Benachrichtigungen aus, lege Zeiten fest, in denen du deine E-Mails oder sozialen Netzwerke checkst, und sorge dafür, dass deine Arbeitsumgebung frei von unnötigen Ablenkungen ist.

Schritt 4: Bewusste Pausen und Regeneration

Es mag zunächst widersprüchlich klingen, aber eine der effektivsten Methoden, um den Fokus zu stärken, besteht darin, bewusste Pausen einzuplanen. Unser Gehirn ist nicht dafür ausgelegt, stundenlang konzentriert zu arbeiten. Studien zeigen, dass regelmäßige Pausen – sei es ein kurzer Spaziergang oder ein paar Minuten der Entspannung – unsere Produktivität und unseren Fokus langfristig verbessern.

Eine Methode, die ich oft empfehle, ist die Pomodoro-Technik, bei der du 25 Minuten konzentriert an einer Aufgabe arbeitest und dann eine fünfminütige Pause einlegst. Nach vier Arbeitszyklen machst du eine längere Pause von 15 bis 30 Minuten. Diese Methode hilft dir, konzentriert zu bleiben und gleichzeitig deinem Gehirn die notwendige Erholung zu geben, um langfristig leistungsfähig zu bleiben.

Neben kurzen Pausen sind auch regelmäßige längere Erholungsphasen wichtig. Achte darauf, dass du dir Zeiten einplanst, in denen du vollständig abschaltest – sei es durch Bewegung, Zeit in der Natur oder einfach durch stille Reflexion. Diese Pausen sind notwendig, um deine Energie aufzuladen und deinen Fokus wieder zu schärfen.

Schritt 5: Den Umgang mit Rückschlägen und Ablenkungen meistern

Auch mit der besten Planung und den stärksten Gewohnheiten wird es Zeiten geben, in denen du aus dem Fokus gerätst. Der Schlüssel ist, Rückschläge nicht als Versagen zu betrachten, sondern als Teil des Lernprozesses. Wenn du bemerkst, dass du dich von deinen Zielen entfernt hast, sei nicht zu hart mit dir selbst. Erkenne die Ablenkung, lerne daraus und richte deinen Fokus wieder neu aus.

Achtsamkeit bedeutet, dass du dir deiner Gedanken und Handlungen bewusst wirst, ohne dich von ihnen überwältigen zu lassen. Wenn du merkst, dass du aus dem Fokus geraten bist, kehre bewusst zu deinem Zentrum zurück, ohne dich selbst zu verurteilen. Diese sanfte, aber bestimmte Rückbesinnung auf dein Ziel stärkt deine Fähigkeit, auch in schwierigen Momenten auf Kurs zu bleiben.

Fazit: Fokus und Disziplin als deine stärksten Verbündeten

In einer ablenkungsreichen Welt erfordert es bewusste Anstrengung, den Fokus zu halten und die Disziplin zu bewahren. Doch diese beiden Qualitäten sind die Schlüssel, um langfristigen Erfolg zu erreichen und deine Ziele zu verwirklichen. Denke daran: Fokus ist die Fähigkeit, „Nein" zu den Dingen zu sagen, die nicht zu deinen Zielen passen, und Disziplin ist die innere Stärke, diese Entscheidung konsequent durchzuhalten.

Indem du klare Ziele setzt, eine tägliche Fokussierungs-Routine entwickelst, deine Selbstdisziplin stärkst und bewusst Pausen einlegst, wirst du in der Lage sein, den ständigen Ablenkungen zu widerstehen und deinen Weg zum Erfolg konsequent zu gehen. Du bist der Schöpfer deines Fokus und deiner Disziplin, und mit der richtigen Ausrichtung kannst du alles erreichen, was du dir vornimmst – Schritt für Schritt.

Disziplin als Werkzeug des Erfolges

Disziplin ist eine der mächtigsten Kräfte auf dem Weg zum Erfolg. Sie ist das Werkzeug, das es dir ermöglicht, deine Ziele nicht nur zu setzen, sondern auch Schritt für Schritt zu erreichen – selbst dann, wenn die Motivation nachlässt, Herausforderungen auftauchen oder der Weg schwieriger wird, als du es erwartet hast. Disziplin ist das wahre Geheimnis hinter den Erfolgen vieler Menschen ist. Sie ist der unsichtbare Faden, der zwischen Vision und Realisierung, zwischen Traum und Realität gesponnen wird.

Disziplin ist oft missverstanden. Viele denken, sie sei ein Zwang, eine harte und rigide Haltung sich selbst gegenüber. Doch in Wahrheit ist Disziplin ein Ausdruck von Selbstliebe, von Engagement und von tiefer innerer Ausrichtung. Sie ist das Werkzeug, das es dir erlaubt, über kurzfristige Befriedigungen hinauszuwachsen und das zu erreichen, was dich wirklich erfüllt und innerlich wachsen lässt. In diesem Kapitel möchte ich dir zeigen, wie du Disziplin als Werkzeug für deinen Erfolg nutzen kannst und warum sie der Schlüssel ist, um langfristige, nachhaltige Ergebnisse zu erzielen.

Disziplin verstehen: Was sie wirklich bedeutet

Disziplin bedeutet nicht, sich selbst zu unterdrücken oder zu bestrafen. Sie ist vielmehr die Fähigkeit, sich auf das zu konzentrieren, was langfristig wichtig ist, und die kurzfristigen Ablenkungen oder Versuchungen zu ignorieren, die nicht mit deinen wahren Zielen übereinstimmen. Disziplin ist die bewusste Entscheidung, deinem höchsten Selbst treu zu bleiben, auch wenn der Weg beschwerlich oder unangenehm erscheint.

In meiner Rolle als Erfolgs-Coach sage ich oft: „Disziplin ist die Brücke zwischen dem, wo du jetzt bist, und dem, wo du sein möchtest." Sie ist der tägliche Akt des Dranbleibens, des Aufstehens, auch wenn du gefallen bist, und des Fortsetzens, auch wenn der Fortschritt langsam erscheint. Disziplin bedeutet, jeden Tag bewusst die Entscheidung zu treffen, einen Schritt näher an deine Ziele zu kommen – unabhängig davon, wie du dich in diesem Moment fühlst.

Viele Menschen glauben, dass Motivation der Schlüssel zum Erfolg ist. Doch Motivation ist flüchtig. Sie kommt und geht, abhängig von äußeren Umständen, von Launen und Emotionen. Disziplin hingegen ist stabil. Sie ist das Fundament, auf dem du aufbaust, selbst wenn die Motivation schwindet. Disziplin ist nicht abhängig von äußeren Einflüssen – sie kommt aus deinem Inneren. Sie ist das Ergebnis deiner bewussten Wahl, deinen Zielen treu zu bleiben.

Der Unterschied zwischen Disziplin und Zwang

Es ist wichtig, den Unterschied zwischen echter Disziplin und Zwang zu verstehen. Während Disziplin aus einer inneren Motivation heraus entsteht, etwas Bedeutungsvolles zu erreichen, ist Zwang eine äußere Kraft, die dich zu etwas drängt, dass du nicht wirklich willst. Disziplin ist eine positive Kraft, die dich stärkt und dich mit deinem inneren Selbst in Einklang bringt. Sie basiert auf einer klaren Vision von dem, was du wirklich willst, und dem tiefen inneren Wunsch, dein Potenzial zu entfalten.

Zwang hingegen fühlt sich eng und belastend an. Er entsteht oft aus Angst, Schuldgefühlen oder äußerem Druck. Wenn du Disziplin als Werkzeug für deinen Erfolg nutzen willst, musst du sicherstellen, dass sie aus einer positiven, inneren Motivation kommt. Frage dich: „Warum ist dieses Ziel wichtig für mich?" „Wie wird mein Leben besser, wenn ich diszipliniert daran arbeite?" Wenn du eine klare Verbindung zu deinem „Warum" hast, wird Disziplin zu einem Werkzeug der Selbstermächtigung, nicht der Selbstunterdrückung.

Disziplin als tägliche Praxis: Kleine Schritte, große Wirkung

Disziplin zeigt sich nicht in den großen Momenten, sondern in den kleinen täglichen Entscheidungen. Es sind nicht die einmaligen Anstrengungen, die dich zum Erfolg führen, sondern die konsequenten, kleinen Schritte, die du Tag für Tag gehst. Ich möchte dich hier ermutigen, den Druck von den großen, perfekten Aktionen zu nehmen und dich stattdessen auf die kleinen, machbaren Schritte zu konzentrieren, die du jeden Tag machen kannst.

Stell dir vor, du möchtest ein großes Ziel erreichen, wie zum Beispiel ein Buch schreiben, ein Unternehmen gründen oder deine körperliche Fitness verbessern. Dieses Ziel mag überwältigend erscheinen, wenn du es als Ganzes betrachtest. Doch wenn du es in kleine, tägliche Schritte unterteilst, wird es plötzlich machbar. Du könntest dir vornehmen, jeden Tag 30 Minuten zu schreiben, 15 Minuten zu trainieren oder eine Stunde an deinem Geschäft zu arbeiten. Diese kleinen, beständigen Schritte summieren sich im Laufe der Zeit zu großen Erfolgen.

Es ist die Kraft der Kontinuität, die den Unterschied ausmacht. Disziplin bedeutet, auch dann weiterzumachen, wenn der Fortschritt langsam erscheint oder du nicht sofort Ergebnisse siehst. Oft unterschätzen wir die Wirkung kleiner Handlungen. Doch denke daran: Jedes Mal, wenn du eine Entscheidung triffst, die dich deinen Zielen näherbringt, stärkst du nicht nur deine äußeren Ergebnisse, sondern auch dein inneres Selbstbewusstsein und deine Fähigkeit, Disziplin in deinem Leben zu kultivieren.

Selbstdisziplin und Freiheit: Ein scheinbarer Widerspruch?

Viele Menschen glauben, dass Disziplin sie ihrer Freiheit beraubt. Sie sehen Disziplin als Einschränkung, als etwas, das ihnen die Freude und Spontaneität des Lebens nimmt. Doch in Wahrheit ist das Gegenteil der Fall. Disziplin führt zu Freiheit. Sie gibt dir die Kontrolle über dein Leben, anstatt von äußeren Umständen oder kurzfristigen Versuchungen kontrolliert zu werden.

Wahre Freiheit besteht nicht darin, alles tun zu können, was man will, sondern darin, die bewusste Wahl zu treffen, das zu tun, was dich deinem höchsten Selbst näherbringt. Disziplin gibt dir die Kraft, die Kontrolle über deine Entscheidungen zu übernehmen und nicht den Launen oder äußeren Einflüssen ausgeliefert zu sein. Wenn du diszipliniert bist, hast du die Freiheit, deine Zeit, Energie und Aufmerksamkeit auf das zu lenken, was dir wirklich wichtig ist.

Disziplin schenkt dir auch die Freiheit von Reue. Viele Menschen bereuen im Nachhinein, dass sie nicht diszipliniert genug waren, um ihre Träume zu verfolgen oder ihre Ziele zu erreichen. Doch wenn du diszipliniert handelst, lebst du in Übereinstimmung mit deinen Werten und Zielen. Dies gibt dir ein tiefes Gefühl von Erfüllung und innerem Frieden.

Wie du Disziplin in deinem Leben kultivierst

Die Entwicklung von Disziplin ist ein Prozess, der mit kleinen Schritten beginnt. Hier sind einige bewährte Strategien, um Disziplin als Werkzeug des Erfolges in deinem Leben zu etablieren:

1. Setze klare, konkrete Ziele: Der erste Schritt zur Disziplin ist, klare Ziele zu haben. Wenn du nicht weißt, worauf du hinarbeitest, wird es schwer sein, diszipliniert zu bleiben. Setze dir Ziele, die sowohl herausfordernd als auch erreichbar sind, und breche sie in kleine, tägliche Schritte auf.

2. Schaffe eine Routine: Disziplin entsteht durch Wiederholung. Entwickle eine Routine, die dich dabei unterstützt, deine Ziele zu erreichen. Ob es eine morgendliche Meditationspraxis, tägliches Lesen oder regelmäßiges Training ist – schaffe feste Gewohnheiten, die dich kontinuierlich auf deinem Weg halten.

3. Vermeide Ablenkungen: Eine der größten Herausforderungen für die Disziplin ist die ständige Ablenkung. Schaffe bewusst eine Umgebung, die frei von unnötigen Ablenkungen ist. Schalte dein Handy aus, wenn du arbeitest, setze dir feste Zeiten für soziale Medien und achte darauf, dass du deine Aufmerksamkeit auf das Wesentliche lenkst.

4. Übe dich in Selbstmitgefühl: Disziplin bedeutet nicht, perfekt zu sein. Es wird Tage geben, an denen du aus dem Tritt kommst oder Fehler machst. Der Schlüssel ist, dass du nicht hart mit dir selbst bist, sondern dich auf den nächsten Schritt konzentrierst. Selbstmitgefühl ist ein wesentlicher Bestandteil der Disziplin, weil es dir erlaubt, weiterzumachen, ohne dich von Rückschlägen entmutigen zu lassen.

5. Visualisiere deinen Erfolg: Eine kraftvolle Methode, um diszipliniert zu bleiben, ist die Visualisierung. Stelle dir regelmäßig vor, wie es sich anfühlen wird, wenn du dein Ziel erreicht hast. Diese innere Vision hilft dir, motiviert zu bleiben und stärkt dein Engagement, auch an schwierigen Tagen dranzubleiben.

6. Belohne dich für kleine Erfolge: Disziplin ist ein langer Prozess, und es ist wichtig, dass du dich auf dem Weg für deine Fortschritte belohnst. Anerkenne jeden kleinen Schritt, den du machst, und feiere deine Erfolge – auch die kleinen. Diese positive Verstärkung hilft dir, die Disziplin langfristig zu halten.

Disziplin als spiritueller Weg

Disziplin ist nicht nur ein Werkzeug des äußeren Erfolgs – sie ist auch ein spiritueller Weg. Disziplin ist ein Weg, dich mit deinem inneren Selbst zu verbinden. Sie gibt dir die Möglichkeit, alte Muster zu durchbrechen, negative Gewohnheiten loszulassen und bewusst in Richtung deines höchsten Potenzials zu wachsen.

Durch Disziplin entwickelst du nicht nur äußere Stärke, sondern auch innere Klarheit. Du lernst, deine Gedanken, Emotionen und Handlungen bewusst zu lenken und mit deinem wahren Selbst in Einklang zu bringen. Auf diese Weise wird Disziplin zu einem Werkzeug der spirituellen Transformation – sie hilft dir, dein Leben nicht nur nach äußeren Erfolgsmaßstäben zu gestalten, sondern auch nach den inneren Werten, die für dich am wichtigsten sind.

Fazit: Disziplin als Schlüssel zum Erfolg

Disziplin ist das Werkzeug, das den Unterschied zwischen Erfolg und Scheitern, zwischen Träumen und Realität macht. Sie ist der unsichtbare Faden, der dich auf deinem Weg hält, auch wenn der Wind von außen weht oder der Weg steinig ist. Disziplin gibt dir die Kraft, kontinuierlich auf deine Ziele hinzuarbeiten, und schenkt dir die Freiheit, dein Leben nach deinen eigenen Vorstellungen zu gestalten.

Denke daran: Du bist der Schöpfer deiner Disziplin. Sie entsteht durch bewusste Entscheidungen, tägliche Routinen und die innere Ausrichtung auf das, was dir wirklich wichtig ist. Indem du Disziplin in dein Leben integrierst, wirst du nicht nur äußeren Erfolg erleben, sondern auch innere Erfüllung und Wachstum erfahren.

Strategien, um fokussiert und diszipliniert zu bleiben

Fokus und Disziplin sind die entscheidenden Qualitäten, die den Unterschied zwischen Erfolg und Mittelmaß ausmachen. In einer Welt voller Ablenkungen, Anforderungen und ständig wechselnder Prioritäten ist es jedoch eine Herausforderung, diese beiden Eigenschaften zu kultivieren und aufrechtzuerhalten. Jeder von uns beginnt mit guten Absichten, doch oft lassen wir uns im Laufe der Zeit von äußeren Einflüssen ablenken oder verlieren die innere Entschlossenheit, diszipliniert weiterzumachen.

Menschen mit klaren Zielen und einer ausgeprägten inneren Disziplin sind langfristig erfolgreicher und erfüllter. Doch es ist nicht genug, einfach nur den Wunsch zu haben, fokussiert und diszipliniert zu sein – du musst Strategien entwickeln, die dir dabei helfen, diesen Zustand auch unter den herausforderndsten Umständen aufrechtzuerhalten.

In diesem Kapitel zeige ich dir bewährte Strategien, um fokussiert und diszipliniert zu bleiben, selbst wenn das Leben dich auf die Probe stellt. Diese Methoden helfen dir, deine Energie auf das Wesentliche zu lenken, Ablenkungen zu überwinden und die innere Kraft zu finden, kontinuierlich auf deine Ziele hinzuarbeiten.

1. Klarheit über deine Ziele: Dein innerer Kompass

Der erste und wichtigste Schritt, um fokussiert und diszipliniert zu bleiben, ist, absolute Klarheit über deine Ziele zu haben. Klarheit ist wie ein innerer Kompass, der dir hilft, auch in Zeiten der Unsicherheit oder Ablenkung die Richtung beizubehalten. Wenn du genau weißt, was du willst und warum es wichtig ist, fällt es dir leichter, Disziplin zu üben und dich nicht von äußeren Reizen ablenken zu lassen.

Frage dich: Was will ich wirklich erreichen? Warum ist dieses Ziel für mich von Bedeutung? Wie wird sich mein Leben verändern, wenn ich es erreiche? Diese Fragen helfen dir, eine tiefe emotionale Verbindung zu deinem Ziel herzustellen, und geben dir die nötige Motivation, um diszipliniert zu bleiben. Schreibe deine Ziele auf und visualisiere sie regelmäßig. Die visuelle Erinnerung an deine Ziele hilft dir, fokussiert zu bleiben, und stärkt dein Engagement, auch in schwierigen Zeiten weiterzumachen.

2. Fokussierte Morgenroutine: Den Tag bewusst beginnen

Eine bewusste und strukturierte Morgenroutine ist eine der effektivsten Methoden, um den Fokus auf das Wesentliche zu lenken und Disziplin zu kultivieren. Wie du deinen Tag beginnst, hat einen enormen Einfluss darauf, wie produktiv und konzentriert du den restlichen Tag verbringst. Indem du den Morgen bewusst gestaltest, schaffst du dir eine solide Grundlage für den gesamten Tag.

Eine Morgenroutine könnte Meditation, Atemübungen oder eine kurze körperliche Aktivität wie Stretching oder Yoga umfassen. Diese Praktiken helfen dir, deinen Geist zu beruhigen, deine Gedanken zu klären und dein Energieniveau zu steigern. Viele erfolgreiche Menschen beginnen ihren Tag mit einer kurzen Visualisierung ihrer Ziele oder schreiben in einem Dankbarkeitstagebuch, um sich auf das Positive zu konzentrieren und eine klare Richtung zu setzen.

Der Schlüssel zur Morgenroutine ist die Konsistenz. Es ist nicht so wichtig, wie lange du meditierst oder welche Übung du machst – entscheidend ist, dass du es jeden Tag tust. Diese Routine hilft dir, deine Gedanken zu zentrieren und gibt dir die geistige Klarheit und innere Disziplin, um den Herausforderungen des Tages zu begegnen.

3. Fokus auf eine Aufgabe: Die Kraft des Mono-Taskings

In einer Welt, die von Multitasking geprägt ist, ist der Fokus auf eine Aufgabe eine unterschätzte, aber äußerst wirksame Strategie, um diszipliniert zu bleiben. Multitasking zerstreut deine Energie und Aufmerksamkeit und führt oft zu mittelmäßigen Ergebnissen. Stattdessen solltest du dich darauf konzentrieren, eine Aufgabe nach der anderen zu erledigen – und diese mit voller Hingabe und Konzentration.

Die Methode des Monotaskings erlaubt es dir, tiefer in eine Aufgabe einzutauchen und qualitativ bessere Ergebnisse zu erzielen. Nutze Techniken wie die Pomodoro-Methode, bei der du 25 Minuten lang konzentriert an einer Aufgabe arbeitest und dann eine kurze Pause einlegst. Diese kurzen, fokussierten Arbeitseinheiten helfen dir, produktiv zu bleiben und gleichzeitig die Ermüdung zu reduzieren.

Monotasking erfordert Disziplin, denn es ist verlockend, mehrere Dinge gleichzeitig zu tun oder auf jede eingehende Nachricht oder E-Mail zu reagieren. Doch wenn du dich bewusst entscheidest, dich auf eine Aufgabe zu konzentrieren und alle Ablenkungen auszuschalten, wirst du feststellen, dass du schneller und effizienter vorankommst.

4. Disziplin stärken durch bewusste Gewohnheiten

Disziplin ist nicht nur eine mentale Stärke, sondern auch das Ergebnis von bewussten Gewohnheiten. Deine täglichen Routinen und Verhaltensweisen prägen deine Disziplin. Um fokussiert und diszipliniert zu bleiben, musst du Gewohnheiten entwickeln, die dich auf deinem Weg unterstützen, anstatt dich von deinen Zielen abzubringen.

Eine effektive Strategie ist das sogenannte Habit Stacking. Dabei verknüpfst du eine neue Gewohnheit mit einer bereits bestehenden Routine. Zum Beispiel könntest du dir angewöhnen, direkt nach dem Aufstehen 10 Minuten zu meditieren oder eine kleine Morgenübung zu machen, bevor du deinen Kaffee trinkst. Indem du diese neuen Gewohnheiten an bestehende Routinen anknüpfst, erleichterst du es deinem Gehirn, diese neuen Verhaltensweisen zu übernehmen und zu automatisieren.

Ein weiterer wichtiger Aspekt ist die Umgebungsgestaltung. Schaffe eine Umgebung, die deine Disziplin unterstützt. Wenn du in einer Umgebung arbeitest, die frei von Ablenkungen ist, fällt es dir leichter, diszipliniert und fokussiert zu bleiben. Entferne unnötige Reize aus deinem Arbeitsbereich, schalte Benachrichtigungen auf deinem Handy aus und plane bewusste Pausen ein, um deine Energie aufrechtzuerhalten.

5. Umgang mit Versuchungen und Ablenkungen

Einer der größten Feinde der Disziplin sind Ablenkungen. In der heutigen Welt gibt es unzählige Versuchungen, die uns von unseren Zielen ablenken. Sei es das ständige Checken des Handys, die endlosen sozialen Medien oder die unzähligen E-Mails, die unsere Aufmerksamkeit fordern – all diese Ablenkungen zerstreuen unsere Energie und untergraben unsere Disziplin.

Der erste Schritt im Umgang mit Ablenkungen ist, diese bewusst zu erkennen. Sei dir der Momente bewusst, in denen du versucht bist, dich von deiner Aufgabe abzuwenden, und entwickle Strategien, um diesen Versuchungen zu widerstehen. Eine bewährte Methode ist das Setzen von Zeitblöcken, in denen du dich voll und ganz auf eine Aufgabe konzentrierst und dich erst danach belohnst, indem du eine kurze Pause machst oder deine E-Mails überprüfst.

Achte auch auf deine inneren Ablenkungen. Oft sind es nicht nur die äußeren Reize, die uns ablenken, sondern auch unsere eigenen Gedanken, Sorgen oder Zweifel. In meiner Arbeit als Meditationslehrer ermutige ich Menschen dazu, sich regelmäßig Zeit für Achtsamkeit und Reflexion zu nehmen. Indem du lernst, deine Gedanken bewusst wahrzunehmen, ohne dich von ihnen beherrschen zu lassen, entwickelst du eine innere Stärke, die dir hilft, fokussiert und diszipliniert zu bleiben.

6. Selbstdisziplin durch regelmäßige Reflexion

Ein weiterer wichtiger Schlüssel zur Stärkung deiner Disziplin ist die regelmäßige Reflexion. Nimm dir Zeit, um deinen Fortschritt zu überprüfen und zu reflektieren, was gut funktioniert und wo du dich verbessern kannst. Diese bewusste Reflexion gibt dir die Möglichkeit, deine Disziplin zu stärken und dich auf das zu konzentrieren, was wirklich zählt.

Eine einfache, aber effektive Methode ist das Führen eines Erfolgstagebuchs. Notiere dir am Ende jedes Tages, welche Fortschritte du gemacht hast, welche Aufgaben du erfolgreich erledigt hast und welche Herausforderungen du meistern konntest. Diese tägliche Reflexion stärkt nicht nur dein Selbstbewusstsein, sondern hilft dir auch, diszipliniert zu bleiben, weil du erkennst, dass deine Anstrengungen Früchte tragen.

Reflexion bedeutet auch, Mitgefühl mit dir selbst zu haben. Es wird Tage geben, an denen du dich nicht so fokussiert oder diszipliniert fühlst wie an anderen. Der Schlüssel ist, dass du nicht aufgibst, sondern weiter deinen Weg gehst. Selbstdisziplin ist nicht das Ergebnis eines perfekten Tages, sondern das Ergebnis der kontinuierlichen Entscheidung, trotz Rückschlägen weiterzumachen.

7. Positive Verstärkung und Belohnung

Disziplin bedeutet nicht, sich ständig zu fordern, ohne jemals Belohnungen zu erhalten. Im Gegenteil: Positive Verstärkung ist ein kraftvolles Werkzeug, um deine Disziplin langfristig zu stärken. Belohne dich selbst für deine Fortschritte und feiere kleine Erfolge, um motiviert zu bleiben.

Diese Belohnungen müssen nicht groß sein – sie können so einfach sein wie eine bewusste Pause, eine kurze Meditation oder das Genießen eines Spaziergangs in der Natur. Indem du dich regelmäßig für deine Bemühungen belohnst, stärkst du die Verbindung zwischen deinen disziplinierten Handlungen und positiven Gefühlen. Diese Verbindung hilft dir, diszipliniert zu bleiben und deine Ziele weiterhin konsequent zu verfolgen.

Fazit: Fokussiert und diszipliniert in einer ablenkungsreichen Welt

In einer Welt voller Ablenkungen und Herausforderungen erfordert es bewusste Anstrengung, fokussiert und diszipliniert zu bleiben. Doch die gute Nachricht ist: Du hast die Macht, deinen Fokus zu steuern und deine Disziplin zu kultivieren. Durch Klarheit über deine Ziele, eine bewusste Morgenroutine, Monotasking, den Aufbau positiver Gewohnheiten, den Umgang mit Ablenkungen und regelmäßige Reflexion kannnst du die innere Stärke entwickeln, die du brauchst, um deinen Weg konsequent zu gehen.

Denke daran: Disziplin und Fokus sind nicht angeboren – sie sind Fähigkeiten, die du durch bewusste Entscheidungen und tägliche Praxis stärken kannst. Mit den richtigen Strategien wirst du in der Lage sein, deine Energie auf das zu lenken, was wirklich zählt, und deine Ziele mit innerer Kraft und Ausdauer zu verfolgen. Du bist der Schöpfer deiner Realität – und durch Fokus und Disziplin wirst du das Leben erschaffen, dass du dir wünschst.

Kapitel 7: Der Umgang mit Rückschlägen und Misserfolgen

Scheitern als Chance sehen

Scheitern und Rückschläge gehören untrennbar zum Leben dazu. Niemand erreicht seine Ziele ohne Herausforderungen oder Misserfolge. Doch was unterscheidet diejenigen, die trotz Rückschlägen erfolgreich sind, von denen, die an ihnen scheitern? Die Antwort liegt in der inneren Haltung. Menschen, die den Umgang mit Rückschlägen meistern und sie als Chance sehen, sind in der Lage, aus jedem Misserfolg wertvolle Lektionen zu ziehen und gestärkt daraus hervorzugehen.

Was ich immer wieder beobachte, ist, dass Erfolg weniger von den äußeren Umständen abhängt, sondern vielmehr davon, wie wir auf Rückschläge reagieren. Scheitern ist nie das Ende, es ist immer eine Gelegenheit, neu zu beginnen – mit mehr Weisheit, Erfahrung und innerer Stärke.

In diesem Kapitel möchte ich dir zeigen, wie du Misserfolge nicht nur überwindest, sondern wie du sie in wertvolle Wachstumschancen verwandelst. Der richtige Umgang mit Rückschlägen ist nicht nur entscheidend für deinen äußeren Erfolg, sondern auch für deine innere Entwicklung und deine Fähigkeit, Herausforderungen mit Mut und Zuversicht zu begegnen.

1. Akzeptiere, dass Scheitern Teil des Weges ist

Der erste Schritt, um mit Rückschlägen und Misserfolgen umzugehen, ist, sie als natürlichen Bestandteil des Lebens und des Wachstumsprozesses zu akzeptieren. Viele Menschen haben eine tiefe Angst vor dem Scheitern, weil sie es als Zeichen von Schwäche oder Unfähigkeit interpretieren. Doch in Wahrheit ist das Scheitern oft ein unvermeidlicher Teil des Weges zum Erfolg. Jeder Mensch, der etwas Bedeutendes erreicht hat, ist irgendwann gescheitert.

Indem du Scheitern als einen normalen und sogar notwendigen Teil deines Lebenswegs akzeptierst, nimmst du ihm seine bedrohliche Macht. Scheitern bedeutet nicht, dass du gescheitert bist – es bedeutet nur, dass du eine Methode oder einen Ansatz gefunden hast, der nicht funktioniert hat. Das öffnet dir die Tür, um neue Wege zu finden und aus deinen Fehlern zu lernen.

Misserfolge sind wertvolle Feedbackschleifen! Sie zeigen dir, wo du noch wachsen, lernen und deine Strategien anpassen kannst. Wenn du das Scheitern als Teil des Prozesses akzeptierst, anstatt es zu fürchten, wirst du eine viel gesündere und mutigere Haltung gegenüber deinen Zielen entwickeln. Du wirst bereit sein, mehr Risiken einzugehen und dich mit mehr Entschlossenheit auf den Weg zu machen.

2. Emotionen bewusst wahrnehmen und verarbeiten

Wenn du mit einem Rückschlag konfrontiert wirst, ist es normal, dass du dich enttäuscht, frustriert oder traurig fühlst. Diese Emotionen sind ein natürlicher Teil des menschlichen Erlebens, und es ist wichtig, dass du sie bewusst wahrnimmst und verarbeitest, anstatt sie zu verdrängen oder zu ignorieren. Der Schlüssel liegt darin, diese Emotionen nicht zu unterdrücken, sondern ihnen Raum zu geben, damit sie fließen und sich lösen können.

Nimm deine Emotionen achtsam wahr, ohne dich von ihnen überwältigen zu lassen! Wenn du beispielsweise nach einem Misserfolg Wut oder Enttäuschung empfindest, setze dich einen Moment hin, schließe die Augen und nimm diese Gefühle bewusst wahr, ohne sie zu bewerten. Erlaube dir, diese Emotionen zu fühlen und zu beobachten, wie sie sich in deinem Körper manifestieren – sei es als Enge in der Brust, als Kloß im Hals oder als Spannung in den Schultern.

Indem du deine Emotionen auf diese Weise bewusst wahrnimmst, kannst du sie leichter loslassen und verhindern, dass sie dich blockieren oder in einen negativen Gedankenkreislauf führen. Emotionen sind Energie – sie wollen gefühlt und verarbeitet werden, um sich auflösen zu können. Wenn du diesen Prozess zulässt, wirst du innerlich freier und klarer sein, um konstruktiv mit dem Rückschlag umzugehen.

3. Die Lektionen im Scheitern erkennen

Scheitern ist nie sinnlos – es enthält immer eine wertvolle Lektion, wenn du bereit bist, sie zu erkennen. Ein Rückschlag gibt dir die Möglichkeit, deine bisherigen Ansätze zu hinterfragen, deine Strategie zu überdenken und vielleicht sogar deine Ziele neu zu definieren. Der Unterschied zwischen denen, die am Scheitern wachsen, und denen, die daran zerbrechen, liegt darin, ob sie bereit sind, aus ihren Fehlern zu lernen.

Stelle dir nach einem Misserfolg die Frage: Was kann ich aus dieser Situation lernen?" „Was hätte ich anders machen können?" „Welche Fähigkeiten, Kenntnisse oder Herangehensweisen muss ich weiterentwickeln, um in Zukunft erfolgreicher zu sein?" Diese Fragen helfen dir, das Scheitern als eine Gelegenheit für Wachstum zu betrachten, anstatt es als persönliche Niederlage zu sehen.

Wende das Konzept des Reframings an! Reframing bedeutet, eine Situation oder einen Rückschlag aus einer neuen Perspektive zu betrachten. Wenn du beispielsweise bei einem beruflichen Projekt gescheitert bist, kannst du dich fragen: „Welche neuen Erkenntnisse habe ich gewonnen, die mir in meinem nächsten Projekt helfen werden?" Durch diese veränderte Sichtweise wirst du nicht länger das Gefühl haben, dass das Scheitern dich zurückwirft, sondern dass es dir tatsächlich hilft, dich weiterzuentwickeln und bessere Entscheidungen zu treffen.

4. Selbstmitgefühl entwickeln

Eine der größten Herausforderungen nach einem Misserfolg ist der innere Kritiker, der sich oft lautstark meldet. Wir neigen dazu, uns selbst für unsere Fehler zu verurteilen und hart mit uns ins Gericht zu gehen. Doch dieser innere Kritiker verstärkt nur das Gefühl von Versagen und mindert unser Selbstvertrauen. Selbstmitgefühl ist eine der wichtigsten Qualitäten, die du in Momenten des Scheiterns entwickeln kannst.

Selbstmitgefühl bedeutet, dir selbst gegenüber freundlich, verständnisvoll und unterstützend zu sein – genauso, wie du es bei einem guten Freund tun würdest, der gerade einen Rückschlag erlebt hat.

Frage dich: Wie würde ich mit einem Freund sprechen, der sich in dieser Situation befindet?" Diese einfache Frage hilft dir, die harte Selbstkritik zu durchbrechen und dir stattdessen mit Mitgefühl und Akzeptanz zu begegnen.

In meiner Praxis als Lebenslehrer lehre ich, dass Selbstmitgefühl keine Schwäche ist, sondern eine Form innerer Stärke. Es ermöglicht dir, dich selbst zu beruhigen, auch wenn die äußeren Umstände herausfordernd sind. Selbstmitgefühl hilft dir, schneller wieder aufzustehen und neue Energie zu finden, um weiterzumachen. Es schafft einen inneren Raum der Heilung und der Selbstakzeptanz, in dem du mit

Fehlern und Rückschlägen auf eine gesunde und konstruktive Weise umgehen kannst.

5. Neue Strategien entwickeln und Verantwortung übernehmen

Rückschläge sind eine Einladung, nicht nur deine emotionalen Reaktionen zu reflektieren, sondern auch deine Strategien zu überdenken. Es ist wichtig, dass du nach einem Misserfolg nicht einfach weitermachst, ohne aus der Erfahrung gelernt zu haben. Frage dich: „Welche neuen Ansätze kann ich entwickeln, um das nächste Mal erfolgreicher zu sein?" Diese Reflexion ist entscheidend, um langfristigen Erfolg zu sichern.

Ein wesentlicher Teil dieses Prozesses ist die Bereitschaft, Verantwortung für deine Rolle im Scheitern zu übernehmen. Oft suchen Menschen nach äußeren Gründen oder Schuldzuweisungen, um sich vor der eigenen Verantwortung zu schützen. Doch wahres Wachstum beginnt, wenn du bereit bist, ehrlich zu dir selbst zu sein und deine eigenen Fehler und Versäumnisse anzuerkennen. Das bedeutet nicht, dich selbst zu verurteilen, sondern im Gegenteil: Es bedeutet, dass du die Macht hast, Veränderungen herbeizuführen.

Verantwortung zu übernehmen heißt, dass du die Kontrolle über dein Leben zurücknimmst. Du erkennst, dass du die Fähigkeit hast, deine Zukunft zu gestalten, und dass jeder Rückschlag eine Gelegenheit ist, stärker, klüger und entschlossener zu werden.

6. Die innere Stärke finden, weiterzumachen

Der vielleicht wichtigste Aspekt des Umgangs mit Rückschlägen ist die innere Entschlossenheit, weiterzumachen. Es ist einfach, nach einem

Misserfolg aufzugeben und sich entmutigen zu lassen. Doch die wahre Stärke liegt darin, wieder aufzustehen, auch wenn es schwierig ist. Durchhaltevermögen ist die Essenz jedes Erfolgs.

Herausforderungen und Rückschläge sind spirituelle Prüfungen – Gelegenheiten, deinen inneren Glauben und deine innere Stärke zu stärken. Jeder Rückschlag ist eine Chance, deine innere Widerstandskraft zu entwickeln und tiefer zu erkennen, dass du die Macht hast, jede Herausforderung zu meistern.

Du bist stärker, als du denkst!

Nutze Rückschläge, um deine innere Entschlossenheit zu stärken und deine Verbindung zu deinem höheren Selbst zu vertiefen. Meditiere regelmäßig, um deinen Geist zu klären und deine innere Kraft zu aktivieren. Nimm dir Zeit, um nach innen zu gehen und deine Ziele neu auszurichten. Je mehr du deine innere Stärke kultivierst, desto leichter wird es dir fallen, Rückschläge als Teil des Prozesses zu akzeptieren und sie mit innerem Frieden und Zuversicht zu überwinden.

Fazit: Scheitern als Chance für Wachstum & Erfolg

Rückschläge und Misserfolge sind keine Feinde, sondern wertvolle Lehrer auf deinem Weg zum Erfolg. Sie bieten dir die Möglichkeit, zu wachsen, deine Strategien zu überdenken und deine innere Stärke zu stärken. Scheitern ist nicht das Ende – es ist der Anfang eines neuen Kapitels, das dich näher an deine Ziele und an dein wahres Potenzial bringt.

Indem du lernst, Misserfolge als Chance zu sehen, wirst du eine gesunde und mutige Einstellung entwickeln, die dir ermöglicht, mit größerer Leichtigkeit und Resilienz durch das Leben zu gehen. Denke daran: Du bist der Schöpfer deines Lebens. Rückschläge sind nur temporäre Hindernisse auf deinem Weg – doch mit der richtigen Haltung, Selbstmitgefühl und Entschlossenheit kannst du jede Herausforderung meistern und das Leben erschaffen, dass du dir wünschst.

Resilienz entwickeln und Krisen meistern

In einer Welt, die von ständigen Veränderungen und unerwarteten Herausforderungen geprägt ist, wird die Fähigkeit, Resilienz zu entwickeln, immer wichtiger. Resilienz ist die innere Stärke, die es uns ermöglicht, schwierige Situationen und Krisen nicht nur zu überstehen, sondern daran zu wachsen. Sie hilft uns, inmitten von Chaos und Unsicherheit einen klaren Kopf zu bewahren, Lösungen zu finden und gestärkt aus Rückschlägen hervorzugehen.

Menschen können innerlich durch Krisen und Herausforderungen wachsen, wenn sie die richtige Haltung und die richtigen Werkzeuge entwickeln. Resilienz ist keine angeborene Eigenschaft, sondern eine Fähigkeit, die jeder erlernen und kultivieren kann.

In diesem Kapitel möchte ich dir zeigen, wie du deine Resilienz stärken kannst, um in Krisenzeiten nicht nur zu überleben, sondern auch zu gedeihen. Du wirst lernen, wie du deine innere Stärke aktivierst, deine Perspektive veränderst und deinen inneren Frieden bewahrst, egal wie stürmisch das äußere Leben gerade ist.

1. Was ist Resilienz und warum ist sie so wichtig?

Resilienz bedeutet, Widerstandsfähigkeit gegenüber Stress, Krisen und Herausforderungen zu entwickeln. Es ist die Fähigkeit, trotz widriger Umstände stabil zu bleiben und sich von Rückschlägen schnell zu erholen. Resilienz ist kein statischer Zustand, sondern eine dynamische Fähigkeit, die sich im Laufe der Zeit weiterentwickelt.

Im Kern bedeutet Resilienz, dass du dich nicht von den äußeren Umständen bestimmen lässt, sondern lernst, deine innere Kraftquelle zu aktivieren. Menschen, die resilient sind, besitzen die Fähigkeit, flexibel zu bleiben, während sie gleichzeitig ihre langfristigen Ziele im Blick behalten. Sie lassen sich nicht von kurzfristigen Problemen entmutigen, sondern betrachten Krisen als Chancen zum Wachstum und zur Veränderung.

Resilienz ist entscheidend, weil das Leben voller Unsicherheiten ist. Niemand kann Krisen oder Rückschläge völlig vermeiden. Doch die Frage ist: Wie gehst du mit diesen Situationen um? Diejenigen, die Resilienz entwickelt haben, sind in der Lage, Herausforderungen als Teil des Lebens zu akzeptieren und darin eine Möglichkeit zu erkennen, zu wachsen und ihre innere Stärke zu vertiefen.

2. Resilienz beginnt im Geist: Das richtige Mindset entwickeln

Der erste Schritt zur Entwicklung von Resilienz ist das richtige Mindset. Deine Denkweise bestimmt, wie du auf Krisen reagierst. Eine resiliente Denkweise erkennt an, dass Rückschläge und Herausforderungen ein natürlicher Teil des Lebens sind und nicht das Ende der Welt bedeuten. Es ist die Überzeugung, dass wir selbst in schwierigen Zeiten die Kontrolle über unsere Reaktionen und Entscheidungen haben.

In meiner Arbeit als Erfolgs- und Mentaltrainer lehre ich oft das Konzept des wachstumsorientierten Mindsets. Dieses Mindset hilft dir, Krisen als Chancen zu sehen, um neue Fähigkeiten zu entwickeln, zu lernen und zu wachsen. Es stellt nicht die Frage „Warum passiert mir das?", sondern „Was kann ich daraus lernen?". Diese Perspektive verschiebt den Fokus von Selbstmitleid und Ohnmacht hin zu Selbstermächtigung und innerer Stärke.

Eine kraftvolle Technik, die ich oft anwende, ist das Reframing. Wenn du mit einer Krise konfrontiert wirst, versuche bewusst, deine Sichtweise zu ändern und die Situation in einem neuen Licht zu sehen. Anstatt dich auf das Problem zu konzentrieren, frage dich: „Wie könnte diese Herausforderung mir helfen, zu wachsen? Was kann ich aus dieser Erfahrung gewinnen, das mich in Zukunft stärker macht?" Dieses bewusste Umlenken deiner Gedanken hilft dir, aus einem negativen Zustand auszubrechen und die Kontrolle über deine Reaktionen zurückzugewinnen.

3. Umgang mit Emotionen:
Krisen nicht verdrängen, sondern verarbeiten

Ein weiterer wichtiger Aspekt der Resilienz ist der gesunde Umgang mit Emotionen. In Krisenzeiten kommen oft intensive Gefühle wie Angst, Traurigkeit, Frustration oder Wut auf. Es ist wichtig, diese Emotionen nicht zu verdrängen oder zu ignorieren, sondern sie bewusst wahrzunehmen und zu verarbeiten.

Übe regelmäßig Achtsamkeit! Achtsamkeit hilft dir, deine Emotionen zu beobachten, ohne von ihnen überwältigt zu werden. Wenn du dich einer schwierigen Situation stellst, nimm dir einen Moment, um tief durchzuatmen und deine inneren Reaktionen bewusst wahrzunehmen. Erlaube dir, diese Emotionen zu fühlen, aber bleibe dabei ein neutraler Beobachter, anstatt dich von ihnen mitreißen zu lassen.

Durch diese Praxis lernst du, inmitten von emotionalen Turbulenzen ruhig und zentriert zu bleiben. Emotionen sind natürliche Reaktionen auf Herausforderungen, aber sie müssen nicht die Kontrolle über dein Handeln übernehmen. Indem du sie bewusst wahrnimmst und durch Achtsamkeit regulierst, kannst du trotz emotionaler Belastung klar denken und konstruktiv handeln.

4. Selbstfürsorge: Körperliche und geistige Stärke aufbauen

Resilienz bedeutet auch, dass du dich gut um dich selbst kümmerst – sowohl körperlich als auch geistig. Selbstfürsorge ist kein Luxus, sondern eine Notwendigkeit, besonders in Krisenzeiten. Dein Körper und Geist brauchen in schwierigen Zeiten besondere Aufmerksamkeit, um stark und widerstandsfähig zu bleiben.

Achte darauf, dass du regelmäßig Bewegung in deinen Alltag integrierst, ausreichend schläfst und dich gesund ernährst. Wichtig ist, dass Körper und Geist im Gleichgewicht sind, um Herausforderungen besser zu meistern. Bewegung und gesunde Ernährung beeinflussen nicht nur deine körperliche Gesundheit, sondern haben auch einen direkten Einfluss auf dein emotionales Wohlbefinden und deine geistige Klarheit.

Gleichzeitig ist es wichtig, dir bewusst Zeit für mentale Erholung zu nehmen. Regelmäßige Meditation, Atemübungen oder Zeit in der Natur helfen dir, deine Energiereserven wieder aufzufüllen und deinen Geist zu beruhigen. Selbst in den hektischsten Zeiten kannst du dir kleine Inseln der Ruhe schaffen, in denen du dich zentrierst und deine innere Balance wiederfindest.

5. Soziale Unterstützung: Resilienz durch Verbindung stärken

Resilienz entwickelt sich auch durch die Unterstützung anderer. Soziale Beziehungen spielen eine entscheidende Rolle dabei, wie gut wir mit Krisen umgehen können. Menschen, die ein starkes Netzwerk aus Freunden, Familie oder Kollegen haben, können sich in schwierigen Zeiten gegenseitig stützen und motivieren.

Es ist wichtig, dass du dich in Krisenzeiten nicht isolierst, sondern bewusst den Kontakt zu den Menschen suchst, die dir nahestehen. Sprich über deine Herausforderungen, teile deine Sorgen und lass dir von anderen helfen. Das Gefühl, dass du nicht alleine bist, kann dir in schweren Momenten Trost und Sicherheit geben.

Zugleich kannst du auch selbst aktiv Unterstützung anbieten. Als spiritueller Berater sehe ich oft, wie Menschen durch das Geben von Unterstützung selbst resilienter werden. Indem du anderen hilfst, stärkst du deine eigene Fähigkeit, mit Krisen umzugehen. Du erkennst, dass du auch in schwierigen Zeiten in der Lage bist, etwas Positives zu bewirken, und das gibt dir Kraft und Zuversicht.

6. Resilienz durch spirituelle Praxis stärken

Ein oft übersehener, aber kraftvoller Aspekt der Resilienz ist die spirituelle Praxis. Die Verbindung zu einer höheren spirituellen Quelle oder zu deinem inneren Selbst kann dir helfen, Krisen besser zu meistern. Spiritualität gibt dir eine tiefere Perspektive und erinnert dich daran, dass das Leben mehr ist als die äußeren Um-stände.

Durch regelmäßige Meditation, Gebet oder andere spirituelle Praktiken kannst du eine innere Stärke und Gelassenheit entwickeln, die dich auch in schwierigen Zeiten trägt. Wenn du dich mit deiner inneren

Essenz oder einem höheren Bewusstsein verbindest, findest du den inneren Anker, der dich durch die Stürme des Lebens führt.

Spirituelle Resilienz bedeutet, dass du auch in Momenten der größten Unsicherheit eine tiefe innere Ruhe und ein Vertrauen in den Fluss des Lebens bewahrst. Du erkennst, dass jede Krise eine Möglichkeit zur Transformation ist und dass du die Kraft hast, nicht nur zu überleben, sondern zu wachsen und über dich hinauszuwachsen.

Fazit: Resilienz als Schlüssel zu einem erfüllten Leben

Resilienz ist nicht nur die Fähigkeit, Krisen zu überstehen – sie ist der Schlüssel zu einem erfüllten und erfolgreichen Leben. Indem du lernst, Herausforderungen nicht als Hindernisse, sondern als Wachstumschancen zu sehen, wirst du stärker, klüger und bewusster. Du wirst erkennen, dass du die Kontrolle über deine Reaktionen hast und dass jede Krise dir die Möglichkeit bietet, deine innere Stärke zu vertiefen.

Denke daran: Du bist der Schöpfer deines Lebens. Durch die Entwicklung von Resilienz kannst du dich jeder Herausforderung mit Vertrauen und Zuversicht stellen, während du gleichzeitig ein tieferes Verständnis für dich selbst und das Leben entwickelst.

Vom Misserfolg zum Erfolg – Lerne, dich neu auszurichten

Misserfolge gehören zum Leben und zum Erfolg. Sie sind unvermeidlich, oft unverhofft und können unser Selbstvertrauen, unsere Motivation und unsere Ausrichtung erschüttern. Doch Misserfolge sind auch wertvolle Lehrmeister – sie weisen uns den Weg, wenn wir bereit sind, ihnen zuzuhören. Der Unterschied zwischen denen, die aus Rückschlägen gestärkt hervorgehen, und denen, die in ihnen steckenbleiben, liegt in ihrer Fähigkeit, sich neu auszurichten. Denn Erfolg ist nicht das Ergebnis, alles richtig gemacht zu haben, sondern die Kunst, sich immer wieder auf seine Ziele und Werte auszurichten, selbst wenn der Weg steinig ist.

In meiner Praxis als Erfolgs-Profitrainer habe ich unzählige Menschen begleitet, die von Rückschlägen gezeichnet waren. Doch was mich immer wieder fasziniert, ist die innere Kraft, die Menschen entwickeln, wenn sie die Weisheit im Misserfolg erkennen und sich bereitwillig neu ausrichten. Diese innere Ausrichtung ist der wahre Schlüssel zu nachhaltigem Erfolg.

In diesem Kapitel zeige ich dir, wie du Misserfolge nicht nur überwindest, sondern sie als Chance nutzt, dich neu auszurichten – innerlich und äußerlich. Du wirst lernen, wie du deine Perspektive veränderst, deine Ziele klärst und die innere Balance wiederfindest, um entschlossen auf deinem Weg voranzuschreiten.

1. Misserfolg als Lehrmeister erkennen

Der erste Schritt zur Neuausrichtung nach einem Misserfolg ist die Anerkennung des Misserfolgs als Lehrmeister. Es ist einfach, den Misserfolg als Niederlage zu sehen, als Beweis dafür, dass du nicht gut genug bist oder dass deine Bemühungen vergeblich waren. Doch diese Sichtweise führt oft zu Selbstzweifeln und innerer Blockade. Stattdessen ist es entscheidend, Misserfolg als unvermeidlichen Teil des Lebens und des Wachstumsprozesses zu akzeptieren.

Jeder Misserfolg enthält wertvolle Lektionen – doch du musst bereit sein, sie zu sehen. Stelle dir nach jedem Rückschlag bewusst die Frage: Was kann ich aus dieser Erfahrung lernen?". Diese Frage ist der Schlüssel zur inneren Neuausrichtung. Sie verschiebt den Fokus von der Enttäuschung und dem Gefühl des Scheiterns hin zu einer Wachstumschance. Misserfolge sind nie das Ende, sondern immer der Anfang eines neuen Kapitels, wenn du sie als solche erkennst.

Eine Technik, die ich oft anwende, ist das Reframing – das bewusste Umdeuten einer Situation. Anstatt den Misserfolg als endgültige Niederlage zu betrachten, frage dich: Wie könnte dieser Rückschlag ein Segen in Verkleidung sein?". Diese Frage öffnet deinen Geist für neue Möglichkeiten und erlaubt es dir, den Misserfolg nicht als Endpunkt zu sehen, sondern als Umleitung auf deinem Weg zum Erfolg.

2. Innere Reflexion: Was war meine ursprüngliche Ausrichtung?

Nach einem Misserfolg ist es wichtig, innezuhalten und eine tiefe innere Reflexion vorzunehmen. Was war deine ursprüngliche Ausrichtung? Welche Ziele und Werte haben dich auf diesen Weg geführt? Rückschläge können uns manchmal von unserer wahren Ausrichtung ablenken und uns das Gefühl geben, dass wir verloren sind. Doch oft ist es genau diese innere Rückbesinnung auf deine wahren Ziele und Werte, die dir hilft, wieder Klarheit und Fokus zu gewinnen.

Frage dich: Was wollte ich ursprünglich erreichen und warum?". Vielleicht hast du den Fokus verloren oder dich von äußeren Umständen ablenken lassen. Vielleicht war dein Ansatz nicht im Einklang mit deinen tieferen Werten oder deinem wahren Selbst. Diese Reflexion hilft dir, wieder eine klare innere Ausrichtung zu finden und dein Handeln entsprechend anzupassen.

In meiner Arbeit als Lebenslehrer ermutige ich Menschen oft, sich wieder mit ihrem Warum" zu verbinden – dem tieferen Grund, warum sie ihre Ziele überhaupt verfolgen. Dein „Warum" ist die treibende Kraft hinter allem, was du tust. Wenn du dich nach einem Misserfolg mit deinem „Warum" verbindest, gewinnst du neue Energie und Motivation, weiterzumachen.

3. Alte Strategien loslassen: Was hat nicht funktioniert?

Ein wesentlicher Schritt in der Neuausrichtung nach einem Misserfolg ist das bewusste Loslassen alter Strategien, die nicht funktioniert haben. Es ist menschlich, an vertrauten Mustern festzuhalten, auch wenn sie uns nicht zum Erfolg führen. Doch um wirklich voranzukommen, musst du bereit sein, alte Ansätze loszulassen, die dich nicht wietergebracht haben.

Stelle dir die Frage: Welche Strategien oder Herangehensweisen haben nicht funktioniert?". Sei dabei ehrlich zu dir selbst. Misserfolge sind oft ein Zeichen dafür, dass bestimmte Vorgehensweisen überdacht oder angepasst werden müssen. Vielleicht hast du zu sehr auf schnelle Erfolge gehofft oder dich von äußeren Erwartungen leiten lassen, anstatt deiner eigenen inneren Weisheit zu folgen.

Entscheidend ist es, flexibel zu bleiben. Erfolg ist selten das Ergebnis eines starren Plans – es ist das Ergebnis von Flexibilität, Anpassungsfähigkeit und der Bereitschaft, neue Wege zu gehen, wenn die alten nicht funktionieren. Lasse also los, was dich nicht mehr dient, und öffne dich für neue Möglichkeiten.

4. Die Kraft der kleinen Schritte: Neuausrichtung mit Geduld

Ein häufiges Missverständnis im Umgang mit Misserfolgen ist die Vorstellung, dass eine Neuausrichtung sofort zu großen Erfolgen führen muss. Doch wahres Wachstum und nachhaltiger Erfolg entstehen oft durch kleine, beständige Schritte. Es ist die Summe der kleinen Entscheidungen, die langfristig den größten Unterschied macht.

Wenn du dich nach einem Misserfolg neu ausrichtest, sei geduldig mit dir selbst. Fokussiere dich auf kleine, erreichbare Ziele, die dich Schritt für Schritt wieder auf den Weg bringen.

Frage dich: „Was ist der nächste kleine Schritt, den ich tun kann, um mich wieder in die richtige Richtung zu bewegen?". Diese kleinen Schritte sind es, die dich kontinuierlich voranbringen und dir helfen, die Motivation aufrechtzuerhalten.

Als Meditationslehrer erinnere ich oft daran, dass Geduld eine der wichtigsten Tugenden auf dem Weg zum Erfolg ist. Neuausrichtung braucht Zeit und Raum, um sich zu entfalten. Du kannst nicht erwarten, sofort wieder auf dem Höhepunkt deines Potenzials zu sein. Doch jeder kleine Schritt in die richtige Richtung stärkt dein Selbstvertrauen und bringt dich näher an dein Ziel.

5. Emotionale Widerstandsfähigkeit: Innere Stärke aufbauen

Misserfolge bringen oft starke emotionale Reaktionen mit sich – Enttäuschung, Frustration, manchmal sogar Verzweiflung. Um dich nach einem Rückschlag neu auszurichten, ist es entscheidend, deine emotionale Widerstandsfähigkeit zu stärken. Emotionen sind natürliche Reaktionen auf Misserfolge, doch sie dürfen dich nicht davon abhalten, deinen Weg weiterzugehen.

Techniken zur emotionalen Regulation helfen dir, in herausfordernden Momenten ruhig und zentriert zu bleiben. Eine kraftvolle Technik ist die Atemarbeit. Wenn du dich von negativen Emotionen überwältigt fühlst, nimm dir einen Moment, um bewusst tief ein- und auszuatmen. Diese einfache Praxis hilft dir, dich wieder zu zentrieren und deine Gedanken zu klären.

Gleichzeitig ist es wichtig, Selbstmitgefühl zu üben. Misserfolge sind keine Zeichen von Schwäche, sondern von Mut – dem Mut, etwas zu versuchen und zu wachsen. Sei also sanft mit dir selbst, wenn die Dinge nicht so laufen, wie du es dir erhofft hast. Selbstmitgefühl gibt dir die innere Stabilität, um weiterzumachen, auch wenn es schwierig ist.

6. Neuausrichtung auf deine innere Weisheit: Intuition stärken

Ein weiterer entscheidender Aspekt der Neuausrichtung nach einem Misserfolg ist die Verbindung zu deiner inneren Weisheit. Oft neigen wir dazu, uns bei Rückschlägen von äußeren Meinungen und Ratschlägen leiten zu lassen. Doch wahre Neuausrichtung entsteht, wenn du auf deine eigene Intuition hörst und den Mut hast, deiner inneren Stimme zu folgen.

Als spiritueller Berater und geweihter Bodhisattva lehre ich die Kraft der Meditation und stillen Reflexion. Diese Praktiken helfen dir, deine innere Weisheit zu aktivieren und dich wieder mit deinem wahren Selbst zu verbinden. Wenn du dich nach einem Misserfolg verloren fühlst, nimm dir bewusst Zeit für Meditation oder Stille. Höre auf die leise Stimme in dir, die weiß, was dein nächster Schritt sein sollte.

Deine Intuition ist eine kraftvolle Ressource, die dir hilft, dich immer wieder neu auszurichten, selbst wenn äußere Umstände unklar oder unsicher sind. Je mehr du lernst, auf deine innere Führung zu vertrauen, desto leichter wird es dir fallen, auch nach Misserfolgen wieder den richtigen Weg zu finden.

Fazit: Misserfolg als Chance zur Neuausrichtung

Misserfolge sind nicht das Ende – sie sind Gelegenheiten, sich neu auszurichten und gestärkt weiterzugehen. Indem du die Lektionen des Misserfolgs annimmst, alte Strategien loslässt und dich geduldig auf kleine, aber beständige Schritte konzentrierst, wirst du in der Lage sein, jeden Rückschlag in eine Chance zum Wachstum zu verwandeln.

Denke daran: Du bist der Schöpfer deines Erfolgs. Erfolg ist nicht das Ergebnis, alles richtig gemacht zu haben, sondern die Fähigkeit, dich immer wieder neu auszurichten und mit Entschlossenheit und innerer Stärke voranzuschreiten. Lerne, dich nach jedem Misserfolg neu auszurichten, und du wirst feststellen, dass jeder Rückschlag nur eine neue Möglichkeit ist, dich deinem wahren Potenzial zu nähern.

Kapitel 8: Netzwerke und Beziehungen

Warum Beziehungen ein Schlüssel zum Erfolg sind

In einer Welt, die zunehmend digitalisiert und vernetzt ist, hat sich das alte Sprichwort „Es kommt nicht darauf an, was du weißt, sondern wen du kennst" in vielerlei Hinsicht bewahrheitet. Doch dies greift zu kurz, wenn man den wahren Wert von Beziehungen und Netzwerken betrachtet. Beziehungen sind mehr als bloße Kontakte – sie sind der Nährboden für langfristigen Erfolg, persönliches Wachstum und tiefere Erfüllung im Leben.

In über 30 Jahren Praxis habe ich immer wieder erlebt, wie entscheidend Beziehungen für den beruflichen und persönlichen Erfolg sind. Das richtige Netzwerk kann dir nicht nur Türen öffnen, sondern dir auch die Unterstützung und Inspiration geben, die du auf deinem Weg benötigst. Doch Netzwerke und Beziehungen funktionieren nur dann nachhaltig, wenn sie authentisch und auf gegenseitigem Vertrauen basieren. In diesem Kapitel werden wir uns ansehen, warum Beziehungen so wichtig für deinen Erfolg sind und wie du bewusst und strategisch Netzwerke aufbaust, die dich langfristig unterstützen.

1. Der Wert von authentischen Beziehungen

Beziehungen sind das Herzstück eines erfüllten Lebens und eines erfolgreichen beruflichen Werdegangs. Oft denken wir bei Netzwerken an berufliche Kontakte, die uns beim Erreichen unserer Ziele helfen sollen. Doch Netzwerke sind viel mehr als das. Wahre Netzwerke sind authentische Verbindungen, die auf Vertrauen, Respekt und gegenseitigem Nutzen basieren. Sie sind nicht nur Mittel zum Zweck, sondern tiefere Verbindungen, die uns auf allen Ebenen unterstützen.

Oft erlebe ich, dass Menschen Netzwerke als transaktionale Beziehungen betrachten. Doch die wahre Kraft eines Netzwerks liegt in der Authentizität und im Aufbau von echten Beziehungen, die über das Geschäftliche hinausgehen. Menschen, die sich gegenseitig unterstützen, tun dies, weil sie ein echtes Interesse am Wohlergehen des anderen haben – nicht, weil sie unmittelbar etwas dafür erwarten.

Authentische Beziehungen sind langfristig stabiler und bieten dir nicht nur berufliche Vorteile, sondern auch emotionale Unterstützung und Mentoring. Sie basieren auf der Bereitschaft, zu geben, ohne sofort etwas zurückzuerwarten. In der spirituellen Unternehmensberatung betone ich oft, dass wahre Fülle im Leben entsteht, wenn wir bereit sind, aus unserem inneren Reichtum zu geben und auf echte Weise mit anderen zu teilen. Erfolg entsteht, wenn du in der Lage bist, deine Talente und Fähigkeiten nicht nur für dich selbst zu nutzen, sondern sie in den Dienst eines größeren Ganzen zu stellen.

2. Warum Netzwerke den Unterschied machen

Netzwerke bieten dir nicht nur berufliche Möglichkeiten, sondern sie helfen dir, deine Perspektiven zu erweitern und neue Wege zu entdecken. Jeder Mensch, den du triffst, bringt neue Ideen, Erfahrungen und Ressourcen in dein Leben. Netzwerke ermöglichen es dir, schneller zu lernen, da du von den Erfahrungen anderer profitieren kannst, anstatt alles selbst herausfinden zu müssen. Dies verkürzt oft den Weg zum Erfolg und öffnet Türen, die dir sonst vielleicht verschlossen geblieben wären.

Ich habe oft gesehen, wie Menschen durch die richtigen Beziehungen auf Möglichkeiten gestoßen sind, die sie sich allein nie hätten vorstellen können. Ein starkes Netzwerk bringt dir nicht nur Chancen, sondern auch die Unterstützung, die du brauchst, um diese Chancen zu nutzen. Wenn du dich in einem unterstützenden Netzwerk befindest, hast du Menschen um dich, die dir in schwierigen Zeiten helfen, die dir Feedback geben und dich ermutigen, weiterzumachen.

Die Welt des Erfolgs ist selten ein einsamer Weg. Niemand erreicht wirklichen Erfolg allein. Es ist das Netzwerk, das dir den Zugang zu Ressourcen, Wissen und Unterstützung verschafft. Aber wie baust du diese Verbindungen auf? Der erste Schritt besteht darin, zu erkennen, dass Netzwerken nicht bedeutet, so viele Menschen wie möglich zu kennen. Es bedeutet, die richtigen Menschen zu kennen – diejenigen, die deine Werte teilen und dich in deinem persönlichen und beruflichen Wachstum unterstützen können.

3. Qualität vor Quantität: Die richtigen Beziehungen pflegen

Es gibt eine weitverbreitete Vorstellung, dass Netzwerken bedeutet, möglichst viele Kontakte zu sammeln. Doch wahre Netzwerke zeichnen sich durch die Qualität der Beziehungen aus, nicht durch deren Quantität. Es ist viel wertvoller, wenige, tiefere Verbindungen zu haben, die auf echtem Vertrauen basieren, als viele oberflächliche Bekanntschaften.

Beziehungen sind wie ein Garten – sie müssen gepflegt und genährt werden, um zu gedeihen. Erfolgreiche Beziehungen entstehen nicht von heute auf morgen. Sie benötigen Zeit, Aufmerksamkeit und Pflege.

Frage dich selbst: In welchen Beziehungen möchte ich wirklich investieren?". Die Menschen, mit denen du regelmäßig in Kontakt stehst und die du unterstützt, werden im Gegenzug auch dir zur Seite stehen, wenn du sie brauchst.

Das bedeutet nicht, dass du immer einen Nutzen aus einer Beziehung ziehen musst. Es bedeutet, dass du bewusst Verbindungen zu Menschen aufbaust, die dich inspirieren, motivieren und dir helfen, zu wachsen. Gleichzeitig solltest du bereit sein, auch ihnen zu helfen, wenn sie Unterstützung brauchen. Diese gegenseitige Unterstützung ist das Fundament eines jeden starken Netzwerks.

4. Geben und Empfangen: Die Balance im Networking

Eines der wichtigsten Prinzipien erfolgreicher Netzwerke ist das Geben und Empfangen. Erfolgreiches Netzwerken basiert auf einem Gleichgewicht zwischen dem, was du bereit bist zu geben, und dem, was du empfängst. Menschen sind eher bereit, dir zu helfen, wenn sie wissen, dass du ebenso bereit bist, sie zu unterstützen.

Netzwerken ist nicht nur ein Weg, um beruflich voranzukommen, sondern auch eine Übung im Dienst an anderen. Sei bereit, deine Zeit, dein Wissen und deine Unterstützung anzubieten, ohne sofort eine Gegenleistung zu erwarten. Dieses Prinzip des uneigennützigen Gebens schafft Vertrauen und Respekt in deinen Beziehungen und stärkt dein Netzwerk langfristig.

Doch genauso wichtig ist es, dass du lernst, zu empfangen. Viele Menschen haben Schwierigkeiten, Hilfe anzunehmen oder um Unterstützung zu bitten. Sie sehen es als Zeichen von Schwäche oder Abhängigkeit. Doch das Gegenteil ist der Fall. Wenn du bereit bist, Hilfe anzunehmen, zeigst du Vertrauen in andere und stärkst die Beziehung. Erfolgreiche Netzwerke sind darauf aufgebaut, dass Menschen einander helfen und sich gegenseitig unterstützen – sowohl im Geben als auch im Empfangen.

5. Mentoren und Vorbilder: Lerne von den Besten

Ein starkes Netzwerk besteht nicht nur aus Kollegen und Gleichgesinnten, sondern auch aus Mentoren und Vorbildern. Mentoren sind Menschen, die schon dort sind, wo du hinwillst. Sie haben den Weg vor dir beschritten und können dir wertvolle Ratschläge und Einsichten geben, die dir helfen, Hindernisse zu überwinden und schneller voranzukommen.

Ein guter Mentor kann dir helfen, deine blinden Flecken zu erkennen und dich auf deinem Weg zu leiten. Doch um von einem Mentor zu lernen, musst du bereit sein, zuzuhören und deren Weisheit anzunehmen. Mentoren geben dir oft die Impulse, die du brauchst, um dich neu auszurichten oder alte Denkmuster zu durchbrechen.

Mentorenbeziehungen entstehen oft auf natürliche Weise, wenn du offen bist und bereit, von anderen zu lernen. Manchmal sind sie formell, manchmal informell, doch in jedem Fall sind sie eine wertvolle Quelle des Wissens und der Unterstützung. Suche aktiv nach Menschen, die dir als Mentoren dienen können, und sei bereit, von ihrer Erfahrung zu profitieren.

6. Netzwerke als Quelle der Inspiration und des Wachstums

Netzwerke sind nicht nur nützlich, um berufliche Türen zu öffnen – sie sind auch eine Quelle der Inspiration und des persönlichen Wachstums. Die Menschen, mit denen du dich umgibst, beeinflussen deine Denkweise, deine Motivation und dein Selbstbild. Wenn du in einem inspirierenden Umfeld bist, wirst du selbst inspiriert, größer zu denken und mutiger zu handeln.

Oft sehe ich, wie Menschen durch ihr Umfeld entweder wachsen oder stagnieren. Es ist wichtig, dass du dich mit Menschen umgibst, die dich herausfordern, dich ermutigen und dich unterstützen, dein volles Potenzial zu entfalten. Diese Menschen geben dir nicht nur praktische Unterstützung, sondern sie inspirieren dich auch, über deine eigenen Grenzen hinauszuwachsen.

Frage dich selbst: Mit welchen Menschen möchte ich mich umgeben?" Suche aktiv nach Beziehungen, die dir Energie geben, anstatt sie zu rauben. Ein starkes, unterstützendes Netzwerk gibt dir die emotionale und mentale Kraft, um deine Träume zu verwirklichen, auch wenn der Weg schwierig ist.

Fazit: Beziehungen als Schlüssel zum Erfolg

Beziehungen sind nicht nur ein Werkzeug, um beruflich voranzukommen – sie sind der Schlüssel zu einem erfüllten Leben. Erfolgreiche Netzwerke basieren auf Vertrauen, Authentizität und gegenseitiger Unterstützung. Sie öffnen dir nicht nur Türen, sondern sie helfen dir, zu wachsen und dich weiterzuentwickeln.

Denke daran: Du bist der Schöpfer deiner Netzwerke. Baue bewusste, authentische Beziehungen auf, pflege sie und sei bereit, sowohl zu geben als auch zu empfangen. Je mehr du bereit bist, in andere zu investieren, desto mehr wirst du selbst von den Verbindungen in deinem Leben profitieren – beruflich wie persönlich.

ErfolgREICH Netzwerken – Die besten Tipps und Strategien

Netzwerken ist weit mehr als nur der Austausch von Visitenkarten oder das Hinzufügen von Kontakten in sozialen Netzwerken. Es geht darum, authentische Verbindungen zu schaffen, die auf Vertrauen,

Respekt und gegenseitigem Nutzen basieren. Erfolgreiches Netzwerken ist ein entscheidender Schlüssel zum persönlichen und beruflichen Erfolg, doch es erfordert Geduld, Strategie und Hingabe, um wirklich langfristige Beziehungen aufzubauen. Ich habe immer wieder beobachtet, wie kraftvoll Netzwerke sein können, wenn sie bewusst und mit Integrität aufgebaut werden.

In diesem Kapitel teile ich die besten Tipps und Strategien, wie du erfolgREICH Netzwerken kannst, um dein persönliches und berufliches Wachstum zu fördern. Diese Techniken helfen dir, authentische Beziehungen zu knüpfen, die langfristig Bestand haben und dir dabei helfen, deine Ziele zu erreichen.

1. Authentizität: Sei echt und aufrichtig

Der erste und wichtigste Schritt zum erfolgreichen Netzwerken ist Authentizität. Menschen spüren, wenn jemand nur oberflächliche oder selbstsüchtige Absichten hat. Netzwerken ist keine transaktionale Beziehung, sondern ein echter Austausch von Energie, Ideen und Unterstützung. Menschen möchten mit denen in Verbindung treten, die ehrlich und authentisch sind, und nicht mit denen, die nur auf der Jagd nach persönlichen Vorteilen sind.

Wichtig ist, authentisch zu sein! Authentizität bedeutet, dass du dich selbst und andere so akzeptierst, wie sie sind, und Beziehungen auf Basis von Vertrauen und Echtheit aufbaust. Versuche nicht, dich zu verstellen oder zu manipulieren, um einen Vorteil zu erzielen. Stattdessen sei offen, ehrlich und aufrichtig in deinem Umgang mit anderen. Dies schafft eine starke Grundlage für langfristige und tiefe Beziehungen.

Frage dich: Was habe ich wirklich zu bieten?" „Wie kann ich auf ehrliche und authentische Weise zu den Zielen anderer beitragen?" Indem du dich auf den Wert konzentrierst, den du in die Beziehung einbringst, und nicht auf das, was du daraus gewinnen kannst, wirst du Netzwerke aufbauen, die auf gegenseitigem Respekt und Vertrauen basieren.

2. Geben, bevor du empfängst

Eine der mächtigsten Strategien des erfolgreichen Netzwerkens ist das Geben, bevor du etwas empfängst. Sei bereit, andere zu unterstützen, ohne sofort etwas im Gegenzug zu erwarten. Ob es das Teilen von Wissen, die Vorstellung bei einem wertvollen Kontakt oder einfach nur ein offenes Ohr ist – biete deine Hilfe an, wo du kannst.

Oft lässt sich beobachten, wie Menschen langfristig viel mehr zurückbekommen, wenn sie zuerst geben. Diese Haltung des Dienens schafft eine starke Vertrauensbasis und zeigt anderen, dass du sie ehrlich unterstützen willst. Es ist eine universelle Wahrheit, dass das, was du gibst, zu dir zurückkommt – oft auf unerwartete und großzügige Weise.

Frage dich: „Wie kann ich den Menschen in meinem Netzwerk helfen, ihre Ziele zu erreichen?" Diese Denkweise wird nicht nur dein Netzwerk erweitern, sondern auch die Art und Weise, wie du Beziehungen aufbaust, fundamental verändern. Es ist die Basis für langfristige Erfolge, die auf gegenseitigem Respekt und Unterstützung beruhen.

3. Qualität vor Quantität: Fokussiere dich auf tiefe Beziehungen

In unserer heutigen Zeit ist es leicht, sich in der Anzahl von Kontakten zu verlieren. Doch erfolgreiches Netzwerken basiert nicht auf Quantität, sondern auf Qualität. Es ist wertvoller, ein kleines Netzwerk von tiefen, bedeutungsvollen Beziehungen zu haben, als hunderte oberflächlicher Bekanntschaften, die dir letztlich keinen Mehrwert bieten.

Gute Netzwerke basieren auf tiefen Verbindungen, die über das Geschäftliche hinausgehen. Diese Beziehungen erfordern Pflege und Aufmerksamkeit. Du musst bereit sein, Zeit und Energie in die Menschen zu investieren, die du wirklich in deinem Leben haben möchtest. Tiefe Beziehungen bedeuten, dass du dich aufrichtig für die anderen interessierst, sie in ihren Zielen unterstützt und sie regelmäßig kontaktierst, nicht nur dann, wenn du etwas brauchst.

Wir alle werden von tiefen, bedeutsamen Beziehungen genährt. Diese Beziehungen schaffen nicht nur beruflichen Erfolg, sondern tragen auch zu deinem emotionalen und spirituellen Wachstum bei. Wähle also weise aus, mit wem du dein Netzwerk aufbaust, und investiere in diese Beziehungen mit Geduld und Hingabe.

4. Aktives Zuhören: Zeige echtes Interesse

Eine der am meisten übersehenen Fähigkeiten im erfolgreichen Netzwerken ist das aktive Zuhören. Viele Menschen sind so damit beschäftigt, über sich selbst und ihre Ziele zu sprechen, dass sie vergessen, wirklich zuzuhören. Doch wahres Zuhören ist der Schlüssel zu einem tiefen Verständnis und einer starken Verbindung mit anderen.

Die Praxis der Achtsamkeit lehrt uns, voll und ganz im gegenwärtigen Moment zu sein. Diese Fähigkeit ist auch beim Netzwerken von unschätzbarem Wert. Wenn du jemandem deine volle Aufmerksamkeit schenkst, signalisierst du ihm, dass du ihn respektierst und seine Gedanken und Anliegen ernst nimmst. Das baut Vertrauen auf und öffnet die Tür für tiefere Verbindungen.

Frage dich bei deinem nächsten Netzwerkgespräch: „Höre ich wirklich hin oder nur zu, oder warte ich nur darauf, mich selbst sprechen zu hören?" Übe dich darin, wirklich hinzuhören und nachzufragen, anstatt nur über deine eigenen Erfolge oder Bedürfnisse zu sprechen. Dies wird dir helfen, auf einer tieferen Ebene mit Menschen in Kontakt zu treten und langfristig wertvolle Beziehungen aufzubauen.

5. Folge regelmäßig nach: Pflege deine Beziehungen

Eine der größten Herausforderungen beim Netzwerken ist die Pflege von Beziehungen. Viele Menschen knüpfen Kontakte, doch sie scheitern daran, diese Verbindungen zu pflegen. Beziehungen brauchen regelmäßige Pflege, um stark zu bleiben. Das bedeutet, dass du dir die Zeit nehmen musst, regelmäßig nachzufassen, auch wenn du nichts Konkretes brauchst.

Ich kann nur immer wieder die Wichtigkeit von Beständigkeit betonen. Erfolgreiches Netzwerken bedeutet, sich regelmäßig zu melden, sei es durch kurze Nachrichten, Anrufe oder persönliche Treffen. Es geht nicht darum, sich nur zu melden, wenn du einen Gefallen brauchst, sondern darum, Interesse am Leben und den Zielen deiner Kontakte zu zeigen. Dadurch stärkst du das Vertrauen und baust eine langfristige Beziehung auf.

Frage dich: Wann habe ich das letzte Mal mit den wichtigsten Menschen in meinem Netzwerk gesprochen?" Mache es dir zur Gewohnheit, regelmäßig nachzufassen und authentische Beziehungen zu pflegen. Diese kleinen Gesten der Aufmerksamkeit können den Unterschied zwischen einer oberflächlichen Bekanntschaft und einer tiefen, bedeutungsvollen Beziehung ausmachen.

6. Sei geduldig und investiere langfristig

Erfolgreiches Netzwerken erfordert Geduld. Beziehungen wachsen nicht über Nacht, und es kann Zeit dauern, bis sie Früchte tragen. Sei bereit, in deine Netzwerke zu investieren, ohne sofortige Ergebnisse zu erwarten. Als spiritueller Unternehmensberater sehe ich oft, dass Menschen im Eiltempo Netzwerke aufbauen wollen, nur um frustriert zu sein, wenn die Ergebnisse nicht sofort kommen.

Doch wahres Netzwerken erfordert eine langfristige Perspektive. Verbindungen, die auf Vertrauen und gegenseitigem Respekt basieren, entwickeln sich über die Zeit. Sei geduldig und vertraue darauf, dass die Beziehungen, die du pflegst, dir langfristig helfen werden, auch wenn du jetzt noch keine direkten Vorteile siehst.

Frage dich: Bin ich bereit, langfristig in meine Beziehungen zu investieren?" Geduld und Beständigkeit sind die Bausteine eines erfolgreichen Netzwerks. Setze diese Prinzipien ein, und du wirst sehen, wie dein Netzwerk organisch wächst und dir auf unerwartete Weise zum Erfolg verhilft.

7. Werde Teil von Gemeinschaften und baue authentische Verbindungen auf

Eine der besten Strategien, um erfolgreich zu netzwerken, ist, Teil von Gemeinschaften zu werden. Ob es sich um berufliche Netzwerke, Vereine, Interessengruppen oder spirituelle Gemeinschaften handelt – diese Orte bieten dir die Möglichkeit, authentische Verbindungen zu Menschen zu knüpfen, die ähnliche Interessen und Werte teilen.

Auch darf man hier die Bedeutung von Gemeinschaften, die auf gegenseitiger Unterstützung und gemeinsamen Zielen basieren, besonders hervorheben. Wenn du Teil einer Gemeinschaft bist, schaffst du nicht nur berufliche Verbindungen, sondern auch tiefere menschliche Verbindungen. Diese Netzwerke geben dir nicht nur Zugang zu beruflichen Möglichkeiten, sondern sind auch eine Quelle der Inspiration und des Wachstums.

Frage dich: Welchen Gemeinschaften möchte ich angehören?" Wähle Gemeinschaften, die zu deinen Zielen und Werten passen, und investiere Zeit und Energie in den Aufbau echter Verbindungen. Netzwerke, die aus solchen Gemeinschaften entstehen, sind oft die stärksten und nachhaltigsten.

Fazit: ErfolgREICH Netzwerken erfordert Herz und Strategie

Erfolgreiches Netzwerken ist eine Mischung aus Herz und Strategie. Es geht nicht nur darum, Kontakte zu knüpfen, sondern darum, echte Verbindungen aufzubauen, die auf Vertrauen, Respekt und gegenseitigem Nutzen basieren. Sei authentisch, sei bereit zu geben und investiere langfristig in deine Beziehungen. Durch die Pflege von Qualität statt Quantität wirst du Netzwerke schaffen, die dir nicht nur beruflich, sondern auch persönlich Fülle und Erfüllung bringen.

Denke daran: Du bist der Schöpfer deines Netzwerks. Pflege es mit Hingabe, Geduld und Liebe, und es wird dir auf unerwartete und wunderbare Weise zum Erfolg verhelfen.

Wie du ein unterstützendes Umfeld aufbaust

In einer Welt, die voller Herausforderungen, Ablenkungen und ständig wechselnder Anforderungen ist, ist ein unterstützendes Umfeld unverzichtbar für deinen langfristigen Erfolg und dein persönliches Wohlbefinden. Niemand erreicht seine Ziele allein. Hinter jedem erfolgreichen Menschen steht ein Netzwerk von Freunden, Kollegen, Mentoren und Unterstützern, die nicht nur in den Höhen des Lebens an seiner Seite stehen, sondern auch in den Tiefen. Das richtige Umfeld gibt dir Kraft, Inspiration und Ermutigung, besonders in schwierigen Zeiten, in denen dein eigener Glaube an dich selbst schwinden könnte.

Auch lässt sich immer wieder beobachten, dass das Umfeld eine entscheidende Rolle dabei spielt, ob Menschen ihre Ziele erreichen oder aufgeben. Ein unterstützendes Umfeld ist wie der fruchtbare Boden, in dem deine Träume gedeihen können. Doch es entsteht nicht von alleine – du musst es bewusst gestalten und pflegen.

In diesem Kapitel möchte ich dir zeigen, wie du ein Umfeld aufbaust, das dich auf deinem Weg unterstützt, dich herausfordert und dir den Raum gibt, zu wachsen. Es geht nicht nur darum, Menschen um dich zu haben, die dir helfen, sondern auch um die Schaffung einer Atmosphäre, in der dein Potenzial aufblühen kann.

1. Wähle dein Umfeld bewusst: Qualität vor Quantität

Das Sprichwort „Du bist der Durchschnitt der fünf Menschen, mit denen du die meiste Zeit verbringst" hat viel Wahrheit. Dein Umfeld beeinflusst deine Gedanken, deine Einstellung und dein Verhalten mehr, als du vielleicht denkst. Wenn du dich mit Menschen umgibst, die dich unterstützen, ermutigen und inspirieren, wirst du selbst zu einer besseren Version deiner selbst. Doch das Gegenteil ist genauso wahr: Wenn du dich mit negativen, destruktiven oder energieraubenden Menschen umgibst, wird es dir schwerfallen, dein volles Potenzial zu entfalten.

Ein unterstützendes Umfeld bedeutet nicht, möglichst viele Menschen um sich zu scharen, sondern die richtigen Menschen auszuwählen. Frage dich: „Wer bringt das Beste in mir zum Vorschein?" „Wer inspiriert mich und fordert mich gleichzeitig heraus, zu wachsen?" Es geht darum, Verbindungen zu Menschen zu pflegen, die dich auf positive Weise beeinflussen, die an dich glauben und die bereit sind, dir sowohl bei deinen Erfolgen als auch bei deinen Rückschlägen zur Seite zu stehen.

Qualität ist immer wichtiger ist als Quantität. Es reicht, ein kleines, aber starkes Netzwerk von Menschen zu haben, die aufrichtig an deinem Wachstum interessiert sind. Achte darauf, dass die Menschen in deinem Umfeld nicht nur deine aktuellen Ziele unterstützen, sondern auch deine langfristige Vision und deine tieferen Werte teilen.

2. Schaffe eine Kultur der gegenseitigen Unterstützung

Ein unterstützendes Umfeld basiert auf gegenseitiger Unterstützung. Es geht nicht nur darum, Hilfe zu empfangen, sondern auch bereit zu sein, zu geben. Beziehungen, die auf gegenseitigem Geben und Nehmen basieren, sind langfristig stabiler und wertvoller.

Frage dich: „Wie kann ich den Menschen in meinem Umfeld helfen, ihre Ziele zu erreichen?". Je mehr du bereit bist, zu geben, desto mehr wirst du auch Unterstützung erhalten, wenn du sie brauchst.

Uneigennütziges Geben ist von großer Bedeutung! Es gibt dir nicht nur das Gefühl, Teil eines größeren Ganzen zu sein, sondern es stärkt auch die Verbindungen, die du mit anderen aufbaust. Menschen schätzen es, wenn sie merken, dass du wirklich an ihrem Erfolg interessiert bist und sie unterstützt. Diese Haltung der Großzügigkeit schafft Vertrauen und Respekt, was die Grundlage für ein unterstützendes Umfeld bildet.

Eine Kultur der gegenseitigen Unterstützung entsteht durch Offenheit, Ehrlichkeit und den Wunsch, gemeinsam zu wachsen. Es ist wichtig, dass du in deinem Umfeld einen Raum schaffst, in dem jeder ermutigt wird, seine Talente zu entfalten und seine Ziele zu verfolgen. Diese Kultur stärkt nicht nur das Netzwerk als Ganzes, sondern auch die individuelle Entfaltung jedes Einzelnen.

3. Die Kraft der positiven Energie: Fokus auf Wachstum und Ermutigung

Dein Umfeld sollte eine Atmosphäre der positiven Energie schaffen. Dies bedeutet nicht, dass es keine Herausforderungen oder Schwierigkeiten gibt, sondern dass die Menschen in deinem Umfeld auf eine lösungsorientierte und ermutigende Weise damit umgehen. Ein unterstützendes Umfeld ist eines, in dem du dich sicher fühlst, du selbst zu sein, aber auch herausgefordert wirst, über deine Grenzen hinauszuwachsen.

Menschen, die ständig negativ sind oder sich in Problemen verfangen, können deine Energie rauben und deinen Fortschritt behindern. Es ist daher entscheidend, dass du dich mit Menschen umgibst, die dich inspirieren, die an Lösungen interessiert sind und die dir helfen, dein Potenzial zu erkennen und zu nutzen. Dies bedeutet auch, dass du bereit sein musst, dich von Menschen zu distanzieren, die ständig negativ sind oder deine Träume untergraben.

Positive Energie beeinflusst, genauso wie negative Energie, deine Gedanken, Gefühle und Handlungen. Ein unterstützendes Umfeld ist eines, das diese Energie fördert, in dem Ideen wachsen können und in dem du ermutigt wirst, kreativ und mutig zu sein. Dein Umfeld sollte dich dazu inspirieren, dein volles Potenzial auszuschöpfen, anstatt dich klein zu halten oder deine Ambitionen zu ersticken.

4. Mentoren und Vorbilder: Lerne von den Besten

Ein weiterer entscheidender Aspekt eines unterstützenden Umfelds ist das Vorhandensein von Mentoren und Vorbildern. Mentoren sind Menschen, die den Weg vor dir gegangen sind, die Erfahrungen und Einsichten haben, die dir helfen können, Hindernisse zu überwinden und deinen eigenen Weg zu finden. Ein Mentor kann dir nicht nur wertvolle Ratschläge geben, sondern auch eine Quelle der Inspiration und Motivation sein.

Mentoren geben dir nicht nur praktisches Wissen, sondern helfen dir auch, deine eigene innere Weisheit zu entwickeln. Ein guter Mentor unterstützt dich dabei, deine Stärken zu erkennen und deine Schwächen zu überwinden, und ermutigt dich, die beste Version deiner selbst zu werden.

Frage dich: „Wer sind die Menschen, die mich inspirieren und von denen ich lernen kann?". Suche aktiv nach solchen Menschen und sei offen für ihre Ratschläge und ihre Weisheit. Diese Menschen sind oft bereit, ihre Erfahrungen zu teilen, und sie können dir helfen, Fehler zu vermeiden und schneller Fortschritte zu machen.

5. Schaffe eine Umgebung des Vertrauens und der Ehrlichkeit

Ein unterstützendes Umfeld basiert auf Vertrauen und Ehrlichkeit. Wenn du wachsen willst, brauchst du Menschen um dich, die dir nicht nur schmeicheln, sondern die bereit sind, dir ehrliches Feedback zu geben. Diese Menschen sollten dich nicht nur in deinen Erfolgen unterstützen, sondern auch den Mut haben, dir zu sagen, wenn du vom Weg abgekommen bist.

Vertrauen entsteht durch offene und ehrliche Kommunikation. Es bedeutet, dass du dich sicher fühlst, deine Herausforderungen und

Zweifel zu teilen, ohne Angst vor Kritik oder Verurteilung zu haben. Ehrliches Feedback ist eine der wertvollsten Ressourcen, die du in deinem Umfeld haben kannst. Menschen, die dich ehrlich und mitfühlend herausfordern, helfen dir, dich zu verbessern und deine Ziele zu erreichen.

Frage dich: Mit wem kann ich offen und ehrlich über meine Herausforderungen sprechen?". Umgib dich mit Menschen, die bereit sind, dir auf konstruktive Weise Feedback zu geben, und sei auch selbst bereit, anderen ehrlich und unterstützend zu begegnen. Dies schafft eine Atmosphäre des Vertrauens, die für Wachstum und Entwicklung unerlässlich ist.

6. Schaffe physische und mentale Räume, die Wachstum fördern

Ein unterstützendes Umfeld umfasst nicht nur die Menschen um dich, sondern auch die physische und mentale Umgebung, in der du lebst und arbeitest. Dein Raum sollte eine Atmosphäre schaffen, in der du dich konzentrieren, kreativ sein und wachsen kannst. Dies bedeutet, dass du bewusst Räume schaffst, die dich inspirieren und in denen du dich wohlfühlst.

Nicht zu unterschätzen ist die Bedeutung von klaren und organisierten Räumen. Ein unordentlicher und chaotischer Raum kann deine Energie zerstreuen und deine Fähigkeit beeinträchtigen, fokussiert und produktiv zu bleiben. Schaffe daher Räume, die dir Klarheit, Ruhe und Fokus geben – sei es durch einen aufgeräumten Schreibtisch, inspirierende Dekorationen oder einfach nur einen ruhigen Rückzugsort, an dem du dich sammeln kannst.

Ebenso wichtig ist dein mentaler Raum. Ein unterstützendes Umfeld bedeutet, dass du dir regelmäßig Zeit für dich selbst nimmst, um zu reflektieren, zu meditieren und dich neu auszurichten. Indem du bewusst Zeit für Stille und inneres Wachstum einplanst, schaffst du den mentalen Raum, den du brauchst, um in deinem vollen Potenzial zu leben.

7. Sei bereit, dein Umfeld zu verändern

Ein unterstützendes Umfeld ist dynamisch – es verändert sich mit dir. Manchmal bedeutet dies, dass du bereit sein musst, dein Umfeld zu überdenken und Veränderungen vorzunehmen, wenn es nicht mehr zu deinem Wachstum beiträgt. Dies kann bedeuten, dass du dich von Menschen trennst, die dich zurückhalten, oder dass du neue Gemeinschaften und Netzwerke findest, die besser zu deinen aktuellen Zielen passen.

Veränderung ist ein natürlicher Teil des Wachstums ist. Wachstum bedeutet oft, dass du alte Muster und Beziehungen loslassen musst, um Platz für Neues zu schaffen. Sei bereit, dein Umfeld zu überprüfen und es anzupassen, wenn du spürst, dass es dich nicht mehr unterstützt. Dies erfordert Mut, aber es ist ein wesentlicher Schritt, um ein Umfeld zu schaffen, das deinem höchsten Selbst dient.

Fazit: Dein Umfeld als Schlüssel zu deinem Erfolg

Ein unterstützendes Umfeld ist der Nährboden für deinen Erfolg. Es gibt dir die Kraft, die du brauchst, um in schwierigen Zeiten durchzuhalten, und es inspiriert dich, über deine Grenzen hinauszuwachsen. Doch es erfordert bewusste Anstrengung, ein solches Umfeld zu schaffen. Wähle deine Beziehungen weise, pflege eine Kultur der gegenseitigen Unterstützung und schaffe physische und mentale Räume, die Wachstum und Klarheit fördern.

Denke daran: Du bist der Schöpfer deines Umfelds. Sei achtsam, wer und was dich umgibt, und habe den Mut, Veränderungen vorzunehmen, wenn es nötig ist. Indem du dein Umfeld bewusst gestaltest, legst du den Grundstein für langfristigen Erfolg, inneres Wachstum und tiefere Erfüllung in deinem Leben.

Kapitel 9: Innovation und Wachstum

Wie Innovation Erfolg katalysiert

Innovation ist der Treibstoff des Wachstums, sowohl auf persönlicher als auch auf beruflicher Ebene. In einer Welt, die sich ständig verändert und weiterentwickelt, ist es entscheidend, sich anzupassen, neu zu denken und sich immer wieder neu zu erfinden. Innovation ist nicht nur für Unternehmen wichtig, um wettbewerbsfähig zu bleiben, sondern auch für jeden Einzelnen, der Erfolg auf einer tieferen Ebene anstrebt. Doch Innovation bedeutet weit mehr als nur das Entwickeln neuer Produkte oder Dienstleistungen – sie beginnt in deinem Mindset. Die Fähigkeit, innovative Ideen zu entwickeln, steht in direktem Zusammenhang mit deiner inneren Offenheit für Veränderungen und Wachstum.

Innovation transformiert Leben und Unternehmen! Sie ist der Katalysator, der Türen zu neuen Möglichkeiten öffnet, Grenzen überschreitet und neue Horizonte erobert. In diesem Kapitel möchte ich dir zeigen, wie Innovation nicht nur deine äußeren Erfolge beschleunigt, sondern auch dein inneres Wachstum fördert.

1. Die Kraft der Innovation: Warum sie Wachstum ermöglicht

Innovation ist das Herz des Fortschritts. Sie bedeutet, Dinge anders zu machen, neu zu denken und neue Lösungen für alte Probleme zu finden. Oft betrachten wir Innovation als rein technologische oder wirtschaftliche Errungenschaft, doch in Wahrheit beginnt sie im Geist. Es ist die Fähigkeit, bestehende Denkmuster zu durchbrechen und neue Wege zu gehen, die das Potenzial für enormes Wachstum birgt.

Innovation bringt dir die Möglichkeit, dich immer wieder neu zu erfinden. Ob in deinem Beruf, deiner persönlichen Entwicklung oder in deinem spirituellen Wachstum – Innovation schafft die Rahmenbedingungen, in denen du deine Komfortzone verlassen und neue Möglichkeiten erkunden kannst. Jeder Fortschritt, den du in deinem Leben erzielst, basiert auf deiner Fähigkeit, offen für Innovation zu sein.

Oft sehe ich, wie Menschen in eingefahrenen Mustern feststecken, sei es in ihren Geschäftsstrategien oder in ihrem persönlichen Leben. Sie wünschen sich Wachstum, aber sie sind nicht bereit, etwas zu verändern. Doch ohne Veränderung gibt es keinen Fortschritt. Wachstum erfordert Innovation, und Innovation erfordert Mut, Altes loszulassen und Neues zuzulassen.

2. Innovation beginnt im Geist: Kreativität und Offenheit kultivieren

Der erste Schritt zur Innovation ist, dein Mindset für Kreativität und Offenheit zu schärfen. Innovation erfordert eine neue Art zu denken, die über das hinausgeht, was du bereits kennst. Wahre Kreativität entsteht, wenn du deinen Geist von den Zwängen befreist, die dich daran hindern, frei und offen zu denken! Das bedeutet, dass du bereit sein musst, deine eigenen Überzeugungen und Vorstellungen in Frage zu stellen.

Frage dich: „Welche Überzeugungen habe ich, die mich möglicherweise davon abhalten, neue Ideen zu entwickeln?". Viele von uns sind unbewusst von festgefahrenen Denkmustern geprägt, die uns daran hindern, neue Möglichkeiten zu erkennen. Um wirklich innovativ zu sein, musst du diese Muster aufbrechen und bereit sein, das Unbekannte zu erkunden.

Eine kraftvolle Technik, um die eigene Kreativität zu fördern, ist die Meditation. Ich kann dich nur ermutigen, regelmäßig Zeiten der Stille zu schaffen, in denen sich dein Geist klären kann. In diesen Momenten der inneren Ruhe kann sich eine tiefere Kreativität entfalten, die im hektischen Alltag oft übersehen wird. Wenn der Geist still wird, öffnet sich ein Raum für neue Ideen und innovative Lösungen.

3. Innovation und Wachstum in Unternehmen: Warum Stillstand der größte Feind des Erfolgs ist

Innovation ist nicht nur auf persönlicher Ebene entscheidend – sie ist auch der Motor für das Wachstum von Unternehmen. In einer schnelllebigen, globalisierten Welt ist Stillstand der größte Feind des Erfolgs. Unternehmen, die sich nicht anpassen und innovativ bleiben, riskieren, zurückzufallen und ihre Wettbewerbsfähigkeit zu verlieren.

Als Business-Coach habe ich oft Unternehmen beraten, die stagnieren, weil sie sich zu sehr auf bestehende Prozesse und Produkte verlassen. Doch wahre Führungspersönlichkeiten verstehen, dass kontinuierliche Innovation notwendig ist, um in einem sich ständig verändernden Marktumfeld erfolgreich zu bleiben. Das bedeutet, dass Unternehmen nicht nur neue Produkte entwickeln müssen, sondern auch neue Denkansätze und Strategien verfolgen sollten.

Eine Schlüsselstrategie für Innovation im Geschäftsbereich ist das Konzept der inkrementellen Verbesserungen. Oft denken wir, dass Innovation nur in großen, revolutionären Schritten geschieht, doch in Wahrheit basiert viel Innovation auf kleinen, kontinuierlichen Verbesserungen.

Frage dich: Wie kann ich in meinem Unternehmen oder meinem Beruf regelmäßig kleine Innovationen vorantreiben, die langfristig zu großem Erfolg führen?".

Innovation in Unternehmen erfordert auch eine offene Unternehmenskultur, in der Kreativität und neue Ideen gefördert werden. Schaffe eine Umgebung, in der Mitarbeiter ermutigt werden, Risiken einzugehen, neue Ideen zu präsentieren und den Status quo in Frage zu stellen. Diese Art der Kultur führt nicht nur zu besseren Ergebnissen, sondern stärkt auch das Engagement und die Zufriedenheit der Mitarbeiter.

4. Scheitern als Teil des Innovationsprozesses

Es ist wichtig, zu erkennen, dass Innovation oft mit Rückschlägen und Fehlern verbunden ist. Viele Menschen und Unternehmen haben Angst vor Innovation, weil sie befürchten, dass sie scheitern könnten. Doch Scheitern ist ein unvermeidlicher Teil des Innovationsprozesses. Ohne das Risiko des Scheiterns gibt es keine Möglichkeit, neue Wege zu gehen.

Scheitern keine Niederlage, sondern eine Lektion! Jeder Fehler bringt dich näher an die Lösung. Innovation erfordert eine Fehlerkultur, in der Menschen ermutigt werden, aus ihren Rückschlägen zu lernen, anstatt Angst vor ihnen zu haben. Die besten Ideen entstehen oft aus den größten Fehlern, wenn man bereit ist, die Lehren daraus zu ziehen.

Frage dich: „Wie gehe ich mit Fehlern um? Sehe ich sie als Hindernis oder als Möglichkeit zu wachsen?". Wenn du bereit bist, Fehler als Teil des Prozesses zu akzeptieren, wirst du dich schneller von Rückschlägen erholen und neue Wege finden, deine Ziele zu erreichen. Innovation erfordert Mut – den Mut, Risiken einzugehen und sich von Misserfolgen nicht entmutigen zu lassen.

5. Innovation im persönlichen Leben: Wie du dich immer wieder neu erfindest

Innovation ist nicht nur für Unternehmen wichtig – sie ist auch entscheidend für dein persönliches Wachstum. Sich immer wieder neu zu erfinden, bedeutet, offen für Veränderungen zu sein und die Bereitschaft zu haben, alte Gewohnheiten und Denkmuster loszulassen, die dich daran hindern, dein volles Potenzial zu entfalten.

Reflektiere regelmäßig und stelle dir immer wieder die Frage: „Bin ich bereit, mich zu verändern, um zu wachsen?". Innovation im persönlichen Leben bedeutet, sich nicht an der Vergangenheit festzuhalten, sondern immer nach vorne zu schauen. Es geht darum, sich zu fragen, wie man neue Fähigkeiten entwickeln, neue Interessen erkunden und neue Wege gehen kann, um ein erfüllteres Leben zu führen.

Dies erfordert oft, dass du dich aus deiner Komfortzone herauswagst und Dinge tust, die du noch nie zuvor getan hast. Innovation bedeutet, Risiken einzugehen – sowohl im Beruf als auch im persönlichen Leben. Doch nur durch diese Bereitschaft zur Veränderung wirst du neue Horizonte entdecken und dein volles Potenzial entfalten können.

6. Innovation als spiritueller Weg

Innovation ist nicht nur eine äußere, weltliche Angelegenheit – sie hat auch eine spirituelle Dimension. Wahre Innovation beginnt mit einer tiefen inneren Verbindung zu unserem höchsten Selbst. Wenn wir uns spirituell weiterentwickeln, öffnen wir uns für neue Ebenen des Bewusstseins und der Kreativität.

Spirituelle Innovation bedeutet, dich immer wieder mit deiner inneren Weisheit und deinem wahren Selbst zu verbinden. Es bedeutet, alte, limitierende Glaubenssätze loszulassen und dich für höhere Einsichten zu öffnen. Diese innere Transformation führt zu einer äußeren Veränderung, die sich in allen Bereichen deines Lebens zeigt – sei es im Beruf, in deinen Beziehungen oder in deiner persönlichen Entwicklung.

Frage dich: „Wie kann ich spirituelle Innovation in mein Leben integrieren?". Durch regelmäßige Meditation, Achtsamkeit und innere Reflexion kannst du dein spirituelles Wachstum fördern und dich für neue Einsichten öffnen, die dir helfen, innovative Lösungen für die Herausforderungen deines Lebens zu finden.

Fazit: Innovation als Schlüssel zu Erfolg und Wachstum

Innovation ist der Katalysator für Erfolg und Wachstum – sowohl auf persönlicher als auch auf beruflicher Ebene. Sie beginnt in deinem Geist, in deiner Bereitschaft, alte Denkmuster loszulassen und dich für neue Ideen und Möglichkeiten zu öffnen. Innovation erfordert Mut, Kreativität und die Fähigkeit, aus Rückschlägen zu lernen.

Denke daran: Du bist der Schöpfer deiner Innovation. Ob in deinem Beruf, in deinem persönlichen Leben oder in deinem spirituellen Weg – Innovation ist der Schlüssel, der Türen zu neuen Möglichkeiten öffnet. Sei bereit, Risiken einzugehen, mutig zu sein und dich immer wieder neu zu erfinden. Denn nur durch Innovation wirst du dein volles Potenzial entfalten und den Erfolg erreichen, den du dir wünschst.

Ständiges Lernen und persönliche Weiterentwicklung

Wachstum und Erfolg gehen Hand in Hand mit kontinuierlichem Lernen und persönlicher Weiterentwicklung. In einer Welt, die sich ständig verändert, ist der Schlüssel zum Erfolg die Bereitschaft, lebenslang zu lernen und sich immer wieder neu zu erfinden. Der Weg des Lernens endet nie. Es ist nicht nur eine äußere Notwendigkeit, um sich an neue Herausforderungen und Möglichkeiten anzupassen, sondern auch ein innerer Prozess des Erwachens und der Selbstentfaltung.

Diejenigen, die sich dem ständigen Lernen verschreiben, führen ein erfüllteres und erfolgreicheres Leben! Sie verstehen, dass jeder Tag eine Gelegenheit ist, zu wachsen, sich zu entwickeln und neue Einsichten zu gewinnen. Ständiges Lernen ist nicht nur ein Werkzeug des äußeren Erfolgs, sondern auch ein Weg zu innerem Frieden und persönlicher Erfüllung.

In diesem Kapitel werde ich dir zeigen, wie du die Kunst des lebenslangen Lernens meisterst und sie als Grundlage für deine persönliche und berufliche Weiterentwicklung nutzt. Denn nur wenn du bereit bist, dich kontinuierlich weiterzubilden und zu reflektieren, kannst du dein volles Potenzial entfalten.

1. Die Bedeutung des lebenslangen Lernens

Ständiges Lernen ist der Treibstoff für persönliches Wachstum und Erfolg. Es bedeutet, offen zu bleiben für neue Ideen, neue Perspektiven und neue Fähigkeiten. In unserer schnelllebigen Welt reicht es nicht aus, sich auf alten Erfolgen auszuruhen oder in festgefahrenen Mustern zu verharren. Die Fähigkeit, sich ständig weiterzuentwickeln, ist der Schlüssel, um nicht nur erfolgreich, sondern auch relevant zu bleiben.

Lernen ist mehr als das bloße Aneignen von Wissen – es ist ein Prozess der Transformation. Jedes Mal, wenn du etwas Neues lernst, erweiterst du nicht nur deine intellektuellen Fähigkeiten, sondern auch dein Bewusstsein. Du entwickelst eine neue Perspektive auf die Welt und auf dich selbst. Dieser Prozess führt nicht nur zu äußeren Erfolgen, sondern auch zu einem tieferen Verständnis deiner selbst und deiner Lebensziele.

Frage dich: „Bin ich bereit, jeden Tag etwas Neues zu lernen?". Diese Haltung des Lernens öffnet dir Türen zu neuen Möglichkeiten und verleiht dir die Fähigkeit, auf Veränderungen flexibel zu reagieren. Menschen, die ständig lernen, sind weniger anfällig für Stillstand oder Rückschläge, weil sie immer nach vorne blicken und nach neuen Wegen suchen, sich weiterzuentwickeln.

2. Die innere Haltung: Offenheit und Neugier kultivieren

Die Grundlage für ständiges Lernen ist eine innere Haltung der Offenheit und Neugier. Viele Menschen hören auf zu lernen, weil sie glauben, sie wüssten bereits genug oder hätten alles Wichtige erreicht. Doch wahres Wachstum erfordert Demut – das Bewusstsein, dass es immer noch etwas zu lernen gibt, dass es immer neue Ebenen des Verstehens und der Meisterschaft gibt.

Als Lebenslehrer und Meditationslehrer betone ich oft, dass der erste Schritt auf dem Weg des Lernens darin besteht, die Annahme aufzugeben, alles zu wissen.

Frage dich: „Wo kann ich noch wachsen? Welche Bereiche meines Lebens oder meines Wissens habe ich bisher vernachlässigt?". Diese innere Neugier öffnet dir die Tür zu neuen Erkenntnissen und vertieftem Verständnis.

Ein weiterer wichtiger Aspekt der Lernhaltung ist die Fähigkeit, Fehler und Herausforderungen nicht als Rückschläge, sondern als Lernchancen zu betrachten. Jeder Fehler, jede schwierige Situation birgt eine wertvolle Lektion, wenn du bereit bist, sie zu erkennen. Übe dich im Konzept des „Failing Forward" – das bewusste Lernen aus Misserfolgen. Menschen, die ständig lernen, sehen Rückschläge nicht als Endpunkt, sondern als notwendige Schritte auf dem Weg zum Erfolg.

3. Der Weg zur Meisterschaft: Tiefe statt Breite

Ständiges Lernen bedeutet nicht, sich auf allen Gebieten ein oberflächliches Wissen anzueignen. Wahres Wachstum entsteht durch Tiefe, nicht durch Breite. Es geht darum, in bestimmten Bereichen Meisterschaft zu erlangen und sich auf das zu konzentrieren, was für dich wirklich wichtig ist.

Tiefe, fokussierte Arbeit, führt zu einem tieferen Verständnis und einer besseren Beherrschung von Fähigkeiten. Anstatt von einem Thema zum nächsten zu springen, solltest du dir bewusst Bereiche auswählen, in denen du Meisterschaft erlangen möchtest. Dies bedeutet, dass du bereit sein musst, Zeit und Mühe zu investieren, um ein tiefes Verständnis und Können in diesen Bereichen zu entwickeln.

Frage dich: „In welchen Bereichen möchte ich wirklich Meisterschaft erlangen?". Indem du deine Lernenergie fokussierst, kannst du tief in ein Thema eintauchen und eine Expertise entwickeln, die dir langfristig viel mehr Nutzen bringt als oberflächliches Wissen in vielen Bereichen.

4. Praktisches Lernen: Theorie in die Tat umsetzen

Ein weiterer Schlüssel zum ständigen Lernen ist, das Gelernte in die Praxis umzusetzen. Wissen ohne Anwendung ist wertlos. Wahres Lernen entsteht, wenn du die Theorie in die Tat umsetzt und durch die Praxis Erfahrungen sammelst. Dies gilt sowohl für berufliche als auch für persönliche Fähigkeiten.

Überaus wichtig ist praktisches Lernen. Die besten Erkenntnisse gewinnst du nicht durch das bloße Lesen oder Studieren, sondern durch das Anwenden des Gelernten in der realen Welt.

Frage dich: „Wie kann ich das, was ich lerne, in meinem Leben anwenden?". Jede Lektion, jede Theorie sollte einen praktischen Nutzen haben, der dir hilft, deine Ziele zu erreichen oder dein Verständnis zu vertiefen.

Ein wesentlicher Aspekt des praktischen Lernens ist die Bereitschaft, Erfahrungen zu sammeln, auch wenn sie nicht perfekt sind. „Handeln ist besser als Perfektion". Du musst nicht alles perfekt wissen, bevor du etwas in die Tat umsetzt. Lerne durch Handeln und korrigiere deine Fehler auf dem Weg - bevor du an Perfektion stirbst!

5. Mentoren und Vorbilder: Lerne von den Besten

Ständiges Lernen wird durch die Unterstützung von Mentoren und Vorbildern erheblich erleichtert. Ein Mentor ist jemand, der den Weg vor dir gegangen ist und dir helfen kann, Fehler zu vermeiden und schneller voranzukommen. Ich habe oft gesehen, wie die richtigen Mentoren den Unterschied zwischen Mittelmäßigkeit und Meisterschaft machen können.

Ein Mentor kann dir nicht nur wertvolle Ratschläge geben, sondern dir auch eine neue Perspektive auf deine Herausforderungen bieten.

Frage dich: „Wer kann mir auf meinem Weg als Mentor oder Vorbild dienen?". Diese Menschen sind oft bereit, ihr Wissen und ihre Erfahrungen zu teilen, um dir zu helfen, schneller und erfolgreicher zu wachsen.

Vorbilder sind ebenfalls von unschätzbarem Wert. Sie zeigen dir, was möglich ist, und inspirieren dich, über deine eigenen Grenzen hinauszuwachsen. Lerne von den Besten – studiere ihre Wege, ihre Strategien und ihre Denkweise. Indem du von erfolgreichen Menschen lernst, die bereits dort sind, wo du hinwillst, kannst du deinen eigenen Weg klarer sehen und schneller Fortschritte machen.

6. Persönliche Reflexion: Lerne von dir selbst

Ein oft übersehener Aspekt des ständigen Lernens ist die Selbstreflexion. Du kannst nicht nur von äußeren Quellen lernen, sondern auch von dir selbst. Die Praxis der Selbstreflexion ermöglicht es dir, deine eigenen Erfahrungen, Gedanken und Verhaltensweisen zu analysieren und daraus zu lernen.

Nimm dir regelmäßig Zeit, um innezuhalten und zu reflektieren: „Was habe ich in den letzten Tagen oder Wochen gelernt? Welche Muster erkenne ich in meinen Erfahrungen?". Diese Reflexion gibt dir die Möglichkeit, aus deinen eigenen Erfahrungen zu lernen und bewusste Anpassungen vorzunehmen.

Durch regelmäßige Reflexion gewinnst du tiefere Einsichten in dich selbst und kannst dein Leben bewusst steuern. Es ist wichtig, sich immer wieder zu fragen: „Was hat in der Vergangenheit funktioniert, und was kann ich besser machen?". Diese Form des Lernens führt zu einem tiefen, inneren Wachstum, das dich auf deinem Weg weiterbringt.

7. Ständiges spirituelles Lernen: Der Weg nach innen

Lernen und Weiterentwicklung finden nicht nur auf der äußeren Ebene statt – sie haben auch eine spirituelle Dimension. Spirituelles Lernen bedeutet, sich nach innen zu wenden, um die tiefsten Wahrheiten über sich selbst und das Leben zu erkennen. Wahres Lernen basiert nicht nur auf Wissen, sondern auf Erkenntnis.

Spirituelles Lernen ist ein unendlicher Prozess der Selbstentdeckung. Es geht darum, dein Bewusstsein zu erweitern, alte Glaubensmuster loszulassen und tiefere Ebenen des Verstehens und der Weisheit zu erreichen. Dies erfordert oft die Bereitschaft, in Stille zu gehen, zu meditieren und sich mit deinem inneren Selbst zu verbinden.

Frage dich: „Wie kann ich mein spirituelles Lernen vertiefen?". Durch regelmäßige Meditation, Achtsamkeit und innere Reflexion kannst du dein Bewusstsein erweitern und dein Leben auf einer tieferen Ebene verstehen. Diese Form des Lernens führt nicht nur zu persönlichem Wachstum, sondern auch zu innerem Frieden und Erfüllung.

Fazit: Der lebenslange Weg des Lernens

Ständiges Lernen und persönliche Weiterentwicklung sind der Schlüssel zu einem erfüllten und erfolgreichen Leben. Sie erfordern Offenheit, Neugier und die Bereitschaft, aus jeder Erfahrung zu lernen. Ob in beruflichen, persönlichen oder spirituellen Bereichen – der Weg des Lernens endet nie.

Denke daran: Du bist der Schöpfer deines Wachstums. Indem du bereit bist, kontinuierlich zu lernen und dich zu entwickeln, wirst du nicht nur deine Ziele erreichen, sondern auch ein tieferes Verständnis von dir selbst und der Welt um dich herum erlangen. Lerne, wachse und entwickle dich – und du wirst entdecken, dass der Weg des ständigen Lernens der wahre Schlüssel zu langfristigem Erfolg und innerer Erfüllung ist.

Wachstum durch Veränderung und Anpassung

Veränderung ist die einzige Konstante im Leben. Doch während der Wandel allgegenwärtig ist, haben viele Menschen Schwierigkeiten, sich ihm anzupassen. Veränderung ruft Unsicherheit, Angst und Widerstand hervor – sie fordert uns heraus, alte Gewohnheiten und Denkmuster loszulassen und uns auf das Unbekannte einzulassen. Doch Veränderung ist auch der Schlüssel zum Wachstum, sowohl auf persönlicher als auch auf beruflicher Ebene. Es ist die Kraft, die uns weiterbringt, uns formt und uns neue Möglichkeiten eröffnet, die wir vorher nicht sehen konnten.

Ich habe unzählige Menschen und Unternehmen dabei unterstützt, den Prozess der Veränderung zu durchlaufen. Veränderung und Anpassung sind nicht nur notwendige Bestandteile des Lebens, sondern auch kraftvolle Werkzeuge, um persönliches und berufliches Wachstum zu fördern. In diesem Kapitel möchte ich dir zeigen, wie du die Prinzipien der Veränderung und Anpassung nutzen kannst, um dein eigenes Wachstum zu beschleunigen und ein Leben voller Erfüllung und Erfolg zu schaffen.

1. Veränderung als unvermeidlicher Bestandteil des Lebens

Veränderung ist eine grundlegende Wahrheit des Lebens. Alles, was lebt, verändert sich. Diese Veränderung geschieht auf natürliche Wiese, ob wir es wollen oder nicht. Die Frage ist also nicht, ob wir Veränderungen erleben werden, sondern wie wir auf diese Veränderungen reagieren.

Viele Menschen fürchten sich vor Veränderungen, weil sie das Vertraute und Bequeme loslassen müssen. Doch in Wahrheit ist Veränderung eine Gelegenheit, sich zu erneuern, zu wachsen und neue Wege zu gehen. Stillstand ist der wahre Feind des Erfolgs. Wenn du dich der Veränderung widersetzt, blockierst du dein eigenes Wachstum. Du stagnierst und riskierst, dich in alten Mustern zu verlieren, die dich nicht mehr weiterbringen.

Frage dich: „Wie stehe ich zum Thema Veränderung?". Betrachtest du sie als Bedrohung oder als Möglichkeit? Die Art und Weise, wie du auf Veränderungen reagierst, bestimmt maßgeblich, ob du in deinem Leben Erfolg und Wachstum erfährst oder ob du stagnierst. Wenn du lernst, Veränderungen nicht nur zu akzeptieren, sondern sie als integralen Bestandteil deines Lebens zu sehen, wirst du in der Lage sein, sie zu nutzen, um dein volles Potenzial zu entfalten.

2. Die innere Haltung gegenüber Veränderung: Flexibilität und Offenheit

Der erste Schritt, um Wachstum durch Veränderung zu fördern, ist eine flexible und offene innere Haltung zu entwickeln. Als Erfolgs-Coach und Lebenslehrer betone ich immer wieder, dass der Schlüssel zur Anpassung an Veränderungen in unserem Mindset liegt. Veränderung erfordert eine geistige Flexibilität, die es uns ermöglicht, uns schnell an neue Situationen anzupassen und aus ihnen zu lernen.

Frage dich: „Bin ich offen für Veränderungen?". Eine offene Haltung bedeutet, bereit zu sein, alte Überzeugungen, Denkmuster und Verhaltensweisen in Frage zu stellen. Es bedeutet, loszulassen, was nicht mehr funktioniert, und Raum für neue Ansätze zu schaffen. Wenn du dich gegen Veränderung sträubst, bleibst du in den alten Mustern gefangen, die dein Wachstum behindern. Doch wenn du offen und flexibel bleibst, wirst du in der Lage sein, die Chancen zu erkennen, die Veränderung mit sich bringt.

Gerne helfe ich dir als NLP-Therapeut mit speziellen Methoden und Techniken bei der spielenden Veränderung von Denkmustern, um deine innere Haltung zu transformieren. Eine der kraftvollsten Techniken ist das Reframing – die Fähigkeit, eine Situation aus einer neuen Perspektive zu betrachten. Anstatt Veränderung als Verlust zu sehen, frage dich: „Was kann ich aus dieser Veränderung lernen?". Diese einfache Frage hilft dir, deinen Fokus zu verschieben und die verborgenen Möglichkeiten in jeder Veränderung zu erkennen.

3. Wachstum durch Anpassung: Lernen, flexibel zu bleiben

Anpassungsfähigkeit ist eine der wichtigsten Fähigkeiten, die du entwickeln kannst, um in einer sich ständig verändernden Welt erfolg-REICH zu sein. Sie ist die Fähigkeit, sich schnell auf neue Umstände einzustellen, ohne den inneren Kompass zu verlieren. Anpassung bedeutet nicht, sich selbst oder seine Ziele zu verraten, sondern intelligent und flexibel auf neue Herausforderungen und Möglichkeiten zu reagieren.

Ich habe oft gesehen, dass Unternehmen und Menschen, die sich erfolgreich an Veränderungen anpassen, die größten Erfolge erzielen. Sie sind in der Lage, neue Marktanforderungen oder persönliche Herausforderungen als Chance zu sehen und ihre Strategien entsprechend anzupassen. Anpassungsfähigkeit ist der Schlüssel zu nachhaltigem Erfolg, weil sie es dir ermöglicht, in einer sich wandelnden Welt zu wachsen, anstatt von ihr überwältigt zu werden.

Frage dich: „Wie flexibel bin ich, wenn sich die Dinge ändern?". Kannst du deine Pläne anpassen, wenn es notwendig ist, oder klammerst du dich an alte Strukturen, die nicht mehr funktionieren? Die Fähigkeit zur Anpassung erfordert eine Balance zwischen Klarheit über deine Ziele und der Flexibilität, den Weg dorthin bei Bedarf zu ändern. Je mehr du diese Fähigkeit entwickelst, desto erfolgreicher wirst du in jeder Situation sein.

4. Veränderung als Chance für persönliches Wachstum

Veränderung ist nicht nur eine äußere Notwendigkeit – sie ist auch eine spirituelle und persönliche Chance für tiefes inneres Wachstum. Jeder Wandel, dem du gegenüberstehst, bietet dir die Gelegenheit, mehr über dich selbst zu lernen, deine inneren Stärken zu entdecken und alte, limitierende Muster loszulassen. Die größten Durchbrüche geschehen in Momenten der Veränderung – wenn Menschen gezwungen sind, sich neu auszurichten und sich ihrer wahren Essenz zuzuwenden.

Jede Veränderung bringt Herausforderungen mit sich, aber sie bietet auch die Möglichkeit, über dich selbst hinauszuwachsen. Es ist die Chance, dein Leben neu zu gestalten und dich mit deinem höchsten Selbst zu verbinden. Wachstum durch Veränderung bedeutet, dass du bereit bist, die alten Teile von dir, die nicht mehr zu deinem höchsten

Potenzial passen, loszulassen, um Platz für neue Erfahrungen und Einsichten zu schaffen.

Frage dich: „Welche Bereiche meines Lebens brauchen Veränderung?". Manchmal spüren wir intuitiv, dass etwas in unserem Leben nicht mehr funktioniert – sei es eine Beziehung, ein Job oder eine Gewohnheit. Doch anstatt die notwendigen Veränderungen zuzulassen, halten wir oft aus Angst oder Bequemlichkeit daran fest. Wahres Wachstum entsteht, wenn du den Mut hast, Veränderungen anzunehmen und die notwendigen Schritte zu unternehmen, um dein Leben in eine neue Richtung zu lenken.

5. Die Kraft des Loslassens:
Warum Veränderung immer mit Loslassen beginnt

Einer der schwierigsten Aspekte der Veränderung ist das Loslassen. Ob es sich um alte Gewohnheiten, Überzeugungen, Beziehungen oder Lebensweisen handelt – Loslassen ist oft schmerzhaft, weil es uns zwingt, das Bekannte hinter uns zu lassen und uns auf das Unbekannte einzulassen. Doch Loslassen ist der erste Schritt zur Erneuerung und zum Wachstum.

Ich möchte dich ermutigen, den Prozess des Loslassens zu umarmen, anstatt dich dagegen zu wehren. Loslassen bedeutet nicht, dass du verlierst – es bedeutet, dass du Raum für Neues schaffst. Es ist der notwendige Schritt, um alte Wunden zu heilen, veraltete Muster zu durchbrechen und Platz für neue Möglichkeiten zu schaffen.

Frage dich: „Was halte ich fest, das mich zurückhält?". Oft sind es alte Überzeugungen oder Verhaltensmuster, die uns daran hindern, uns weiterzuentwickeln. Indem du bewusst loslässt, was nicht mehr zu deinem Wachstum beiträgt, machst du Platz für neue Erfahrungen, die dein Leben auf eine tiefere und erfüllendere Ebene bringen.

6. Veränderung und Anpassung in Unternehmen: Warum Agilität der Schlüssel zum Erfolg ist

Für Unternehmen ist Veränderung eine tägliche Realität. Der Markt verändert sich, die Technologie entwickelt sich weiter, und die Bedürfnisse der Kunden verändern sich ständig. In einer solchen Welt ist Agilität der Schlüssel zum langfristigen Erfolg. Unternehmen, die sich schnell an Veränderungen anpassen können, sind in der Lage, neue Chancen zu ergreifen und sich gegen ihre Konkurrenz zu behaupten.

Als spiritueller Unternehmensberater lehre ich oft die Prinzipien der agilen Führung. Agilität bedeutet, dass ein Unternehmen nicht nur reaktiv auf Veränderungen reagiert, sondern proaktiv neue Wege findet, um sich zu entwickeln. Es bedeutet, dass die Führung offen für Innovationen ist, dass die Mitarbeiter ermutigt werden, kreativ zu denken, und dass das Unternehmen bereit ist, sich selbst zu hinterfragen, um besser zu werden.

Frage dich: „Wie agil ist mein Unternehmen?". Bist du bereit, alte Strukturen zu hinterfragen und neue Wege zu gehen, um den Herausforderungen des Marktes gerecht zu werden? Agilität erfordert Mut, Offenheit und die Fähigkeit, Risiken einzugehen – doch sie ist der Schlüssel, um langfristig erfolgreich zu sein.

7. Spirituelles Wachstum durch Veränderung: Die innere Reise

Veränderung ist nicht nur eine äußere Realität – sie ist auch eine spirituelle Reise. In meiner Arbeit als geweihter Bodhisattva lehre ich oft, dass der wahre Weg des Wachstums nach innen führt. Jede Veränderung im Außen ist eine Einladung, tiefer in dich selbst einzutauchen und dein inneres Potenzial zu entdecken. Spirituelles Wachstum durch Veränderung bedeutet, dass du jede Herausforderung als Möglichkeit siehst, dich selbst besser kennenzulernen und deine Verbindung zu deinem höheren Selbst zu vertiefen.

Veränderung auf der spirituellen Ebene bedeutet, alte Glaubensmuster loszulassen, die dich in der Illusion des Getrenntseins halten. Es bedeutet, die universelle Wahrheit zu erkennen, dass Veränderung Teil des göttlichen Plans ist, der dich auf deinem Weg zur Erleuchtung leitet. Jede Veränderung ist ein Schritt in Richtung deiner wahren Natur und deiner höheren Bestimmung.

Frage dich: „Wie kann ich durch Veränderung spirituell wachsen?". Jede Herausforderung, jeder Wandel bietet dir die Möglichkeit, deine inneren Blockaden zu erkennen und zu transformieren. Durch Meditation, Achtsamkeit und innere Reflexion kannst du den Prozess der Veränderung bewusst nutzen, um dich spirituell weiterzuentwickeln.

Fazit: Wachstum durch Veränderung und Anpassung

Veränderung und Anpassung sind die Schlüssel zu Wachstum und Erfolg. Sie fordern dich heraus, deine Komfortzone zu verlassen, alte Muster loszulassen und neue Wege zu gehen. Ob im beruflichen oder persönlichen Leben – die Fähigkeit, flexibel zu bleiben und Veränderung als Chance zu sehen, ist der Schlüssel zu langfristigem Erfolg und Erfüllung.

Denke daran: Du bist der Schöpfer deines Wachstums. Indem du Veränderungen annimmst, flexibel bleibst und bereit bist, dich anzupassen, wirst du in der Lage sein, jede Herausforderung in eine Möglichkeit zu verwandeln. Veränderung ist der Motor des Lebens – und wenn du bereit bist, dich mit ihr weiterzuentwickeln, wirst du dein volles Potenzial entfalten und ein erfülltes, erfolgreiches Leben führen.

Kapitel 10: Dein Erfolg ist DEINE Entscheidung

Die letzten Schritte zu Deinem Erfolg

Erfolg ist kein Zufall, kein Geschenk des Schicksals und keine Laune des Universums. Erfolg ist eine Entscheidung – eine bewusste Wahl, die du jeden Tag, in jedem Moment, triffst. Diese Entscheidung bestimmt nicht nur, wie du deine Ziele erreichst, sondern auch, wer du auf dem Weg wirst. Erfolg ist weniger das Endziel als der Weg, den du wählst, um deine Träume zu verwirklichen. Und dieser Weg beginnt in deinem Inneren – in deinem Mindset, deinen Glaubenssätzen und deiner Bereitschaft, Verantwortung für dein Leben zu übernehmen.

Ich habe immer wieder erlebt, dass der entscheidende Unterschied zwischen erfolgreichen und weniger erfolgreichen Menschen in der inneren Haltung liegt. Erfolgreiche Menschen wissen, dass sie die Schöpfer ihrer Realität sind. Sie warten nicht darauf, dass Erfolg zu ihnen kommt – sie gestalten ihn aktiv, indem sie Entscheidungen treffen, die auf ihren höchsten Zielen und Werten basieren.

In diesem fast letzten Kapitel werden wir die letzten Schritte zu deinem Erfolg besprechen. Du wirst erkennen, dass du bereits alles in dir trägst, was du brauchst, um erfolgreich zu sein. Es liegt allein an dir, diese Entscheidung bewusst zu treffen und den Weg zu gehen, der dich zu deinen Zielen führt.

1. Die bewusste Entscheidung für Erfolg

Der erste Schritt zu deinem Erfolg ist die bewusste Entscheidung, erfolgreich zu sein. Viele Menschen träumen von Erfolg, aber nur wenige treffen die klare, unmissverständliche Entscheidung, ihn auch zu verwirklichen. Sie wünschen sich Erfolg, aber sie lassen sich von Ängsten,

Zweifeln oder äußeren Umständen abhalten. Doch Erfolg beginnt im Inneren – in deinem klaren Entschluss, dass du bereit bist, alles Notwendige zu tun, um deine Ziele zu erreichen.

Frage dich: Habe ich mich wirklich für Erfolg entschieden?". Diese Frage klingt einfach, doch sie erfordert Ehrlichkeit und Selbstreflexion. Oft glauben wir, dass wir Erfolg wollen, doch in Wahrheit halten uns innere Ängste oder unbewusste Selbstsabotage davon ab, den entscheidenden Schritt zu machen. Die Entscheidung für Erfolg bedeutet, dass du bereit bist, Verantwortung für dein Leben zu übernehmen und aktiv die Schritte zu gehen, die nötig sind, um deine Ziele zu erreichen.

Entscheidungen haben Macht! Wenn du dich bewusst für Erfolg entscheidest, veränderst du nicht nur dein Denken, sondern auch deine Energie und deine Handlungen. Du beginnst, dich anders zu verhalten, weil du weißt, dass du auf dem Weg bist, deine Träume zu verwirklichen. Diese Entscheidung setzt eine Kette von Ereignissen in Gang, die dich Schritt für Schritt deinem Ziel näherbringt.

2. Verantwortung übernehmen: Du bist der Schöpfer deines Lebens

Ein weiterer entscheidender Schritt zu deinem Erfolg ist die Bereitschaft, Verantwortung für dein Leben zu übernehmen. Dies bedeutet, dass du erkennst, dass du der Schöpfer deiner Realität bist und dass du die Macht hast, dein Leben in die Richtung zu lenken, die du dir wünschst. Erfolgreiche Menschen wissen, dass sie nicht Opfer der Umstände sind – sie gestalten ihre Umstände aktiv.

Frage dich: „In welchen Bereichen meines Lebens übernehme ich noch keine volle Verantwortung?". Es ist leicht, äußeren Umständen oder anderen Menschen die Schuld zu geben, wenn Dinge nicht so laufen, wie du es dir wünschst. Doch diese Haltung hält dich in einer passiven

Opferrolle fest. Wahres Wachstum und Erfolg entstehen erst, wenn du die Verantwortung für alle Aspekte deines Lebens übernimmst – sowohl für deine Erfolge als auch für deine Misserfolge.

Verantwortung bedeutet, dass du anerkennst, dass du die Macht hast, Veränderungen vorzunehmen. Wenn etwas in deinem Leben nicht funktioniert, kannst du die Entscheidung treffen, es zu ändern. Als spiritueller Berater lehre ich oft, dass die Übernahme von Verantwortung der erste Schritt zur Befreiung ist. Es gibt dir die Macht zurück, dein Leben bewusst zu gestalten und nicht den Launen des Schicksals oder den Erwartungen anderer ausgesetzt zu sein.

3. Die Kraft des Fokus: Richte deine Energie auf deine Ziele

Einer der mächtigsten Schritte auf dem Weg zum Erfolg ist die Kraft des Fokus. Deine Energie folgt deiner Aufmerksamkeit. Wenn du dich auf deine Ziele konzentrierst, wirst du automatisch beginnen, die richtigen Schritte zu unternehmen, um sie zu erreichen. Doch viele Menschen lassen sich von Ablenkungen, Zweifeln oder äußeren Umständen ablenken, was dazu führt, dass sie ihren Fokus verlieren und nicht die gewünschten Ergebnisse erzielen.

Frage dich: „Worauf fokussiere ich mich täglich?". Erfolg erfordert eine bewusste, konsequente Ausrichtung deiner Gedanken, Emotionen und Handlungen auf deine Ziele. Es bedeutet, dass du bereit bist, Ablenkungen zu eliminieren und deinen Fokus auf das zu richten, was wirklich wichtig ist. In meiner Arbeit als Mentaltrainer lehre ich oft Techniken zur Fokussierung, wie zum Beispiel Visualisierung oder Meditation, um den Geist zu schärfen und die Energie gezielt auf das gewünschte Ziel zu lenken.

Ein klarer Fokus bringt Klarheit und Durchhaltevermögen. Du wirst in der Lage sein, Hindernisse zu überwinden, weil du dein Ziel klar vor Augen hast und bereit bist, die notwendigen Schritte zu unternehmen, um es zu erreichen. Ohne Fokus verstreut sich deine Energie, und du verlierst dich in Nebensächlichkeiten. Doch mit einem klaren Fokus wirst du in der Lage sein, deinen Weg mit Entschlossenheit und Klarheit zu gehen.

4. Die Macht der kleinen Schritte:
Kontinuierlicher Fortschritt führt zum Erfolg

Viele Menschen glauben, dass Erfolg durch große, dramatische Veränderungen oder Durchbrüche entsteht. Doch in Wahrheit wird Erfolg oft durch kleine, kontinuierliche Schritte erreicht. Es sind die täglichen, bewussten Handlungen, die langfristig den größten Unterschied machen. Der Schlüssel ist Beständigkeit – die Fähigkeit, jeden Tag etwas für deine Ziele zu tun, auch wenn es nur kleine Schritte sind.

Frage dich: „Welche kleinen Schritte kann ich heute tun, um meinem Ziel näherzukommen?". Erfolg erfordert Geduld und Ausdauer. Du musst bereit sein, kontinuierlich an deinen Zielen zu arbeiten, auch wenn die Fortschritte auf den ersten Blick klein erscheinen. Jeder kleine Schritt, den du machst, bringt dich deinem Ziel näher. Es ist der Prozess des kontinuierlichen Fortschritts, der letztlich zum Erfolg führt.

Der Weg des Erfolges ist eine Reise, kein einmaliges Ereignis. Jeder Schritt auf diesem Weg zählt. Es ist die Summe deiner täglichen Entscheidungen und Handlungen, die dich letztlich zum Erfolg führt. Setze dir daher kleine, erreichbare Ziele und arbeite jeden Tag daran, diese zu erreichen. Diese kleinen Erfolge werden sich im Laufe der Zeit summieren und dir den großen Erfolg bringen, den du dir wünschst.

5. Selbstvertrauen und innere Stärke entwickeln

Erfolg erfordert Selbstvertrauen und innere Stärke. Du musst an dich selbst und deine Fähigkeiten glauben, um die Herausforderungen zu meistern, die auf dem Weg zu deinem Erfolg unweigerlich auftreten werden. Selbstvertrauen bedeutet, dass du trotz Rückschlägen und Hindernissen fest an deinen Erfolg glaubst und bereit bist, weiterzumachen, auch wenn es schwierig wird.

Frage dich: „Wie stark ist mein Vertrauen in mich selbst?". Selbstvertrauen entsteht nicht über Nacht – es wird durch Erfahrung, durch Überwindung von Herausforderungen und durch den Glauben an deine eigene innere Kraft aufgebaut. Ich arbeite oft mit Menschen daran, tiefsitzende Zweifel und negative Glaubenssätze aufzulösen, die ihr Selbstvertrauen untergraben. Indem du diese Blockaden löst, kannst du ein starkes Fundament des Selbstvertrauens aufbauen, das dir hilft, auch in schwierigen Zeiten weiterzugehen.

Innere Stärke bedeutet auch, dass du die Fähigkeit entwickelst, dich nicht von äußeren Umständen oder den Meinungen anderer beeinflussen zu lassen. Du bleibst zentriert und klar in deiner Ausrichtung, auch wenn die äußere Welt unruhig oder herausfordernd ist. Diese innere Stärke ist es, die dir erlaubt, in schwierigen Zeiten durchzuhalten und dein Ziel nicht aus den Augen zu verlieren.

6. Der letzte Schritt: Glaube an deine Fähigkeit, erfolgreich zu sein

Der letzte Schritt zu deinem Erfolg ist der unerschütterliche Glaube, dass du erfolgreich sein wirst. Dieser Glaube ist das Fundament, auf dem alles andere aufbaut. Wenn du wirklich daran glaubst, dass du erfolgreich sein kannst, wird sich dein Denken, dein Verhalten und deine Energie automatisch auf dieses Ziel ausrichten. Dieser Glaube gibt dir die Kraft, Hindernisse zu überwinden und trotz aller Herausforderungen weiterzumachen.

Frage dich: „Glaube ich wirklich daran, dass ich Erfolg haben werde?". Dieser Glaube muss tief in deinem Inneren verankert sein. Es reicht nicht, oberflächlich zu sagen, dass du Erfolg willst – du musst es auf einer tieferen Ebene spüren und wissen. Dieser Glaube gibt dir die Kraft, auch dann weiterzumachen, wenn der Weg schwierig wird!

Glauben die stärkste Kraft im Universum, und kein religiöser oder esoterischer Unsinn; auch wenn man gerne dazu neigt sich das einzureden oder ebenso gerne als Ausrede verwendet wird, für die eigene Unfähigkeit oder auch unbewusste Unwilligkeit aktiv zu werden. Wenn du wirklich an deinen Erfolg glaubst und aktiv wirst und bist, werden sich Türen öffnen, Menschen werden in dein Leben treten, die dich unterstützen, und du wirst in der Lage sein, alles zu erreichen, was du dir vornimmst.

Fazit: Erfolg ist DEINE Entscheidung

Am Ende deines Weges zum Erfolg steht eine einfache Wahrheit: Erfolg ist deine Entscheidung. Es liegt an dir, die Verantwortung zu übernehmen, klare Entscheidungen zu treffen und den Mut zu haben, den Weg zu gehen. Du hast die Macht, dein Leben zu gestalten und deine Ziele zu erreichen. Indem du bewusst entscheidest, erfolgreich zu sein, und die nötigen Schritte unternimmst, wirst du dein Leben auf eine neue Ebene des Wachstums, der Erfüllung und des Erfolgs führen.

Denke daran: Du bist der Schöpfer deines Erfolgs.

Warum es JETZT an der Zeit ist, deine Entscheidung zu treffen

Das Leben wartet nicht auf uns. Es ist ein fortwährender Fluss von Momenten, Entscheidungen und Gelegenheiten. Oft meinen wir, wir hätten Zeit – Zeit, um die richtigen Entscheidungen zu treffen, Zeit, um uns auf den Erfolg vorzubereiten, Zeit, um unsere Ziele zu verwirklichen. Doch das größte Missverständnis, das uns oft davon abhält, wirklich voranzukommen, ist der Glaube, dass wir morgen die Dinge ändern können, die heute wichtig sind. Doch die Wahrheit ist: JETZT ist der einzige Moment, der zählt.

Immer wieder lässt sich beobachten, dass der entscheidende Schritt zum Erfolg die bewusste Wahl ist, JETZT zu handeln. Nicht morgen, nicht nächste Woche, sondern genau JETZT, in diesem Augenblick. Denn in der Entscheidung, etwas zu tun oder etwas zu verändern, liegt immense Kraft. Sie ist der URsprung von Transformation und Erfolg. Wenn du diese Entscheidung triffst, öffnest du die Tür zu unbegrenzten Möglichkeiten. Und je länger du zögerst, desto mehr Gelegenheiten und Potenzial bleiben ungenutzt.

In diesem Kapitel werde ich dir zeigen, warum es jetzt an der Zeit ist, die Entscheidung für deinen Erfolg zu treffen – warum der gegenwärtige Moment der mächtigste ist, den du jemals haben wirst.

1. Der perfekte Zeitpunkt existiert nicht – außer im JETZT

Eine der größten Illusionen, die uns vom Handeln abhält, ist der Glaube an den perfekten Zeitpunkt. Wir warten auf den Moment, in dem alles passt, in dem wir uns vollkommen bereit fühlen, in dem keine Zweifel oder Unsicherheiten mehr bestehen. Doch dieser Moment kommt nie.

Die Wahrheit ist: Der perfekte Zeitpunkt existiert nicht!

Der Glaube, dass es bessere Zeiten geben wird, führt oft dazu, dass wir Entscheidungen hinausschieben. Wir warten auf das perfekte Umfeld, die perfekte Gelegenheit, die perfekte innere Verfassung – doch während wir warten, vergeht das Leben. Der perfekte Zeitpunkt, um zu handeln, ist immer JETZT. Denn im gegenwärtigen Moment liegt die Kraft, Veränderungen zu bewirken. Jede Entscheidung, die du triffst, verändert die Richtung deines Lebens.

Frage dich: „Auf was warte ich eigentlich?". Woran hindert dich dein Zögern? Der Weg zu deinem Erfolg beginnt mit der Entscheidung, in diesem Moment zu handeln, auch wenn die Umstände nicht ideal erscheinen. Die Macht liegt darin, deine Ziele mit dem zu verfolgen, was du jetzt hast, nicht mit dem, was du eines Tages haben wirst.

2. Jeder Tag ohne Entscheidung ist ein verlorener Tag

Jeder Tag, an dem du keine bewusste Entscheidung für dein Wachstum und deinen Erfolg triffst, ist ein verlorener Tag. Es ist ein Tag, an dem du auf dein Potenzial verzichtest, auf deine Möglichkeiten, auf das Leben, das du dir wünschst. Und diese verlorenen Tage summieren sich. Wochen, Monate und Jahre können vergehen, ohne dass du einen wirklichen Schritt in Richtung deiner Träume machst.

Ich sehe oft Menschen, die jahrelang auf den richtigen Moment warten – und dann zurückblicken und sich fragen, warum sie nicht schon früher gehandelt haben. Es ist nie zu spät, aber je länger du wartest, desto mehr Zeit geht verloren. Der einzige Weg, das zu vermeiden, ist, jeden Tag als wertvoll und einzigartig zu betrachten – als eine Gelegenheit, die Entscheidung zu treffen, voranzugehen.

Frage dich: „Was könnte ich heute tun, um meinem Ziel näherzukommen?". Selbst die kleinsten Schritte zählen, doch der Schlüssel liegt darin, sie zu tun. Jeder Tag, an dem du eine Entscheidung triffst und ins Handeln kommst, ist ein Tag, an dem du deinem Erfolg ein Stück näherkommst. Warte nicht auf den idealen Zeitpunkt – entscheide dich jetzt und nutze jeden Tag, um dein Leben bewusst zu gestalten.

3. JETZT ist der Moment, an dem du die Kontrolle hast

Wir haben keine Kontrolle über die Vergangenheit, und die Zukunft ist ungewiss. Doch was du in der Hand hast, ist der gegenwärtige Moment. In ihm liegt deine Macht. Der jetzige Moment ist die einzige Zeit, in der du tatsächlich handeln kannst. Was du heute tust, bestimmt deine Zukunft. Alles, was du bis hierhin erlebt hast, hat dich zu diesem Punkt gebracht – doch was du JETZT entscheidest, wird bestimmen, wohin du gehst.

Die ist Gegenwart der einzige Ort, an dem wahre Veränderung geschehen kann. Wir können die Vergangenheit nicht ändern, aber wir können sie durch die Entscheidungen, die wir heute treffen, neu interpretieren und transformieren. Wir können nicht vorhersehen, was die Zukunft bringt, aber wir können sicherstellen, dass die Entscheidungen, die wir jetzt treffen, uns auf den richtigen Weg bringen.

Frage dich: „Was kann ich heute tun, um die Kontrolle über meine Zukunft zu übernehmen?". Du hast die Macht, deine Zukunft durch das zu gestalten, was du jetzt entscheidest. Jede Handlung, die du im jetzigen Moment vornimmst, formt die Zukunft, die du erleben wirst. Lass den gegenwärtigen Moment nicht ungenutzt verstreichen – treffe bewusste Entscheidungen und übernimm die Kontrolle über dein Leben.

4. Veränderung geschieht durch Entscheidung – nicht durch Warten

Viele Menschen warten darauf, dass sich etwas von selbst ändert – dass die Umstände besser werden, dass neue Möglichkeiten auftauchen oder dass das Leben sie auf magische Weise dorthin führt, wo sie sein wollen. Doch Veränderung geschieht nicht durch Warten. Veränderung geschieht durch Entscheidung. Sie beginnt mit der bewussten Wahl, etwas zu tun, anders zu handeln, neue Wege zu gehen.

Als Hypnose-Therapeut arbeite ich oft mit Menschen, die das Gefühl haben, in ihrem Leben festzustecken. Sie warten darauf, dass sich die äußeren Umstände ändern, bevor sie handeln. Doch der erste Schritt zur Veränderung ist die Entscheidung, sich selbst zu verändern – und das beginnt mit dem, was du JETZT tust.

Frage dich: „Was muss ich heute entscheiden, um die Veränderung zu bewirken, die ich mir wünsche?". Es gibt keine Veränderung ohne Entscheidung. Du kannst nicht warten, bis alles perfekt ist. Der Weg zur Veränderung beginnt damit, dass du die Verantwortung übernimmst und eine bewusste Wahl triffst. Wenn du jetzt handelst, setzt du den PROzess der Veränderung in Gang.

5. Ängste überwinden und ins Handeln kommen

Der größte Grund, warum wir zögern, ist oft Angst. Angst vor dem Unbekannten, vor dem Scheitern oder davor, nicht gut genug zu sein. Doch die Wahrheit ist: Jede Entscheidung, die aus Angst heraus aufgeschoben wird, verstärkt diese Angst nur. Indem du die Entscheidung nicht triffst, gibst du der Angst Macht über dein Leben.

Angst gewinnt nur dann an Macht, wenn wir ihr erlauben, uns zu kontrollieren. Doch sobald du den Schritt wagst und handelst, verliert die Angst ihren Einfluss. Mut ist nicht das Fehlen von Angst – es ist die Entscheidung, trotz der Angst zu handeln. Mut bedeutet, dich der Unsicherheit zu stellen und dennoch weiterzumachen.

Frage dich: „Welche Ängste halten mich zurück, und wie kann ich sie überwinden?". Der erste Schritt, um die Angst zu überwinden, ist die Entscheidung, dich nicht länger von ihr beherrschen zu lassen. Beginne mit kleinen Schritten und bewege dich nach vorne, auch wenn es unangenehm ist. Indem du ins Handeln kommst, stärkst du dein Vertrauen und erkennst, dass die meisten Ängste unbegründet sind.

6. JETZT ist der beste Zeitpunkt für dein Wachstum

Wachstum geschieht nicht in der Komfortzone – es geschieht durch die bewusste Entscheidung, Herausforderungen anzunehmen und sich zu entwickeln. Jeder Moment bietet dir die Möglichkeit, zu wachsen, doch nur, wenn du bereit bist, dich dem Prozess zu stellen. Wachstum erfordert Mut, Bereitschaft und die Entscheidung, den nächsten Schritt zu machen.

Ich darf hier die Bedeutung des gegenwärtigen Augenblicks für das persönliche Wachstum betonen! Nur im JETZT kannst du dich bewusst dafür entscheiden, alte Muster zu durchbrechen, neue Wege zu gehen und dich spirituell, emotional und intellektuell weiterzuentwickeln.

Frage dich: „Was kann ich JETZT tun, um mein Wachstum zu fördern?". Indem du dich bewusst für dein Wachstum entscheidest, schaffst du die Voraussetzungen für einen neuen Lebensabschnitt voller Möglichkeiten. Jeder kleine Schritt, den du jetzt machst, bringt dich näher an dein volles Potenzial.

Fazit: JETZT ist der Moment der Entscheidung

Am Ende deines Weges zum Erfolg steht eine einfache Wahrheit: Der einzige Moment, den du wirklich besitzt, ist das JETZT. Erfolg ist keine Frage des Schicksals oder der äußeren Umstände, sondern eine bewusste Entscheidung, die du in jedem Augenblick treffen kannst. Der Weg zum Erfolg beginnt mit der Entscheidung, im jetzigen Moment zu handeln, nicht zu warten, nicht zu zögern, sondern mutig voranzugehen.

Denke daran: Dein Erfolg liegt in deinen Händen, und der beste Zeitpunkt, ihn zu verwirklichen, ist JETZT.

Dein Leben als erfolgreiches Beispiel deiner Entscheidungen

Erfolg ist kein Zufall, sondern das Ergebnis einer Serie bewusster Entscheidungen. Jedes Detail deines Lebens – von deinen Beziehungen über deine Karriere bis hin zu deinem persönlichen Glück – spiegelt die Entscheidungen wider, die du im Laufe der Jahre getroffen hast. Dein Leben ist das beste Beispiel für deine Entscheidungen, ob sie bewusst oder unbewusst getroffen wurden. Jede Wahl, die du triffst, formt deinen Weg, deine Identität und letztlich den Erfolg, den du im Leben erfährst.

Der Schlüssel zum Erfolg liegt in der bewussten Gestaltung des eigenen Lebensweges! Erfolg entsteht, wenn du die Macht deiner Entscheidungen erkennst und sie mit Klarheit, Absicht und Verantwortung triffst. In diesem Kapitel werde ich dir zeigen, wie dein Leben zu einem lebendigen Zeugnis deiner Entscheidungen werden kann und warum es wichtig ist, dass du diese Macht annimmst.

1. Die bewusste Entscheidung für dein Leben

Der erste Schritt, um dein Leben als erfolgreiches Beispiel deiner Entscheidungen zu leben, ist die bewusste Wahl, wie du dein Leben gestalten möchtest. Viele Menschen gehen durchs Leben, ohne sich wirklich der Macht ihrer Entscheidungen bewusst zu sein. Sie lassen sich von äußeren Umständen treiben oder treffen Entscheidungen aus Gewohnheit, Angst oder Unsicherheit. Doch der Weg zum Erfolg beginnt mit der bewussten Wahl, wie du dein Leben gestalten willst.

Frage dich: „Habe ich wirklich die Kontrolle über die Entscheidungen, die mein Leben formen?". Diese Frage erfordert Ehrlichkeit. Vielleicht stellst du fest, dass du oft in Reaktion auf äußere Einflüsse handelst, anstatt aktiv und bewusst zu entscheiden. Wahre Freiheit und Erfolg entstehen, wenn du beginnst, dein Leben mit Absicht zu gestalten.

Immer wieder arbeite ich mit Menschen daran, ihre inneren Blockaden zu erkennen, die sie davon abhalten, bewusste Entscheidungen zu treffen. Diese Blockaden können tiefe Ängste, alte Glaubensmuster oder unbewusste Verhaltensweisen sein, die dich daran hindern, die volle Verantwortung für dein Leben zu übernehmen. Wenn du diese Blockaden löst, gewinnst du die Klarheit und Freiheit, dein Leben auf eine Weise zu gestalten, die deinem höchsten Potenzial entspricht.

2. Der Erfolg deiner Entscheidungen: Ein Kreislauf von Ursache und Wirkung

Jede Entscheidung, die du triffst, setzt eine Kette von Ereignissen in Gang. Deine Entscheidungen sind die Ursachen, und die Ergebnisse, die du im Leben erlebst, sind die Wirkungen. Dein Leben, so wie es heute ist, ist das Resultat all der kleinen und großen Entscheidungen, die du bis zu diesem Punkt getroffen hast. Wenn du dir dessen bewusst wirst, kannst du aktiv beginnen, bessere Entscheidungen zu treffen, um die gewünschten Ergebnisse zu erzielen.

Frage dich: „Welche Entscheidungen habe ich in der Vergangenheit getroffen, die zu den Erfolgen und Herausforderungen in meinem Leben geführt haben?". Es geht nicht darum, vergangene Entscheidungen zu bereuen, sondern darum, zu verstehen, wie sie dein Leben geformt haben. Diese Einsicht gibt dir die Macht, deine zukünftigen Entscheidungen bewusst zu gestalten, um die Resultate zu erreichen, die du dir wünschst.

Menschen haben das Gefühl, ihr Leben sei das Ergebnis von Zufällen oder äußeren Einflüssen. Doch die Wahrheit ist, dass du immer die Wahl hast – auch wenn es manchmal so scheint, als hättest du keine Kontrolle. Deine Reaktion auf jede Situation ist eine Entscheidung, und diese Reaktionen formen dein Leben. Indem du die Verantwortung für diese Entscheidungen übernimmst, kannst du beginnen, deinen Erfolg aktiv zu gestalten.

3. Entscheidungen als Ausdruck deines wahren Selbst

Jede Entscheidung, die du triffst, ist ein Ausdruck dessen, wer du bist und wer du sein möchtest. Deine Entscheidungen reflektieren deine Werte, deine Überzeugungen und dein Selbstbild. Wenn du bewusste Entscheidungen triffst, die im Einklang mit deinem wahren Selbst stehen, wirst du Erfolg und Erfüllung in deinem Leben erfahren. Der Weg zum Erfolg beginnt mit der Verbindung zu deinem authentischen Selbst!

Frage dich: „Sind meine Entscheidungen ein wahrer Ausdruck dessen, wer ich wirklich bin?". Wenn du Entscheidungen triffst, die nicht mit deinem wahren Selbst übereinstimmen – sei es aus Angst, Anpassung oder dem Wunsch, anderen zu gefallen – wirst du inneren Konflikt und Unzufriedenheit erfahren.

Wahre Erfüllung entsteht, wenn deine Entscheidungen aus deinem tiefsten Inneren kommen. Diese Entscheidungen mögen manchmal schwierig sein, weil sie dich dazu auffordern, alte Muster oder Gewohnheiten loszulassen, doch sie führen dich auf den Weg, der deinem wahren Selbst entspricht. Erfolg bedeutet nicht nur äußeren Wohlstand, sondern auch inneren Frieden und Erfüllung. Dieser Erfolg ist das Ergebnis von Entscheidungen, die mit deinem höchsten Potenzial und deinen tiefsten Werten übereinstimmen.

4. Kleine Entscheidungen – Große Auswirkungen

Oft denken wir, dass nur die großen, lebensverändernden Entscheidungen wirklich zählen. Doch in Wahrheit sind es oft die kleinen täglichen Entscheidungen, die den größten Einfluss auf unser Leben haben. Die Entscheidung, wie du deine Zeit verbringst, wie du auf Herausforderungen reagierst oder wie du deine Gesundheit und dein Wohlbefinden pflegst, hat langfristige Auswirkungen auf deinen Erfolg.

Frage dich: „Welche kleinen Entscheidungen treffe ich täglich, die mein Leben prägen?". Diese alltäglichen Entscheidungen mögen unbedeutend erscheinen, doch sie summieren sich im Laufe der Zeit zu großen Veränderungen. Wenn du dir bewusst wirst, wie diese kleinen Entscheidungen dein Leben beeinflussen, kannst du beginnen, sie bewusster und zielgerichteter zu treffen, um die Ergebnisse zu erzielen, die du dir wünschst.

Erfolg ist kein einmaliges Ereignis, sondern das Ergebnis konsequenter, bewusster Entscheidungen, die täglich getroffen werden. Wenn du dich auf den bewussten Prozess dieser kleinen Entscheidungen konzentrierst, wirst du mit der Zeit positive Veränderungen in deinem Leben sehen. Jede Entscheidung bringt dich deinem Ziel näher oder entfernt dich davon – es liegt an dir, die Richtung zu wählen.

5. Umgang mit Rückschlägen: Entscheidungen in schwierigen Zeiten

Erfolg entsteht nicht nur in den guten Zeiten – er wird vor allem in den schwierigen Zeiten geformt. Es sind die Entscheidungen, die du triffst, wenn du mit Herausforderungen, Rückschlägen oder Krisen konfrontiert bist, die deinen wahren Charakter und dein Potenzial offenbaren. Wie gehst du mit Misserfolgen um? Wie entscheidest du dich, wenn der Weg steinig wird?

In schwierigen Momenten ist es scheinbar leicht aufzugeben oder sich von äußeren Umständen entmutigen zu lassen. Doch die wahren Ge-winner sind diejenigen, die sich trotz der Widrigkeiten bewusst entscheiden, weiterzumachen, neue Lösungen zu finden und an ihren Zielen festzuhalten. Erfolg bedeutet, in schwierigen Zeiten standhaft zu bleiben und die Macht deiner Entscheidungen zu nutzen, um deinen Weg weiterzugehen.

Frage dich: „Wie treffe ich Entscheidungen in schwierigen Zeiten?". Nimm dir Zeit, um zu reflektieren, wie du in der Vergangenheit mit Herausforderungen umgegangen bist und was du daraus lernen kannst. Jede schwierige Situation bietet dir die Gelegenheit, eine Entscheidung zu treffen, die dich entweder näher an deinen Erfolg bringt oder dich davon entfernt. Entscheide dich bewusst, trotz der Herausforderungen weiterzumachen und deinen Weg zu finden.

6. Deine Entscheidungen als Vorbild für andere

Dein Leben ist nicht nur das Ergebnis deiner Entscheidungen – es ist auch ein Vorbild für andere. Die Art und Weise, wie du dein Leben gestaltest, inspiriert und beeinflusst die Menschen um dich herum. Wenn du bewusst und erfolgreich Entscheidungen triffst, die im Einklang mit deinen Zielen und Werten stehen, wirst du ein lebendiges Beispiel für andere sein.

Frage dich: „Welche Botschaft sende ich mit meinen Entscheidungen an die Menschen um mich herum?". Deine Entscheidungen beeinflussen nicht nur dein eigenes Leben, sondern auch das Leben der Menschen in deinem Umfeld – sei es in deiner Familie, in deinem Freundeskreis oder in deinem beruflichen Umfeld. Indem du bewusst Entscheidungen triffst, die auf Integrität, Klarheit und Verantwortung basieren, wirst du ein positives Beispiel für andere sein und sie dazu ermutigen, ihren eigenen Weg des Erfolgs zu gehen.

Wir alle haben die Macht, durch unser eigenes Beispiel Einfluss auf die Welt um uns herum zu nehmen. Deine Entscheidungen können nicht nur dein eigenes Leben verändern, sondern auch das Leben anderer bereichern und inspirieren. Lebe dein Leben als ein erfolgreiches Beispiel deiner Entscheidungen, und du wirst feststellen, dass du nicht nur deinen eigenen Erfolg kreierst, sondern auch andere dazu ermutigst, dasselbe zu tun.

Fazit: Dein Leben als Spiegel deiner Entscheidungen

Am Ende des Tages ist dein Leben das Ergebnis der Entscheidungen, die du getroffen hast – sowohl der großen als auch der kleinen. Wenn du dein Leben als ein erfolgreiches Beispiel deiner Entscheidungen leben möchtest, musst du beginnen, jede Entscheidung bewusst zu treffen, mit Klarheit, Integrität und einem klaren Ziel vor Augen. Erfolg ist kein Zufall, sondern das Ergebnis bewusster Wahl. Du hast die Macht, dein Leben zu gestalten, und jede Entscheidung, die du triffst, bringt dich näher an dein Ziel oder entfernt dich davon.

Denke daran: Du bist der Schöpfer deines Lebens, und deine Entscheidungen sind das Werkzeug, mit dem du deinen Erfolg formst.

Kapitel 11: Schlusswort und Feiern

Erfolg feiern und nach vorne schauen

Du hast es geschafft. Du hast den Weg des Erfolgs beschritten, Hindernisse überwunden, Entscheidungen getroffen und dich durchgesetzt.

Nun ist es an der Zeit, innezuhalten, deinen Erfolg zu feiern und dir selbst die Anerkennung zu geben, die du verdienst. Doch gleichzeitig ist Erfolg nicht das Ende, sondern der Beginn eines neuen Kapitels. Nach dem Feiern kommt das Weitermachen, denn Erfolg ist kein statischer Zustand, sondern eine fortwährende Reise des Wachstums, der Weiterentwicklung und der Entfaltung deines wahren Potenzials.

Ich habe viele Menschen auf ihrem Weg zum Erfolg begleitet. Eine der größten Lektionen, die ich dabei gelernt habe, ist, dass Erfolg nur dann vollständig ist, wenn du ihn bewusst feierst, dankbar bist und gleichzeitig nach vorne blickst, um neue Ziele zu setzen und weiter zu wachsen. In diesem Schlusswort möchte ich dir zeigen, wie du deinen Erfolg auf sinnvolle Weise feierst und dich gleichzeitig auf das nächste Kapitel deines Lebens vorbereitest.

1. Erfolg bewusst feiern: Die Macht der Anerkennung

Erfolg zu feiern ist mehr als nur ein Moment der Freude – es ist eine bewusste Anerkennung deiner Anstrengungen, deines Wachstums und deiner Errungenschaften. Oft neigen wir dazu, nach einem erreichten Ziel direkt zum nächsten überzugehen, ohne innezuhalten und den Moment wirklich zu würdigen. Doch der Akt des Feierns ist entscheidend, um den Erfolg auf emotionaler Ebene zu verankern und dir selbst zu zeigen, dass deine Anstrengungen Früchte getragen haben.

Frage dich: „Wie oft nehme ich mir die Zeit, meine Erfolge bewusst zu feiern?". Erfolg verdient es, zelebriert zu werden. Indem du dir die Zeit nimmst, deinen Erfolg zu feiern, erkennst du nicht nur deine Leistung an, sondern stärkst auch dein Selbstbewusstsein und deine Motivation. Es ist ein Moment des Innehaltens, in dem du dich selbst wertschätzt und anerkennst, dass du den Herausforderungen des Lebens standgehalten hast.

Erkenne die Bedeutung von Dankbarkeit und Selbstanerkennung. Dankbarkeit ist ein kraftvolles Werkzeug, um Erfolg auf eine tiefere Ebene zu integrieren. Sei dankbar für die Menschen, die dich auf deinem Weg unterstützt haben, für die Lektionen, die du gelernt hast, und für die innere Stärke, die du entwickelt hast. Feiere nicht nur das Ergebnis, sondern auch den Weg, den du gegangen bist, die Entscheidungen, die du getroffen hast, und die Hürden, die du überwunden hast.

2. Warum Feiern ein wichtiger Teil des Wachstums ist

Erfolg zu feiern ist nicht nur ein Moment der Freude, sondern auch ein wichtiger Schritt im Prozess des persönlichen Wachstums. Wenn du deinen Erfolg bewusst feierst, verankerst du die positiven Erfahrungen in deinem Unterbewusstsein und stärkst deine innere Überzeugung, dass du in der Lage bist, alles zu erreichen, was du dir vornimmst. Dieser Akt des Feierns schafft eine positive Verstärkung und motiviert dich, weiterzumachen und noch größere Ziele zu verfolgen.

Emotionale Anker sind entscheidend, um das eigene Selbstbild zu stärken. Erfolg zu feiern ist ein solcher Anker. Indem du deine Erfolge würdigst, verstärkst du dein Selbstvertrauen und deine Überzeugung, dass du weiterhin erfolgreich sein wirst. Es ist eine Bestätigung deines eigenen Wertes und deiner Fähigkeiten.

Frage dich: „Wie kann ich meine Erfolge so feiern, dass sie mein Wachstum unterstützen?". Dies könnte bedeuten, einen Moment der Stille und Reflexion zu finden, in dem du den Weg, den du gegangen bist, nochmals Revue passieren lässt. Es könnte aber auch bedeuten, im Kreise von Menschen, die dich unterstützt haben, zu feiern und diese Freude zu teilen. Erfolg zu feiern bedeutet nicht, sich auf den Lorbeeren auszuruhen, sondern den Moment der Errungenschaft zu genießen und ihn als Sprungbrett für weitere Erfolge zu nutzen.

3. Dankbarkeit für den Weg: Den Prozess würdigen

Erfolg entsteht nicht nur durch das Erreichen eines Ziels, sondern durch den Prozess, den du durchläufst. Die Schwierigkeiten, die Herausforderungen, die Zweifel und die Überwindung von Hindernissen sind wesentliche Bestandteile deines Wachstums. Wenn du Erfolg feierst, solltest du auch dankbar für den gesamten Prozess sein, denn ohne die Herausforderungen hättest du nicht die Stärke und die Weisheit entwickelt, die du heute besitzt.

Frage dich: „Welche Lektionen habe ich auf dem Weg zu meinem Erfolg gelernt?". Es ist leicht, den Endpunkt zu feiern, aber ebenso wichtig ist es, den Weg zu würdigen, der dich dorthin geführt hat. Jede Herausforderung war eine Gelegenheit, zu wachsen, und jede Hürde, die du überwunden hast, hat dich stärker gemacht. Dankbarkeit für den Prozess hilft dir, die Schwierigkeiten als wertvolle Lektionen zu erkennen und nicht als Hindernisse, die deinen Erfolg verzögert haben.

Die Kraft der Dankbarkeit ist das Mittel, um den inneren Frieden zu finden. Dankbarkeit verwandelt jede Erfahrung, ob gut oder schlecht, in einen wertvollen Teil deines Lebenswegs. Wenn du auf deinen Erfolg zurückblickst, sei dankbar für die Menschen, die dich unterstützt haben, für die inneren Stärken, die du entdeckt hast, und für die Lektionen, die dich für zukünftige Herausforderungen vorbereitet haben.

4. Nach vorne schauen: Neue Ziele setzen

Nach dem Feiern kommt das Weitermachen. Erfolg ist kein Endpunkt, sondern ein Prozess, der fortwährend neue Herausforderungen und Möglichkeiten bietet. Nachdem du deinen Erfolg gefeiert und den Moment der Anerkennung genossen hast, ist es an der Zeit, nach vorne zu schauen und neue Ziele zu setzen. Denn wahres Wachstum endet nie. Es ist ein kontinuierlicher Zyklus von Lernen, Wachsen und neuen Zielen, die dich auf deinem Lebensweg voranbringen.

Frage dich: „Was sind meine nächsten Ziele? Was will ich als Nächstes erreichen?". Der Moment des Feierns ist eine Gelegenheit, innezuhalten und Klarheit darüber zu gewinnen, was du als Nächstes in deinem Leben erreichen möchtest. Erfolgreiche Menschen ruhen sich nicht auf ihren Lorbeeren aus – sie nutzen ihren Erfolg als Sprungbrett für neue Herausforderungen. Setze dir klare, erreichbare Ziele, die dich weiterhin motivieren und dein persönliches und berufliches Wachstum fördern.

Ziele sollten dynamisch sein. Dein Erfolg ist der Beweis dafür, dass du in der Lage bist, alles zu erreichen, was du dir vornimmst. Nun geht es darum, diese Energie und dieses Selbstvertrauen zu nutzen, um neue, noch größere Ziele zu verfolgen.

Frage dich: „Wie kann ich den nächsten Schritt in meinem Leben machen?". Wachstum hört niemals auf, und du hast die Macht, immer weiter voranzukommen.

5. Den Erfolg teilen: Andere inspirieren

Einer der schönsten Aspekte des Erfolgs ist die Möglichkeit, anderen zu helfen und sie zu inspirieren. Dein Erfolg ist nicht nur ein Zeichen deiner eigenen Fähigkeiten, sondern auch eine Inspiration für diejenigen, die noch auf ihrem Weg sind. Indem du deinen Erfolg teilst – sei es durch das Erzählen deiner Geschichte, das Mentoring oder die Unterstützung anderer – schaffst du eine positive Wirkung in der Welt und hilfst anderen, ebenfalls ihre Träume zu verwirklichen.

Frage dich: „Wie kann ich meinen Erfolg nutzen, um anderen zu helfen?". Jeder Erfolg trägt eine Botschaft in sich. Die Lektionen, die du gelernt hast, können anderen helfen, ihre eigenen Hindernisse zu überwinden und an sich selbst zu glauben. Lass mich die Kraft des Teilens und der gegenseitigen Unterstützung betonen. Erfolg ist nicht nur ein persönlicher Triumph, sondern auch eine Möglichkeit, der Gemeinschaft etwas zurückzugeben.

Indem du deine Geschichte teilst und andere unterstützt, gibst du deinem Erfolg eine tiefere Bedeutung. Du wirst zu einem Vorbild, einem Mentor und einer Quelle der Inspiration für andere. Erfolg ist nicht nur das, was du für dich selbst erreichst, sondern auch das, was du durch deine Entscheidungen und dein Beispiel in der Welt bewirkst.

6. Dankbarkeit für die Zukunft: Vertrauen ins Kommende

Während du deinen Erfolg feierst und nach vorne schaust, ist es wichtig, Vertrauen in die Zukunft zu haben. Jeder Erfolg, den du erreicht hast, ist ein Beweis dafür, dass du die Fähigkeit hast, noch größere Dinge zu erreichen. Sei dankbar für die Möglichkeiten, die vor dir liegen, und vertraue darauf, dass dein Weg, den du mit Klarheit und Absicht gehst, dich zu noch mehr Erfüllung und Erfolg führen wird.

Frage dich: „Wie kann ich mein Vertrauen in die Zukunft stärken?". Dankbarkeit für die Zukunft bedeutet, dass du voller Vertrauen und Zuversicht auf die kommenden Herausforderungen und Chancen blickst. Du hast bereits bewiesen, dass du erfolgreich sein kannst, und dieses Vertrauen sollte dich auch auf deinem weiteren Weg begleiten.

Vertrauen ist DER Schlüssel zu langfristigem Erfolg. Vertraue darauf, dass das Universum dir die Möglichkeiten gibt, die du brauchst, um weiterhin erfolgreich zu sein. Sei dankbar für den Erfolg, den du erreicht hast, und sei offen für die noch größeren Erfolge, die vor dir liegen.

Fazit: Erfolg feiern und nach vorne schauen

Erfolg zu feiern ist der Abschluss eines Kapitels, doch der Beginn eines neuen. Feiere deinen Erfolg bewusst, sei dankbar für den Weg, den du gegangen bist, und schaue nach vorne, um neue Ziele zu setzen und weiter zu wachsen. Dein Erfolg ist der Beweis deiner Fähigkeiten und deiner Entschlossenheit, doch das Ende dieses Erfolgs ist nur der Anfang eines neuen Abenteuers. Erfolg ist eine Reise, und du hast die Macht, diese Reise fortzusetzen und noch größere Höhen zu erreichen.

Denke daran: Dein Erfolg ist der Beweis deiner Entscheidungen, und die Zukunft bietet dir unendliche Möglichkeiten.

Wie du deinen Erfolg langfristig sicherst

Erfolg ist keine einmalige Leistung. Es ist eine fortlaufende Reise, die aus stetigem Wachstum, Anpassungsfähigkeit und klugen Entscheidungen besteht. Du hast vielleicht bereits beachtliche Erfolge erzielt, doch die wahre Herausforderung liegt darin, diesen Erfolg langfristig zu sichern und auf eine neue Ebene zu heben. Langfristiger Erfolg erfordert nicht nur die Erreichung eines Ziels, sondern die bewusste Pflege, Anpassung und Weiterentwicklung deiner Strategien und deines Denkens, um auch in Zukunft erfolgreich zu sein.

Immer wieder lässt sich beobachten, dass der Weg des Erfolgs nie linear verläuft. Es gibt Höhen und Tiefen, Phasen des Wachstums und Zeiten, in denen Anpassungen notwendig sind. Der Schlüssel zum langfristigen Erfolg ist die Fähigkeit, flexibel zu bleiben, sich neuen Herausforderungen anzupassen und sich kontinuierlich weiterzuentwickeln. In diesem Kapitel zeige ich dir, wie du deinen Erfolg nicht nur aufrechterhältst, sondern auch sicherst und ausbaust, indem du auf dein inneres Potenzial und die richtigen Strategien setzt.

1. Erfolg ist eine Reise, kein Endziel

Oft betrachten Menschen Erfolg als einen festen Punkt, den sie irgendwann erreichen – einen Abschluss, eine Krönung ihrer Bemühungen. Doch in Wahrheit ist Erfolg kein Endziel, sondern eine Reise, die fortwährend neue Herausforderungen und Möglichkeiten bietet. Der Erfolg, den du heute genießt, ist das Ergebnis deiner Entscheidungen, deines Einsatzes und deiner Haltung. Doch um diesen Erfolg zu bewahren und langfristig auszubauen, musst du bereit sein, deine Strategien und deinen Weg kontinuierlich zu hinterfragen und zu erneuern.

Frage dich: „Wie kann ich meinen aktuellen Erfolg auf das nächste Level bringen?". Die Antwort darauf liegt nicht darin, sich auf den Lorbeeren auszuruhen, sondern darin, neue Wege zu finden, deine Ziele zu erweitern, und weiter zu lernen und zu wachsen. Stagnation ist der Feind des Erfolgs. Wenn du glaubst, du hättest alles erreicht, was möglich ist, beginnt der Prozess des Rückschritts. Langfristiger Erfolg entsteht durch die kontinuierliche Bereitschaft, dich neu zu erfinden und deine Fähigkeiten und Strategien anzupassen.

2. Anpassungsfähigkeit und Innovation: Der Schlüssel zur Zukunft

Um deinen Erfolg langfristig zu sichern, ist es entscheidend, anpassungsfähig zu bleiben und Innovationen zu fördern. Die Welt um uns herum verändert sich ständig – ob in beruflichen oder persönlichen Bereichen. Technologien entwickeln sich weiter, Märkte verändern sich, und neue Trends und Herausforderungen tauchen auf. Nur wer bereit ist, flexibel zu bleiben und Innovationen zu integrieren, kann langfristig erfolgreich sein.

Ich habe oft gesehen, dass die erfolgreichsten Menschen und Unternehmen diejenigen sind, die bereit sind, ihre Vorgehensweise anzupassen, wenn es notwendig ist. Sie erkennen, wann alte Methoden nicht mehr funktionieren, und sie haben den Mut, neue Wege zu gehen. Innovation ist der Motor des langfristigen Erfolgs. Es bedeutet nicht, alles zu verändern, sondern kluge Anpassungen und Verbesserungen vorzunehmen, die dich und dein Unternehmen auf dem neuesten Stand halten.

Frage dich: „Wo kann ich in meinem Leben oder meinem Unternehmen Innovation fördern?". Es geht nicht nur um technologische Innovation, sondern auch um die Art und Weise, wie du Entscheidungen triffst, wie du dich selbst führst und wie du neue Möglichkeiten erkennst. Innovation bedeutet, immer offen für neue Ideen und Ansätze zu sein, auch wenn sie außerhalb deiner Komfortzone liegen.

3. Kontinuierliche persönliche Weiterentwicklung

Langfristiger Erfolg setzt voraus, dass du nicht nur deine äußeren Ziele verfolgst, sondern auch an deiner persönlichen Weiterentwicklung arbeitest. Der Weg des Erfolgs erfordert ständiges Lernen und die Bereitschaft, an dir selbst zu arbeiten. Deine Fähigkeit, in schwierigen Situationen zu wachsen, deine inneren Stärken zu entwickeln und mentale Klarheit zu bewahren, ist entscheidend für deinen langfristigen Erfolg.

Selbstreflexion ist von großer Bedeutung! Erfolg beginnt im Inneren – in deinen Gedanken, Überzeugungen und deiner Einstellung. Indem du regelmäßig innehältst, reflektierst und dich auf dein inneres Wachstum konzentrierst, wirst du in der Lage sein, äußere Erfolge zu sichern und aufrechtzuerhalten.

Frage dich: „Wo kann ich mich persönlich weiterentwickeln, um meinen Erfolg langfristig zu sichern?". Vielleicht brauchst du mehr innere Ruhe und Klarheit, vielleicht musst du deine Resilienz gegenüber Rückschlägen stärken oder deine Führungskompetenzen weiter ausbauen. Erfolg bedeutet, dich selbst zu kennen und deine inneren Stärken kontinuierlich zu pflegen und zu erweitern.

4. Die Macht der Zusammenarbeit und des Netzwerkens

Ein weiterer Schlüsselfaktor für langfristigen Erfolg ist die Zusammenarbeit und die Pflege deines Netzwerks. Kein Mensch erreicht dauerhaften Erfolg alleine. Dein Netzwerk und die Menschen, die dich umgeben, sind entscheidend für deinen langfristigen Erfolg. Sie unterstützen dich in schwierigen Zeiten, inspirieren dich zu neuen Ideen und helfen dir, neue Chancen zu erkennen und zu nutzen.

Ich habe oft gesehen, dass die besten Netzwerke auf Vertrauen, gegenseitigem Respekt und echtem Interesse aneinander basieren. Erfolgreiche Menschen verstehen, dass Netzwerken nicht nur ein Mittel zum Zweck ist, sondern ein Weg, echte Beziehungen zu pflegen, die auf langfristigem Wachstum basieren. Dein Erfolg ist direkt mit der Qualität deiner Beziehungen verbunden.

Frage dich: „Wie kann ich mein Netzwerk stärken, um langfristig erfolgreich zu bleiben?". Baue echte Verbindungen auf, unterstütze andere und sei offen für Zusammenarbeit. Ein starkes Netzwerk gibt dir nicht nur Unterstützung, sondern auch neue Perspektiven und Ideen, die deinen eigenen Erfolg fördern.

5. Visionäre Planung und Zielsetzung

Langfristiger Erfolg erfordert klare Zielsetzung und visionäre Planung. Es ist wichtig, nicht nur kurzfristige Erfolge anzustreben, sondern auch langfristige Visionen und Ziele zu haben, die dir eine klare Richtung geben. Erfolgreiche Menschen und Unternehmen arbeiten nicht von Tag zu Tag, sondern haben eine langfristige Vision, die sie leitet.

Frage dich: „Was ist meine langfristige Vision für meinen Erfolg?". Diese Vision gibt dir nicht nur Klarheit, sondern auch die Motivation, weiterzumachen, selbst wenn Hindernisse auftauchen. Eine starke Vision inspiriert dich, kontinuierlich auf deine Ziele hinzuarbeiten und niemals die Richtung zu verlieren, selbst wenn sich die Umstände ändern.

Wichtig ist eine klare Vision und eine strukturierte Zielsetzung. Ohne klare Ziele ist es leicht, den Fokus zu verlieren. Doch wenn du weißt, wohin du gehst, kannst du auch in schwierigen Zeiten den Überblick behalten und deine Schritte entsprechend anpassen.

6. Kostenloses Analyse-Gespräch für „Innovation 24.0"

Um deinen Erfolg langfristig zu sichern und weiter auszubauen, biete ich dir die **Möglichkeit eines kostenlosen Analyse-Gesprächs** an (letztes Kapitel), das speziell auf die Bedürfnisse von Menschen und Unternehmen zugeschnitten ist, die Innovation und Wachstum in den Mittelpunkt ihres Erfolgs stellen möchten. In unserem „**Innovation 24.0**"-Gespräch analysieren wir gemeinsam deine aktuellen Strategien, deine Vision und die Bereiche, in denen Innovation und Weiterentwicklung notwendig sind, um deinen langfristigen Erfolg sicherzustellen.

Dieses Gespräch ist eine einzigartige Gelegenheit, deine aktuelle Situation zu reflektieren, Hindernisse zu identifizieren und klare nächste Schritte zu definieren, um deinen Erfolg auf das nächste Level zu bringen. Innovation ist der Schlüssel zu nachhaltigem Wachstum, und unser Gespräch wird dir dabei helfen, die nötigen Veränderungen zu erkennen und anzustoßen, um auch in Zukunft erfolgreich zu sein.

Frage dich: „Wo könnte ich von neuen Perspektiven und Strategien profitieren, um meinen Erfolg zu sichern? Und: Bin ich BEREIT, mich weiterzuentwickeln?". Dieses kostenlose Analyse-Gespräch gibt dir die Klarheit und die Werkzeuge, die du brauchst, um in einer sich ständig verändernden Welt weiterhin erfolgreich zu sein.

7. Dein Erfolg – Deine Verantwortung

Langfristiger Erfolg ist kein Zufall, sondern das Ergebnis bewusster Entscheidungen und kontinuierlicher Anpassung. Du bist der Erschaffer deines Erfolgs. Es liegt in deiner Verantwortung, die Schritte zu unternehmen, die nötig sind, um deinen Erfolg langfristig zu sichern. Unternehmer heißen Unternehmer, weil sie etwas unternehmen! Dies bedeutet, dass du bereit sein musst, regelmäßig zu reflektieren, neue Wege zu gehen und dich den Herausforderungen anzupassen.

Frage dich: „Welche Schritte muss ich heute unternehmen, um meinen langfristigen Erfolg zu sichern?". Jeder Schritt, den du jetzt unternimmst, jede Entscheidung, die du triffst, wird Auswirkungen auf deine Zukunft haben. Übernimm die Verantwortung für deinen Erfolg und setze klare, zielgerichtete Schritte, um auch in Zukunft erfolgreich zu sein.

Fazit: Langfristiger Erfolg erfordert kontinuierliche Anpassung

Der Schlüssel zum langfristigen Erfolg liegt in der Fähigkeit, flexibel zu bleiben, neue Wege zu gehen und kontinuierlich an deiner persönlichen und beruflichen Weiterentwicklung zu arbeiten. Erfolg ist eine Reise, kein Endziel. Das hast du in diesem Buch jetzt schon öfter gelesen! Indem du bewusst Innovation, Anpassungsfähigkeit und persönliche Weiterentwicklung in den Mittelpunkt deines Lebens stellst, sicherst du nicht nur deinen aktuellen Erfolg, sondern legst auch den Grundstein für zukünftige Erfolge.

Nutze die Gelegenheit, unser kostenloses „**Innovation 24.0**"-**Analyse-Gespräch** zu buchen, um gemeinsam die nächsten Schritte zu planen und deinen Erfolg langfristig zu sichern. Dein Erfolg ist deine Verantwortung – und wir sind hier, um dich auf diesem Weg zu unterstützen.

Kapitel 12: Bonusmaterial - Gespräch

Tools und Übungen für deinen Erfolg

Arbeitsblätter zur Entscheidungsfindung

Die Fähigkeit, klare und kraftvolle Entscheidungen zu treffen, ist eine der zentralen Säulen deines Erfolgs. Jede Entscheidung, die du in diesem Leben triffst, lenkt deinen Weg, formt deine Realität und bringt dich entweder näher an deine Ziele oder entfernt dich von ihnen. Doch viele Menschen zögern, haben Angst vor Entscheidungen oder fühlen sich überfordert, wenn es darum geht, klare und zielgerichtete Entscheidungen zu treffen. In diesem Bonuskapitel möchte ich dir Tools und Übungen an die Hand geben, die dir helfen, deine Entscheidungsfähigkeit zu stärken und deine Ziele schneller zu erreichen.

In über 30 Jahren Praxis-Erfahrung habe ich zahlreiche effektive und intensive Techniken entwickelt, die Menschen helfen, sich ihrer inneren Kraft bewusst zu werden und die Klarheit zu erlangen, die sie für kraftvolle Entscheidungen benötigen. Entscheidungen treffen bedeutet, dein Leben bewusst zu gestalten. Indem du lernst, Entscheidungen mit Klarheit und Selbstvertrauen zu treffen, wirst du nicht nur schneller deine Ziele erreichen, sondern auch mehr Freude und Erfüllung in deinem Leben erfahren.

In diesem Kapitel findest du praktische Tools und Übungen, die du anwenden kannst, um deine Entscheidungsfindung zu verbessern. Du wirst lernen, wie du Klarheit gewinnst, innere Blockaden überwindest und deine Entscheidungsprozesse strukturierst, um fokussiert und zielgerichtet voranzukommen.

1. Klarheit gewinnen: Dein innerer Kompass

Die erste Übung, die ich dir vorstellen möchte, zielt darauf ab, Klarheit über deine wahren Ziele und Wünsche zu erlangen. Viele Menschen treffen Entscheidungen, die auf äußeren Einflüssen, Meinungen anderer oder kurzfristigen Impulsen basieren. Doch die besten Entscheidungen kommen aus deiner inneren Wahrheit – sie sind im Einklang mit deinen Werten, deinem höchsten Selbst und deiner Vision für dein Leben.

Übung: Die „5 Warum"-Methode

Diese Übung hilft dir, die tieferen Gründe hinter deinen Entscheidungen zu entdecken und mehr Klarheit darüber zu gewinnen, was du wirklich willst. Wenn du vor einer Entscheidung stehst, nimm dir Zeit und stelle dir die Frage: „Warum will ich das?". Nachdem du eine Antwort gefunden hast, stelle dir dieselbe Frage noch einmal: „Warum will ich das wirklich?". Wiederhole diesen Prozess fünf Mal.

Zum Beispiel:

- Entscheidung: „Ich möchte eine berufliche Veränderung."

- Warum? „Weil ich mich in meiner aktuellen Position unzufrieden fühle."

- Warum? „Weil ich das Gefühl habe, nicht mein volles Potenzial zu nutzen."

- Warum? „Weil ich in meiner jetzigen Rolle keine Möglichkeit habe, zu wachsen."

- Warum? „Weil mir das Gefühl der Weiterentwicklung und Selbstverwirklichung wichtig ist."

- Warum? „Weil ich eine tiefere innere Erfüllung und Zufriedenheit in meinem Leben spüren möchte."

Diese Übung führt dich zu den tieferen Motiven hinter deinen Entscheidungen und gibt dir die nötige Klarheit, um die richtigen Entscheidungen zu treffen, die im Einklang mit deinem wahren Selbst stehen.

2. Entscheidungsblockaden überwinden: Angst und Zweifel loslassen

Oft zögern wir, Entscheidungen zu treffen, weil wir von Angst und Zweifel blockiert werden. Die Angst vor dem Scheitern oder die Unsicherheit über den richtigen Weg halten uns davon ab, mutige und klare Entscheidungen zu treffen. Diese Blockaden entstehen oft aus alten Glaubensmustern oder negativen Erfahrungen in der Vergangenheit.

Übung: Glaubenssätze identifizieren und transformieren

Nimm dir ein Blatt Papier und schreibe alle negativen Glaubenssätze auf, die dir in den Sinn kommen, wenn du über die Entscheidung nachdenkst, die du treffen musst. Diese Glaubenssätze könnten sein: „Ich könnte scheitern", „Ich bin nicht gut genug", „Ich habe Angst vor dem Unbekannten" oder „Ich weiß nicht, ob ich die richtige Entscheidung treffe."

Nachdem du deine Glaubenssätze identifiziert hast, schreibe für jeden negativen Glaubenssatz eine positive, stärkende Überzeugung auf, die du stattdessen annehmen möchtest. Zum Beispiel:

- Negativer Glaubenssatz: „Ich könnte scheitern."

- Positiver Glaubenssatz: „Selbst, wenn ich scheitere, werde ich wertvolle Lektionen lernen und stärker daraus hervorgehen."

Wiederhole diese positiven Glaubenssätze täglich in deiner Meditation oder visualisiere sie, um dein Unterbewusstsein neu zu programmieren und deine Entscheidungsfähigkeit zu stärken.

3. Der Entscheidungsbaum: Strukturierte Entscheidungsfindung

Ein weiteres kraftvolles Tool, das dir bei der Entscheidungsfindung hilft, ist der Entscheidungsbaum. Dieses Tool ermöglicht es dir, Entscheidungen auf eine strukturierte Weise zu analysieren und verschiedene Möglichkeiten und deren potenzielle Konsequenzen zu visualisieren.

Übung: Der Entscheidungsbaum

Nimm dir ein Blatt Papier und zeichne einen Baum. Schreibe in den Stamm des Baumes die Entscheidung, die du treffen möchtest. Von dort aus zeichnest du zwei oder mehr Äste, die die verschiedenen Optionen oder Wege darstellen, die du wählen könntest. Jeder Ast steht für eine mögliche Entscheidung.

Von jedem Ast aus zeichnest du kleinere Zweige, die die Konsequenzen oder Ergebnisse dieser Entscheidung darstellen. Schreibe sowohl positive als auch negative mögliche Ergebnisse auf. Dieser Prozess hilft dir,

Klarheit darüber zu gewinnen, welche Optionen für dich langfristig am besten sind und welche Konsequenzen sie mit sich bringen.

Zum Beispiel:

- Entscheidung: „Soll ich mein Unternehmen erweitern?"

- Option 1: „Erweitern."

- Positives Ergebnis: Mehr Kunden, höherer Umsatz, neue Marktchancen.

- Negatives Ergebnis: Höhere Betriebskosten, mehr Verantwortung.

- Option 2: „Nicht erweitern."

- Positives Ergebnis: Stabilität, weniger Risiko.

- Negatives Ergebnis: Eingeschränkte Wachstumschancen, mögliche Stagnation.

Diese visuelle Darstellung hilft dir, eine fundierte und reflektierte Entscheidung zu treffen, indem du die potenziellen Konsequenzen jeder Option klar vor Augen hast.

4. Die Kraft der Visualisierung:
Entscheidung und Erfolg mental verankern

Visualisierung ist eine der mächtigsten Techniken, um Klarheit zu erlangen und sich auf den Erfolg deiner Entscheidungen auszurichten. Dein Unterbewusstsein unterscheidet nicht zwischen Realität und Imagination – wenn du eine Entscheidung visualisierst, als ob sie bereits getroffen wäre und sich erfolgreich entfaltet, programmierst du dein Unterbewusstsein auf den Erfolg.

Übung: Erfolgsvisualisierung

Nimm dir täglich 10 bis 15 Minuten Zeit, um dich zu entspannen und tief in deine Visualisierungen einzutauchen. Stelle dir die Entscheidung, die du treffen möchtest, so vor, als hättest du sie bereits getroffen und sie habe sich erfolgreich manifestiert. Visualisiere alle positiven Aspekte, die mit dieser Entscheidung verbunden sind – wie du dich fühlst, wie dein Leben aussieht und welche neuen Möglichkeiten sich dir eröffnen.

Diese Technik hilft dir, Zweifel loszulassen und dich mental auf den Erfolg auszurichten. Je klarer und intensiver du visualisierst, desto stärker verankerst du den Erfolg deiner Entscheidungen in deinem Bewusstsein.

5. Reflexion und Integration: Entscheidungen überprüfen und anpassen

Eine wichtige Fähigkeit, um langfristig erfolgreich zu sein, ist die regelmäßige Reflexion deiner Entscheidungen. Entscheidungen sind keine starren Gebilde – sie können und sollten angepasst werden, wenn sich die Umstände oder deine Ziele ändern. Es ist wichtig, offen und flexibel zu bleiben und regelmäßig zu überprüfen, ob deine getroffenen Entscheidungen noch im Einklang mit deiner Vision und deinen Werten stehen.

Übung: Entscheidungs-Reflexion

Nimm dir einmal im Monat Zeit, um deine getroffenen Entscheidungen zu überprüfen. Reflektiere, welche Auswirkungen diese Entscheidungen hatten und ob sie dich deinem Ziel nähergebracht haben.

Frage dich: „Welche Entscheidungen haben mir geholfen, zu wachsen?", „Welche Entscheidungen müsste ich vielleicht überdenken?" und „Gibt es neue Informationen oder Entwicklungen, die eine Anpassung meiner Entscheidungen notwendig machen?"

Diese regelmäßige Reflexion hilft dir, bewusster mit deinen Entscheidungen umzugehen und sicherzustellen, dass du immer auf dem richtigen Kurs bist.

Fazit:
Erfolgreiche Entscheidungsfindung als Schlüssel zu deinem Erfolg

Entscheidungen zu treffen, bedeutet, dein Leben bewusst zu gestalten. Die Tools und Übungen in diesem Bonuskapitel helfen dir dabei, Klarheit zu gewinnen, innere Blockaden zu überwinden und deine Entscheidungsprozesse zu strukturieren, um fokussiert und zielgerichtet voranzukommen. Erfolg ist das Ergebnis vieler kleiner und großer Entscheidungen, die im Einklang mit deiner inneren Wahrheit und deinem höchsten Potenzial getroffen werden.

Indem du diese Übungen in deinen Alltag integrierst, wirst du in der Lage sein, kraftvolle Entscheidungen zu treffen, die dich auf deinem Weg des Wachstums und der Erfüllung unterstützen. Du bist der Schöpfer deiner Realität, und jede Entscheidung, die du triffst, ist ein Schritt in Richtung deines Erfolgs.

Übungen zur Entwicklung deines Erfolgs-Mindset

Erfolg beginnt nicht im Außen, sondern im Inneren – in deinem Geist, deinen Gedanken und deiner inneren Überzeugungskraft. Dein Mindset, also die Einstellung, die du gegenüber Herausforderungen, Zielen und deinem eigenen Potenzial hast, bestimmt maßgeblich, wie weit du auf deinem Weg kommen wirst. Ein starkes Erfolgs-Mindset ist wie ein innerer Kompass, der dir dabei hilft, deine Ziele zu verfolgen, Hindernisse zu überwinden und durch jede Herausforderung zu wachsen.

Ich habe unzähligen Menschen geholfen, die Macht ihrer Gedanken zu erkennen und ein Mindset zu entwickeln, dass sie zu ihren größten Erfolgen geführt hat. Das Erfolgs-Mindset ist nicht nur ein einmaliger mentaler Zustand, sondern eine bewusste Praxis, die du täglich pflegen und stärken kannst. In diesem Kapitel möchte ich dir einige der kraftvollsten Übungen vorstellen, die du in deinem Alltag anwenden kannst, um dein Erfolgs-Mindset zu entwickeln und zu festigen.

1. Positive Glaubenssätze verankern

Dein Mindset wird maßgeblich durch deine Glaubenssätze bestimmt – die tief verwurzelten Überzeugungen, die du über dich selbst, die Welt und das, was möglich ist, hast. Diese Glaubenssätze sind entweder unterstützend oder limitierend. Oft sind wir uns der negativen, selbstlimitierenden Glaubenssätze, die uns zurückhalten, nicht einmal bewusst. Der erste Schritt zur Entwicklung eines starken Erfolgs-Mindsets ist daher, positive, stärkende Glaubenssätze zu identifizieren und bewusst in deinem Leben zu verankern.

Übung: Glaubenssätze transformieren

Nimm dir ein Blatt Papier und schreibe zwei Listen. In die erste Liste schreibst du alle negativen Glaubenssätze, die dir über dich selbst und deinen Erfolg in den Sinn kommen. Diese Glaubenssätze könnten lauten: „Ich bin nicht gut genug", „Erfolg ist schwer zu erreichen", „Ich habe Angst zu scheitern" oder „Ich habe nicht die nötigen Fähigkeiten".

In die zweite Liste schreibst du für jeden dieser negativen Glaubenssätze einen positiven, stärkenden Glaubenssatz, der ihn ersetzt.

Zum Beispiel:

- Negativer Glaubenssatz: „Ich bin nicht gut genug."

- Positiver Glaubenssatz: „Ich habe das Potenzial, alles zu erreichen, was ich mir vornehme."

Wiederhole diese positiven Glaubenssätze jeden Morgen und Abend, um dein Unterbewusstsein neu zu programmieren. Je öfter du diese Überzeugungen wiederholst, desto stärker werden sie in deinem Geist verankert. Deine Gedanken schaffen deine Realität, und indem du positive Glaubenssätze verinnerlichst, baust du eine starke mentale Basis für deinen Erfolg.

2. Erfolgsvisualisierung: Dein Ziel im Geist erleben

Ein kraftvolles Erfolgs-Mindset erfordert eine klare Vision deines Ziels. Visualisierung*ist eine der effektivsten Techniken, um diese Vision in deinem Geist zu verankern und dein Unterbewusstsein auf Erfolg auszurichten. Dein Gehirn unterscheidet nicht zwischen realen Erfahrungen und intensiv vorgestellten Bildern – wenn du dir deinen Erfolg klar und detailliert vorstellst, beginnst du, ihn auf mentaler und emotionaler Ebene zu erleben.

Übung: Erfolgsvisualisierung

Setze dich an einen ruhigen Ort, schließe die Augen und nimm ein paar tiefe Atemzüge, um dich zu entspannen. Stell dir nun dein größtes Ziel oder deinen größten Traum so detailliert wie möglich vor, als hättest du ihn bereits erreicht. Visualisiere, wie du dich fühlst, wie dein Umfeld aussieht, welche Menschen um dich herum sind und welche positiven Veränderungen dieser Erfolg in dein Leben gebracht hat.

Je intensiver du diese Visualisierung machst, desto realer wird sie für dein Unterbewusstsein. Fühle die Freude, das Vertrauen und die Erfüllung, die dieser Erfolg mit sich bringt. Wiederhole diese Übung täglich, um dein Mindset auf Erfolg auszurichten und dich mental auf deine Ziele vorzubereiten.

3. Dankbarkeit kultivieren: Der Schlüssel zu innerer Fülle

Dankbarkeit ist ein mächtiges Werkzeug, um ein positives und erfolgreiches Mindset zu entwickeln. Wenn du dankbar für das bist, was du bereits erreicht hast und was du im Moment hast, verschiebst du deinen Fokus von Mangel hin zu Fülle. Dankbarkeit öffnet die Tür für mehr Fülle und Erfolg in deinem Leben, denn sie lenkt deine Energie auf das, was bereits gut läuft.

Übung: Dankbarkeitstagebuch

Führe ein tägliches Dankbarkeitstagebuch, in das du jeden Abend mindestens drei Dinge schreibst, für die du dankbar bist. Diese Dinge können groß oder klein sein – von einem erfolgreichen Tag bei der Arbeit bis hin zu einem schönen Moment mit einem Freund oder einer Freundin. Der Akt des Aufschreibens verstärkt deine Dankbarkeit und verankert die positiven Erlebnisse tiefer in deinem Bewusstsein.

Wenn du regelmäßig Dankbarkeit kultivierst, wirst du feststellen, dass du dich auf das Positive in deinem Leben fokussierst und dass dir immer mehr Dinge einfallen, für die du dankbar sein kannst. Dies schafft ein Gefühl der Fülle und des Wohlstands, das dir hilft, dein Erfolgs-Mindset weiter zu stärken.

4. Achtsamkeit und Präsenz: Den Moment meistern

Ein erfolgreiches Mindset erfordert die Fähigkeit, im gegenwärtigen Moment präsent zu sein und sich nicht von Sorgen über die Vergangenheit oder Zukunft ablenken zu lassen. Achtsamkeit hilft dir, deine Gedanken zu beobachten und dich bewusst für diejenigen GeDANKEn zu entscheiden, die dich voranbringen. Indem du im Jetzt lebst, entwickelst du eine Klarheit und Ruhe, die dich befähigt, weise Entscheidungen zu treffen und dich auf das Wesentliche zu konzentrieren.

Übung: Achtsamkeitsmeditation

Setze dich in einer ruhigen Umgebung aufrecht hin und schließe die Augen. Nimm ein paar tiefe Atemzüge und richte deine Aufmerksamkeit auf deinen Atem. Spüre, wie die Luft in deinen Körper strömt und wieder hinausfließt. Wenn Gedanken aufkommen, nimm sie einfach wahr, ohne sie zu bewerten, und bringe deine Aufmerksamkeit sanft wieder zum Atem zurück.

Diese Übung hilft dir, deine Gedanken zu beobachten, ohne von ihnen überwältigt zu werden. Je mehr du Achtsamkeit praktizierst, desto mehr Kontrolle gewinnst du über deinen Geist und deine Reaktionen. Dies führt zu einem klareren, ruhigeren Mindset, das dir hilft, Herausforderungen mit Gelassenheit und Fokus zu begegnen.

5. Mentale Resilienz: Rückschläge als Chance sehen

Erfolg erfordert Resilienz – die Fähigkeit, mit Rückschlägen umzugehen und gestärkt daraus hervorzugehen. Menschen mit einem starken Erfolgs-Mindset sehen Rückschläge nicht als Niederlagen, sondern als wertvolle Lektionen. Sie verstehen, dass jeder Fehler und jede Herausforderung eine Gelegenheit ist, zu lernen, zu wachsen und sich weiterzuentwickeln.

Übung: Erfolgreiches Reframing von Misserfolgen

Nimm dir Zeit, um über einen Rückschlag oder eine Herausforderung nachzudenken, mit der du in letzter Zeit konfrontiert warst. Schreibe auf, was passiert ist und welche negativen Gefühle oder Gedanken damit verbunden sind. Nun stelle dir die Frage: „Welche wertvolle Lektion kann ich aus dieser Situation lernen?". Schreibe alle positiven Erkenntnisse auf, die aus dieser Erfahrung hervorgegangen sind.

Zum Beispiel:

- Rückschlag: „Ich habe bei einem wichtigen Projekt versagt."

- Reframe: „Ich habe gelernt, dass ich mehr Zeit für die Planung und Vorbereitung investieren muss, und ich weiß jetzt, wie ich in Zukunft bessere Ergebnisse erzielen kann."

Diese Übung hilft dir, eine neue Perspektive auf Herausforderungen zu gewinnen und dein Mindset so zu schulen, dass du Rückschläge als Sprungbrett für zukünftigen Erfolg betrachtest. Resilienz ist eine der wichtigsten Fähigkeiten, die du entwickeln kannst, um langfristig erfolgreich zu sein.

6. Ziele setzen und umsetzen: Klarheit und Fokus

Ein starkes Erfolgs-Mindset erfordert klare, erreichbare Ziele und die Fähigkeit, diese konsequent zu verfolgen. Ziele geben dir eine Richtung und helfen dir, deinen Fokus auf das Wesentliche zu richten. Ohne klare Ziele besteht die Gefahr, dass du dich verzettelst oder in Aktivitäten verstrickst, die dich von deinem Erfolg ablenken.

Übung: SMART-Zielsetzung

Setze dir konkrete Ziele, die SMART sind:

- Spezifisch: Was genau möchtest du erreichen?

- Messbar: Wie wirst du deinen Fortschritt messen?

- Attraktiv: Warum ist dieses Ziel für dich wichtig?

- Realistisch: Ist das Ziel erreichbar?

- Terminiert: Bis wann möchtest du das Ziel erreicht haben?

Schreibe dein Ziel detailliert auf und erstelle einen Aktionsplan mit den einzelnen Schritten, die du unternehmen musst, um es zu erreichen. Dieser klare, strukturierte Ansatz hilft dir, den Fokus auf das zu behalten, was wirklich zählt, und stärkt dein Mindset, indem du dich auf den Fortschritt konzentrierst.

Fazit: Ein starkes Erfolgs-Mindset kultivieren

Ein Erfolgs-Mindset ist die Grundlage für ein erfolgreiches und erfülltes Leben. Indem du positive Glaubenssätze verankerst, Visualisierung und Dankbarkeit kultivierst, Achtsamkeit praktizierst und mentale Resilienz entwickelst, schaffst du die mentale Stärke, die dich durch alle Höhen und Tiefen deines Lebens tragen wird. Erfolg beginnt im Geist – und du hast die Macht, deine Gedanken und Überzeugungen so zu formen, dass sie dich in die Richtung deines höchsten Potenzials lenken.

Denke daran: Du bist der Schöpfer deines Erfolgs, und alles beginnt mit deinem Mindset.

Tools für das Setzen und Erreichen deiner Ziele

Erfolg ohne klare Ziele ist wie ein Schiff ohne Kurs – es treibt auf dem Meer, aber erreicht nie einen bestimmten Hafen. Ziele setzen bedeutet, dem eigenen Leben eine Richtung zu geben, einen klaren Kompass, der dir zeigt, wohin du gehen möchtest und welche Schritte notwendig sind, um dorthin zu gelangen. Ziele geben deinem Leben Struktur und deinem Handeln Bedeutung. Doch das Setzen von Zielen allein reicht nicht aus – es geht darum, die richtigen Ziele zu setzen und die Werkzeuge zu nutzen, die dir helfen, sie auch zu erreichen.

Ich habe viele Menschen begleitet, die ihre Träume verwirklichen wollten, aber den klaren Fokus und die Struktur fehlten, um ihre Ziele tatsächlich zu erreichen. In diesem Kapitel möchte ich dir die wirkungsvollsten Tools und Techniken vorstellen, die dir helfen, deine Ziele klar zu definieren und systematisch zu erreichen. Denn die Fähigkeit, zielgerichtet zu handeln, ist der Schlüssel zu einem erfolgreichen und erfüllten Leben.

1. Die Macht der Klarheit: Was willst du wirklich?

Der erste Schritt beim Setzen und Erreichen deiner Ziele ist, absolute Klarheit darüber zu gewinnen, was du wirklich willst. Viele Menschen scheitern daran, ihre Ziele zu erreichen, weil ihre Ziele vage, ungenau oder von äußeren Erwartungen geprägt sind. Wahre Ziele kommen von innen, aus deiner tiefsten Überzeugung und deinen wahren Wünschen.

Übung: Zielklarheit durch Selbstreflexion

Nimm dir einen Moment der Stille und reflektiere über dein Leben. **Stelle dir die Frage:** „Was möchte ich wirklich erreichen?" Denke dabei nicht nur an materielle Ziele, sondern auch an persönliche, spirituelle und emotionale Ziele. Schreibe deine Gedanken auf. Achte darauf, dass deine Ziele spezifisch und klar formuliert sind. Vermeide vage Aussagen wie „Ich möchte glücklich sein" und formuliere stattdessen klare Aussagen wie „Ich möchte eine erfüllende Karriere im Bereich XY aufbauen, die mir finanzielle Unabhängigkeit und persönliche Erfüllung bietet."

Frage dich außerdem: „Warum will ich dieses Ziel erreichen?". Die Klarheit über deine Motivation ist entscheidend, um langfristig an deinem Ziel festzuhalten, selbst wenn Herausforderungen auftauchen. Nur wenn deine Ziele mit deinen tiefsten Werten und Überzeugungen übereinstimmen, wirst du die nötige Energie und Ausdauer aufbringen, sie zu erreichen.

2. SMART-Ziele: Struktur für deinen Erfolg

Sobald du Klarheit über deine Ziele gewonnen hast, ist der nächste Schritt, diese Ziele so zu formulieren, dass sie konkret, messbar und erreichbar sind. Hier kommt die SMART-Methode ins Spiel, eine bewährte Technik, die dir hilft, deine Ziele effektiv zu strukturieren.

Noch einmal zur Erinnerung: >SMART< steht für:

- Spezifisch: Was genau möchtest du erreichen? Formuliere dein Ziel so präzise wie möglich.

- Messbar: Wie kannst du deinen Fortschritt messen? Was sind konkrete Indikatoren dafür, dass du deinem Ziel näherkommst?

- Attraktiv: Warum ist dieses Ziel für dich bedeutungsvoll? Welche Vorteile bietet es dir, dieses Ziel zu erreichen?

- Realistisch: Ist das Ziel in deiner aktuellen Lebenssituation machbar? Setze dir Ziele, die anspruchsvoll, aber erreichbar sind.

- Terminiert: Bis wann möchtest du dieses Ziel erreichen? Setze dir eine klare Deadline, um dich zu fokussieren.

Beispiel eines SMART-Ziels:

„Ich möchte innerhalb der nächsten 12 Monate eine eigene Online-Beratung aufbauen, die mir monatlich ein passives Einkommen von mindestens 5.000 Euro einbringt."

Diese klare Formulierung gibt dir nicht nur eine konkrete Richtung, sondern auch eine klare Messlatte, an der du deinen Fortschritt messen kannst. Durch die SMART-Methode vermeidest du es, Ziele zu setzen, die zu allgemein oder schwer messbar sind.

3. Der Zielsetzungsprozess: Von der Vision zur Handlung

Das Setzen von Zielen allein führt nicht zum Erfolg – es braucht konsequente Handlungen, um diese Ziele zu erreichen. Viele Menschen scheitern nicht daran, dass sie keine Ziele haben, sondern daran, dass sie keinen klaren Plan entwickeln, um diese Ziele Schritt für Schritt zu verfolgen. Der Weg zum Erfolg beginnt mit der richtigen Strategie, indem du große Ziele in kleine, handhabbare Schritte unterteilst.

Übung: Der Zielsetzungsprozess – Von der Vision zur Handlung

1. Vision formulieren: Beginne damit, deine langfristige Vision zu formulieren. Was möchtest du in den nächsten 3 bis 5 Jahren erreichen? Diese Vision sollte groß und inspirierend sein, aber auch realistisch. Du kannst dir beispielsweise eine Lebensvision vorstellen, in der du beruflichen Erfolg, persönliches Glück und inneres Wachstum kombinierst.

2. Ziele festlegen: Leite aus deiner Vision konkrete, mittelfristige Ziele ab, die dich in Richtung deiner Vision führen. Diese Ziele sollten in einem Zeitraum von einem Jahr bis zu 18 Monaten erreicht werden können. Zum Beispiel: „Ich möchte in einem Jahr eine Führungsposition in meinem Unternehmen übernehmen."

3. Monatliche und wöchentliche Meilensteine: Nun brichst du diese Ziele in kleinere, monats- und wochenbasierte Meilensteine herunter. **Frage dich:** Was muss ich in den nächsten sechs Monaten tun, um mein Jahresziel zu erreichen? Was muss ich diesen Monat tun, um meinem Sechsmonatsziel näher zu kommen? Was kann ich diese Woche tun, um meinem Monatsziel näher zu kommen? Diese kleinen Schritte sind entscheidend, um deinen Fortschritt zu messen und auf Kurs zu bleiben.

4. Tägliche To-Do-Liste: Schließlich kommt die Umsetzung auf täglicher Basis. Erstelle eine Liste von Aufgaben, die du jeden Tag erledigen musst, um deine wöchentlichen und monatlichen Meilensteine zu erreichen. Diese To-Do-Liste sollte überschaubar sein, sodass du jeden Tag spürbare Fortschritte machst. Kleine, aber kontinuierliche Schritte führen langfristig zu großen Erfolgen.

Indem du deine Ziele in klare, umsetzbare Schritte unterteilst, sorgst du dafür, dass sie greifbar und erreichbar werden. Dieser Prozess nimmt dem Zielsetzungsprozess seine überwältigende Natur und gibt dir eine klare Struktur, die dich Schritt für Schritt näher zu deinem Ziel bringt.

4. Visualisierung und emotionale Verankerung

Der nächste Schritt, um deine Ziele zu erreichen, ist die Kraft der Visualisierung und emotionalen Verankerung zu nutzen. Ziele, die du regelmäßig visualisierst und emotional verinnerlichst, gewinnen an Kraft, da dein Unterbewusstsein aktiv daran arbeitet, sie zu verwirklichen. Die Visualisierung gibt dir nicht nur Klarheit, sondern hilft auch dabei, Hindernisse zu überwinden und deine Motivation zu steigern.

Übung: Tägliche Zielvisualisierung

1. Visualisiere dein Endziel: Setze dich in einem ruhigen Raum, schließe die Augen und stelle dir dein Ziel so lebendig wie möglich vor, als hättest du es bereits erreicht. Wie fühlt es sich an? Was siehst, hörst und spürst du? Mache die Vision so real wie möglich und bleibe für einige Minuten in diesem Gefühl.

2. Fühle den Erfolg: Tauche tief in die Emotionen ein, die mit dem Erreichen deines Ziels verbunden sind. Fühle die Freude, den Stolz und die Erfüllung, die dein Erfolg mit sich bringt. Diese Emotionen sind entscheidend, um dein Unterbewusstsein auf Erfolg zu programmieren. Sie verstärken deine Motivation und dein Engagement.

3. Stelle dir den Weg vor: Nachdem du dein Endziel visualisiert hast, stelle dir die einzelnen Schritte vor, die du unternehmen wirst, um dieses Ziel zu erreichen. Sieh dich selbst, wie du Hindernisse überwindest, Meilensteine erreichst und Fortschritte machst. Diese Visualisierung stärkt dein Vertrauen in den Prozess und hilft dir, Herausforderungen gelassen zu meistern.

Diese tägliche Praxis der Visualisierung hilft dir, deine Ziele emotional zu verankern und dein Unterbewusstsein auf Erfolg auszurichten. Wenn du deine Ziele emotional verinnerlichst, wirst du innerlich darauf vorbereitet sein, sie zu verwirklichen, und dich automatisch auf die richtigen Handlungen fokussieren.

5. Accountability und Erfolgsmessung

Ein weiteres wichtiges Tool für das Erreichen deiner Ziele ist das Konzept der Verantwortlichkeit (Accountability). Viele Menschen setzen sich Ziele, scheitern jedoch an der Umsetzung, weil sie niemanden haben, der sie zur Rechenschaft zieht oder ihren Fortschritt verfolgt. Wenn du deine Ziele ernsthaft erreichen möchtest, ist es hilfreich, jemanden in dein Leben zu integrieren, der dich unterstützt und sicherstellt, dass du auf dem richtigen Weg bleibst.

Übung: Accountability-Partner und Erfolgsprotokoll

1. Finde einen Accountability-Partner: Suche dir eine Person aus dienem Umfeld – einen Freund, Mentor oder Coach – die bereit ist, dich bei der Verfolgung deiner Ziele zu unterstützen. Vereinbare regelmäßige Treffen oder Gespräche, in denen du deine Fortschritte besprichst, deine Erfolge teilst und mögliche Hindernisse analysierst.

2. Erstelle ein Erfolgsprotokoll: Führe ein Erfolgsjournal, in dem du deine täglichen, wöchentlichen und monatlichen Fortschritte dokumentierst. Schreibe auf, welche Aufgaben du erledigt hast, welche Herausforderungen du gemeistert hast und wie du dich auf dem Weg zu deinem Ziel fühlst. Dieses Protokoll dient nicht nur der Selbstreflexion, sondern gibt dir auch die Möglichkeit, deine Fortschritte objektiv zu messen und anzupassen.

3. Feiere deine Erfolge: Es ist wichtig, kleine und große Erfolge zu feiern, um deine Motivation aufrechtzuerhalten. Wenn du einen wichtigen Meilenstein erreicht hast, belohne dich dafür. Dies kann etwas Einfaches wie ein Abendessen oder eine kleine Belohnung sein. Die Anerkennung deiner Fortschritte ist ein wichtiger Schritt, um dich weiterhin motiviert zu halten.

Accountability und die Messung deiner Fortschritte sind kraftvolle Werkzeuge, um sicherzustellen, dass du konsequent an deinen Zielen arbeitest und auf dem richtigen Weg bleibst. Der Prozess des regelmäßigen Feedbacks und der Reflexion sorgt dafür, dass du dich nicht von Hindernissen entmutigen lässt und dich stetig weiterentwickelst.

6. Die Kraft der Flexibilität: Ziele anpassen, ohne aufzugeben

Der letzte Aspekt, um deine Ziele zu erreichen, ist die Fähigkeit, flexibel zu bleiben. Ziele können sich im Laufe der Zeit verändern – sei es durch neue Erkenntnisse, veränderte Lebensumstände oder äußere Einflüsse. Der Schlüssel zu einem erfolgreichen Zielsetzungsprozess ist, offen zu bleiben und deine Ziele anzupassen, wenn es notwendig ist, ohne jedoch deine Vision aus den Augen zu verlieren.

Übung: Ziel-Check-In

Setze dir einen regelmäßigen Termin, um deine Ziele zu überprüfen – zum Beispiel einmal im Monat. Frage dich:

- Bin ich noch auf dem richtigen Weg?

- Müssen meine Ziele angepasst werden?

- Was habe ich in den letzten Wochen gelernt, dass meine Ziele verändern könnte?

Dieser Prozess hilft dir, deine Ziele dynamisch und lebendig zu halten, anstatt starr an ihnen festzuhalten. Wenn sich Umstände ändern, passt du deine Vorgehensweise an, aber niemals gibst du das Gesamtziel aus den Augen.

Fazit: Tools für den langfristigen Erfolg

Das Setzen und Erreichen von Zielen ist ein fortlaufender Prozess, der Disziplin, Klarheit und Flexibilität erfordert. Mit den Tools, die du in diesem Kapitel kennengelernt hast – von der SMART-Methode über die Visualisierung bis hin zur Accountability – hast du alle Werkzeuge in der Hand, um deine Träume systematisch und erfolgreich zu verwirklichen.

Dein Erfolg liegt in deinen Händen, und durch klare Zielsetzung, gezielte Handlungen und regelmäßige Reflexion wirst du in der Lage sein, jede Herausforderung zu meistern und deine Ziele zu erreichen.

Und schlussendlich darf ich mich noch für deine Aufmerksamkeit bedanken, was ich hiermit herzlich erledige!

DANKE !!

Aber auch will ich dich noch einmal daran erinnern, dass „Erfolg" kein Ziel ist und auch keine Einbahnstraße, sondern: „Eine Reise"!

Indem du bewusst deine individuelle Innovation und deine persönliche Weiterentwicklung in Angriff nimmst, täglich, konsequent und diszipliniert, indem du dich und deinen Erfolg in den Mittelpunkt deines Lebens stellst, sicherst du deinen aktuellen Erfolg und legst den Grundstein für zukünftige Erfolge!

Darum gib jetzt den Link n deinen Browser ein oder scanne der QR-Code mit deinem Handy, und sichere dir dein kostenloses

„Innovation 24.0-Analyse-Gespräch"!

Link: https://www.akademie-fsl.de/innovation-videobotschaft/

Gemeinsam planen wir die nächsten Schritte zu deinen unvermeidbaren Erfolg, und zwar langfristig und nachhaltig, für DEINEN ganz persönlichen und individuellen Weg!

Ich freue mich auch dich in unserem Erfolgsprogramm begrüßen zu dürfen!

Alles Gute!
Herzliche Grüße!

Dein Chris Hohlstamm von Dehnen

Weitere Bücher von Chris Hohlstamm von Dehnen
Erhältlich unter: **www.lebensfreudeverlag.de**

Sie sind ein Glückspilz
Der Ratgeber für eine grandios glückliche Lebenszeit!

14,90 €

Die 25 goldenen Glücksregeln
... für ein Leben in Wohlstand, Reichtum und Harmonie!

17,90 €

Die Reise ins Licht
Spirituelle Praktiken für kosmische Energie, Selbstvertrauen ...

8,70 €

Wie Sie spielend Ihr Traumleben verwirklichen
... und innerlich & äußerlich reich werden!

7,50 €

9 Schritte zu unerschütterlichem Selbstvertrauen
Steigere Dein Selbstbewusstsein, Deine Energie und Kraft, ..

14,90 €